U0142794

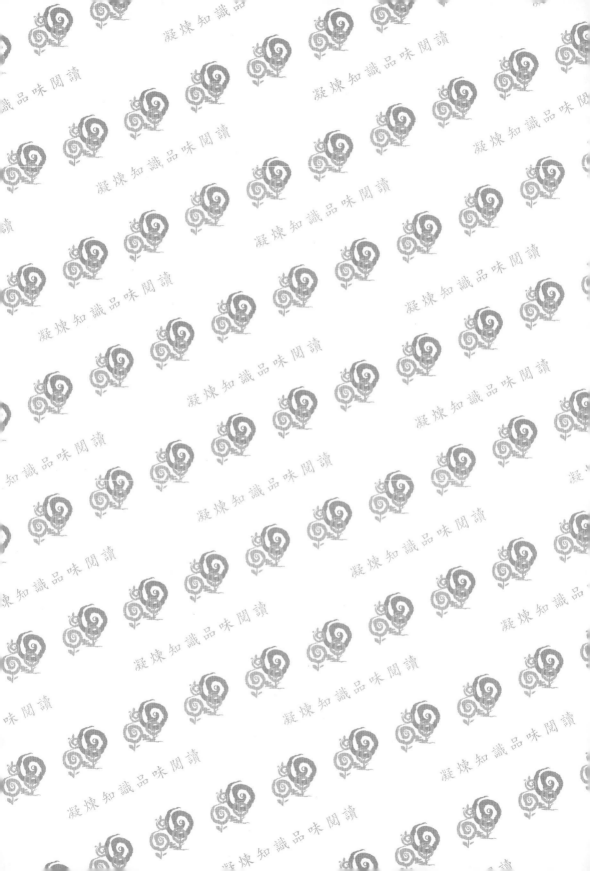

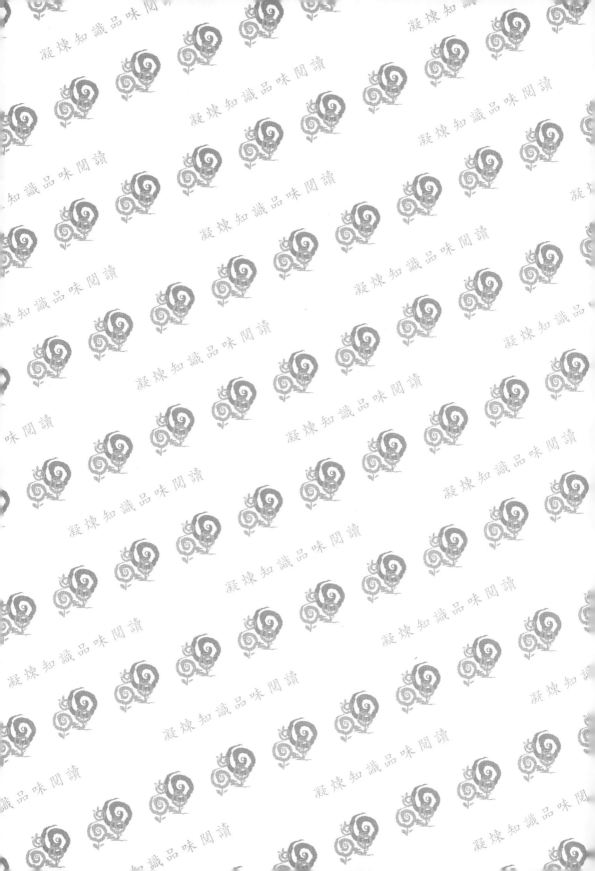

Behavioral Assessment and Intervention

行為評估
和干預

葛樹人(David S. Goh)─────著

五南圖書出版公司 印行

序　言

　　行為評估和干預作為一門心理學專業在過去半世紀以來見證了許多重要的演變。應用行為分析比之前激進的行為改變技術更注重將行為改變原理應用到人們的日常生活中，產生有社會意義的行為改變，並且經過多年持續的發展，在教育、醫療、管理、社會服務等各方面皆有廣泛的使用。應用行為分析在20世紀90年代所發展出的功能性行為評估，將傳統行為改變的重心從行為的形態擴充到行為的功能，此一評估模式也在早期的功能行為分析所聚焦的當下情境之外，加入遠距情境作為影響行為的重要因素，同時以功能性評估的結果設計並執行行為干預方案。晚近的行為干預研究者同意，最有效的行為改變方法是教導個體學習正面行為並加以強化，嫌惡性的行為後果並不像早前所認為的那樣具有必要性。研究者也同意，在消減不良行為的同時也應當協助個體習得新的正面替代行為，才能將行為改變的效果最大化。在學校和相關設施中，正面行為支持系統的推行建立了一種全校或班級範圍的獎勵良好行為、消除不良行為的環境和文化。另外，應用行為分析在方法論的研究上，尤其在單一個案實驗設計及干預成效的評估方面，也做出了重要的貢獻。例如，近年來所發展出的多種干預成效評估方法，包括大小值的計算等，都已被廣泛使用，增強了行為干預的客觀和科學特性。

　　另一方面，認知行為治療明顯地為傳統行為評估和干預帶來新的

面貌。行為的定義不再僅限於可直接觀察的外顯行為，也同時包括可客觀測量的內隱行為。相對於早期的激進行為改變技術強調「情境決定一切」的論點，認知行為干預主張機體變項（例如：認知、情緒、思維、生理等）和生態環境（例如：族裔、性別、文化、社區等）也是影響個體行為的重要因素，並強調它們在行為評估和干預中的重要性。新近的行為評估採用「多種方法—多樣來源」定向，在行為觀察外也同時常規性使用行為面談、行為評定量表及其他資料蒐集工具。認知行為治療的研究者主張經由影響認知中介變項來改變個體的行為，並且發展出許多不同的策略教導兒童和青少年使用語文中介或自我調節技術去控制或改進學習困難、行為和情緒問題，這些策略和技術的成效並得到實證研究的支持。總體而言，以行為理論為基礎的評估和干預方法多年來已累積了大量的研究和臨床文獻，而且在實務上也融入了「行為生態」、「及早發現及早干預」、「處理完整度」和「以證據為基礎的干預」等新概念和趨勢。這些發展確保了行為評估和干預專業與時俱進的創新性和可持續性，也是有志於研習這門課程者應有的認知。

　　本書的目的是提供一本具有新近性的行為評估和干預方面的教科書，系統且完整地說明行為評估和干預的原理和方法，以及此一領域的新近發展和研究發現，以有利於讀者對現今行為干預的理念和實務運作建立正確的了解。全書的內容分為四個部分。首先，在第一章中說明了行為心理學的源起及其所衍生的幾種理論體系，使讀者經由對

這些理論背景的了解建立對以後各章學習的基礎。第二到第五章聚焦於行為評估的基本概念、模式和方法，包括行為面談、社會測量、行為評定量表和行為觀察法的使用，以及每一種方法對所蒐得數據的處理程序。第六章則專注於一個獨立的主題——行為干預效果的評估，內容包括幾種主要單一個案實驗設計的介紹以及目前最常用的干預效果評估方法。第七章到第十章組成行為干預的部分。第七章討論強化原理和相關課題以及可用來增強良好行為的方法和程序。第八章介紹不良行為的消減原理和方法以及它們在團體和個人層面的應用，強調在使用行為消減策略時應考慮倫理道德因素，避免可能發生的副作用。第九章討論認知行為治療的原理和策略，並說明數種常見青少年和兒童行為問題的治療模式和實施方法。第十章分為兩個部分。前半部分介紹自我調節的概念及實施步驟，包括自我監控、自我評價、自我強化及懲罰等。後半部分討論維持干預效果應注意的事項以及擴大干預效果至其他行為或情境的方法。

　　本書的適用對象為各大學及師範院校修習學校心理、特殊教育、兒童臨床心理、教育輔導、諮商心理、社會工作等科系選修行為改變或行為治療課程的大學生和研究生。此外，本書亦適宜於作為學校心理、心理衛生、臨床心理、應用行為分析、教育、個案工作、語言和溝通治療等專業人員的參考書。全書以提綱挈領、清晰簡要的方式撰寫，協助讀者建立此一領域的系統化基礎知識。同時在各章節的編排上協助讀者在研習行為評估和干預的知識外，進一步獲得對這方面個

案研究的了解和實務經驗。讀者在修習此課程時宜配合校內或校外實習，在適當的指導下實地完成以特定兒童或青少年爲對象的單一個案研究，包括個案引介問題的評估、行爲干預方案的設計和實施、干預成效的評估等，培養在這方面的臨床技巧和專業能力，將學習效果最大化。這也是此一課程理想和常採用的教學模式。

　　本書的出版，首先要感謝中央研究院楊國樞院士和臺灣大學葉光輝教授向五南圖書出版公司的推薦；對五南公司王俐文副總編輯慨允出版，個人也在此致上誠摯的謝忱。最後，我也要感謝內子陳淼女士在我撰寫本書期間的全力支持，她利用自身工作餘暇協助完成了書中所有圖表及參考資料的製作。

葛樹人

2018年7月於紐約市立大學

目　錄

第五章　行為觀察

第六章　單一個案干預設計

第七章　行為增強策略

第八章　行爲消減策略

第九章　認知行爲策略

第一章

行為評估和干預的理論基礎

　　行為心理學（behavioral psychology）在廣義的心理學領域中占有重要的地位。從行為心理學所發展出來的行為評估和干預（behavioral assessment and intervention）的原理和方法，在過去七、八十年來，無論在教育、臨床或其他方面，皆有極多的應用。它們不但被用來治療不適應的異常行為，而且也被應用於一般人的日常生活中，協助他們學習和增強適應性行為，或改變不良的行為、習慣，其影響十分廣泛。行為評估和干預在本書中泛指所有以行為心理學理論為基礎的有關行為測量、處理和矯治的原理、程序、方法，包括應用行為分析、行為改變技術、行為治療、行為管理、認知行為治療等。本章將對行為評估和干預作為一門學科和專業的歷史發展、理論基礎以及它們共具的特質加以說明。

第一節　行為評估和干預的發展背景和趨勢

　　行為評估和干預的理論在過去數十年中經過不同階段的持續演變，發展出幾個不同的趨勢和流派（Kazdin & Wilson, 1978; Morris, 1985）。這些演變最早源於20世紀初的經典制約理論（classical conditioning）和操作制約理論（operant conditioning），二者皆形成於實驗室的動物實驗（見本章第二節和第三節）。行為心理學原理對人類行為的最早應用可追溯到1940年代和1950年代。一方面，操作制約原理在美國開始被用來矯治個體的異常行為，另一方面，經典制約原理在英國及南非等地開始被用來治療情緒性反應。這兩種治療趨勢對當時以心理分析（psychoanalysis）為中心的傳統心理治療模式皆多有不滿和批評。它們認為，依循醫學模式將心理異常現象當作疾病的看法是不恰當的，它們也反對心理疾病的本源存在於個體內心理動力的模糊說法。另外，行為心理學的主要倡導者如斯金納（Burrhus F. Skinner）、艾森克（Hans Eysenck）和沃爾普（Joseph Wolpe）等認為，傳統心理分析治療法含有太多的主觀性，對治療效果也無法提出有力的證據，因此，他們倡議以行為心理學為基礎，發展出一種較具科學性的治療方法和程序。早期的行為治療者雖然來自不同的理論背景，但皆同意應以經過研究證實的學習理論（learning theories）為基礎，將科學性的實驗方法應用於臨床工作上，並對治療效果做客觀化評估。這些觀點後來逐漸形成一個傳統，對行為評估和干預專業的發展產生重大且深遠的影響。

到了1960年代，以經典或反應制約理論為基礎的行為治療學派和以操作制約理論為基礎的行為改變技術學派，都發展出相當數量的行為評估和干預方面的方法和技術，而且在研究和應用上各自取得了頗大的成就，形成了與傳統心理分析治療分庭抗禮之勢。例如：沃爾普所發明的系統脫敏法（systematic desensitization）對若干情緒失調治療的成效便遠超過傳統式的心理分析療法，因而受到研究者的普遍肯定。值此時期，行為改變技術的快速發展和廣泛應用尤令人印象深刻，斯金納和他

的追隨者不但將各種行為改變技術成功地用來改變精神和心理問題患者的行為，也進一步證實這些行為改變程序同樣適用於一般正常人，並且在教育、醫療、管理等各方面盛行一時。到了1960年代後期，行為改變技術的推動者更發展出應用行為分析（applied behavior analysis）專業，在研究方法和矯治程序方面愈形嚴謹，成果豐碩，在心理學界獲得了廣泛的認同。

　　從傳統的制約原理發展出來的各種行為干預方法和技術，在經過1940～1970年代一段長時期的廣泛使用之後，一方面很自然地奠定了它們的歷史地位，另一方面也逐漸顯現出若干局限性。譬如，行為改變技術在矯治兒童、智障者、自閉症患者、精神分裂症患者的行為上有顯著的效果，但是難以同樣有效地適用於成人患者和心智成熟的個案。研究者開始將此一局限歸因於操作制約論失之過簡，未能充分地涵蓋人類行為的複雜性。另外，傳統行為改變研究上的新發現也逐漸減少，同時也遇到一些瓶頸性的問題，包括矯治效果不易長期維持和類化等。因此，傳統的行為改變方法在經過高峰期之後產生重要的改變，例如：行為改變技術逐漸被應用行為分析所取代。另外，新的干預理論和方法也逐漸形成，並日益得到普及。

　　到了1970年代，班圖拉（Albert Bandura）所提倡的社會學習理論（social learning theory）得到實證研究支援，受到了許多行為理論研究者的重視。班圖拉認為，傳統的行為制約理論建立於以單一受試為對象的動物和人的實驗結果上，這類實驗忽略了個體發展的社會因素對行為形成的重要性。因此，他主張在行為制約的模式中加入個體作為刺激和反應之間的仲介變項，此一變項包括若干個體內在的認知歷程。社會

學習理論的出現對行為干預的趨勢產生了革命性的影響，有人稱之為認知革命（cognitive revolution）。它突破了傳統制約論「環境決定一切」的架構，而主張個體、環境和行為的交互作用決定一個人在特定情境中的表現。另外，它也為稍後出現的認知行為治療做了鋪路的工作。認知行為治療的發展也始於1970年代，它基本上結合了行為改變技術和認知治療趨勢，早期的貢獻者包括亞倫‧貝克（Aaron T. Beck）、阿爾伯特‧艾理斯（Albert Ellis）、唐納德‧米切鮑姆（Donald Meichenbaum）、邁克爾‧馬奧尼（Michael Mahoney）等人。此一治療趨勢同社會學習理論一樣強調個體變項對行為改變的重要性，認為在治療中如果僅對環境變項加以操縱，在許多情況下是不足以改變個體行為的，因此，在治療模式中應再加入認知變項，並對這些認知變項加以評估和干預，才能達到改變患者行為的目的。認知行為治療結合了傳統行為治療、行為改變技術、貝克的認知治療（cognitive therapy）及艾理斯的理性情緒治療（rational emotive therapy, RET）等方法，發展出具有獨特性的治療模式和技術（例如：認知重組、自我教導、生氣管理等）。多年的研究證實，這些方法對許多情緒性和社會性異常行為的治療具有顯著的效果。認知行為治療在過去三、四十年裡有快速的發展，成為歐美最常用的治療模式之一。下面幾節將依次對幾個主要的行為干預理論和趨勢分別加以介紹。

第二節　經典制約理論

　　經典制約或反應制約（classical or respondent conditioning）理論

是一種解釋「刺激—反應」間關係的理論。它建立於俄國生理心理學家巴甫洛夫對狗的唾液分泌實驗基礎上。在經典制約理論中，刺激是反應的先決條件，它可以分為無條件刺激（unconditioned stimulus）和條件刺激（conditioned stimulus）。無條件刺激是一種可以自然或自動引發機體反應的刺激，它不需經過特殊的安排即會引發機體的自然反應，這種反應稱為無條件反應（unconditioned response），是自然現象，例如：嗅到自己所喜愛的食物，會產生食欲或引發唾液分泌。中性刺激（neutral stimulus）在未經過制約之前並不具有引發機體反應的能力，但如果將中性刺激（例如：巴甫洛夫實驗中的鈴聲）與無條件刺激（食物）經過一次或多次搭配呈現之後，中性刺激（鈴聲）便也能夠引發機體原先對無條件刺激的反應（唾液分泌），此時中性刺激（鈴聲）即成為習得刺激（learned stimulus）或條件刺激，可以引發原無條件刺激所產生的反應，此一反應稱為條件反應（conditioned response）。表1-1顯示的是巴甫洛夫的經典制約模式。

表1-1　巴甫洛夫的經典制約模式

■制約前			
無條件刺激（食物）		⟶	無條件反應（唾液分泌）
■制約過程			
中性刺激　＋	無條件刺激	⟶	無條件反應
（鈴聲）　＋	（食物）		（唾液分泌）
■制約後			
條件刺激（鈴聲）		⟶	條件反應（唾液分泌）

資料來源：Gelfand & Hartmann (1984)

　　經典制約原理也同樣可用來說明行為消弱的過程。如果條件刺激不與無條件刺激配對且重複出現，它便會失去引發條件反應的能力，習得的條件反應便會逐漸減弱以至於消失。例如：巴甫洛夫實驗中的食物如果不再與鈴聲同時呈現，經過多次之後，鈴聲最終便不會引發唾液分泌。這些制約原理可以解釋個體在各種情境中所產生或消失的反應性行為（respondent behaviors）（Rescorla, 1988）。

　　最早將經典制約原理應用於人類行為的是華生（John B. Watson），他的小阿爾伯特（Little Albert）實驗是心理學界所熟知的案例（Watson & Rayner, 1920）。只有11個月大的阿爾伯特原本對小白鼠並不懼怕，但當小白鼠與巨大且令人驚嚇的聲響多次同時出現後，阿爾伯特見到小白鼠單獨出現即會產生恐懼反應而哭出來，甚至在後來當他見到白色的絨毛對象時也會產生懼怕反應。這些結果顯示，阿爾伯特的條件恐懼反應也擴展到與小白鼠類似或有關的事物上。此一現象稱為刺激類化（stimulus generalization），顯示與條件刺激類似的其他刺激（白色的絨毛對象）亦可以引發與條件反應相類似的反應（恐懼）。在現實生活中，此種學習經驗很多。譬如一個人一旦被狗咬傷後，不但會對狗產生懼怕，有時候看到狗的圖片或聽到狗的吠聲，也會表現出懼怕反應。俗話所說的「一朝被蛇咬，十年怕井繩」也是一種刺激類化的現象。另外一個與刺激類化有關的概念是刺激辨別（stimulus discrimination），指個體在學習的過程中會對不同的刺激加以辨別，而做出不同的反應。經由訓練，個體可以學習對特定刺激加以反應，而不對其他不同或不相似刺激產生反應。刺激類化和刺激辨別是交互作用的。

　　巴甫洛夫的貢獻是奠定了經典制約理論的基石，闡明個體諸多反射

性行為（reflexive behavior）和非自主性反應的形成和改變。很明顯，人類的行為遠比單純的刺激─反應聯結更為複雜，後來的研究者得以繼承巴甫洛夫的研究，並取得許多新的發現，將反應制約原理不斷擴充，奠定了行為主義（behaviorism）刺激─反應的理論基礎，也在臨床上發展出許多行為治療技術（見本章第四節）。至於華生的貢獻主要在於他對行為主義的大力提倡。除了小阿爾伯特的實驗之外，他對經典制約理論的臨床使用並未做進一步的研究。華生主張以巴甫洛夫的經典制約為研究心理學的基本方法，不贊成當時心理分析學派所採用的內省法，認為它流於主觀，不夠科學化。華生（1924）認為，學習可以解釋個體大部分的行為，並強調應以科學的方法（如對行為的直接觀察、客觀測量等）來研究和預測人的行為。他的這些主張受到當時心理學家的廣泛支持，形成所謂的行為革命（behavior revolution），對後來行為心理學派的發展產生了深遠的影響。

第三節　操作制約理論

不同於反應制約論將重心放在反射性、非自主行為上，操作制約論專注於自主性或工具性（instrumental）行為的研究。操作制約論的創始源自桑代克（Edward L. Thorndike）的動物實驗，但斯金納實為其奠基和發揚光大者。桑代克是美國動物心理學的創始人，被稱為教育心理學之父。他是第一位經由對貓的實驗建立嘗試錯誤學習（trial-and-error learning）理論，並以刺激與反應的聯結來解釋新學習形成的心理學家。他的效果律（law of effect）和練習律（law of exercise）對後來操

作制約論的發展產生了重要的影響。效果律解釋個體學習的心理過程，扼要而言，個體反應後如能獲得滿意的後果，其反應將被強化，以後同樣情境出現時，個體會重複該反應。練習律說明，經由刺激與反應的頻繁聯結（如多次重複練習）並得到正向反饋（positive feedback），行為會受到強化，使學習得到成功（Thorndike, 1905）。

斯金納被稱為操作制約和行為改變技術（behavior modification）之父，他的研究受到桑代克的影響。斯金納早期以老鼠和鴿子為實驗對象的研究延續並擴大了桑代克有關行為和各種後果（consequence）關係的理論，後來並將操作制約對動物行為的研究應用到人類的行為。另外，斯金納也釐清了操作制約理論與巴甫洛夫的經典制約理論的區別（Kazdin, 1978）。他指出，個體的行為並非都是反應制約論中經由刺激所引發的反射性反應（例如：受到強光照射而產生眨眼反應），事實上，個體行為中的大部分是屬於自發性和工具性的，具有其目的存在，個體為達到目的而呈現特定的行為（例如：為了引進新鮮空氣而打開窗戶）。斯金納解釋操作制約的概念，說明個體在情境中活動時會呈現某些自然反應，這些反應受到其後果的操縱和制約，假如後果讓個體獲得滿足，該反應在未來相同或類似情境中出現的機率便會增加，反之便會減少或停止出現。譬如，當兒童因呈現某良好行為而受到老師的獎勵時，便會增加該行為在未來出現的機率，獎勵作為行為的後果，有增強行為的作用。此一程序稱為增強或強化作用，說明正強化（positive reinforcement）可以增強受獎賞的行為。反之，如果反應出現後未得到強化，甚或受到懲罰，該反應便會減少或消失。在操作制約論中，個體的行為屬於有目的的反應，藉由對情境的操作去得到所期望的目的或後

果，而後果決定行爲未來重複出現的機率。所以，對後果的干預是改變行爲的重要關鍵。還有，操作制約論也重視前導事件（antecedent）作爲環境因素對行爲的影響。例如：在老師的要求下，學生進入圖書館後會保持肅靜。又如，某生因前晚睡眠不足，第二天上課時打瞌睡而無法專心學習。在操作制約論中，發生於特定行爲前的前導事件和發生於行爲後的行爲後果都是影響個體行爲的重要因素，找出前導事件和後果與行爲的聯結並加以干預是改變個體行爲的基本原理。

第四節　行爲治療

在行爲干預的領域中，「行爲治療」一詞乃指巴甫洛夫式以經典制約爲基礎的診療方法，用來矯治非適應情緒和反應性行爲，例如：恐懼、焦慮、悲傷等（Martin & Pear, 2010; Rimm & Masters, 1979; Stolz, 1976）。經典制約論在臨床上的使用發生於1940年代和1950年代，其創始者爲沃爾普、艾森克等人。他們將經典制約作用的原理應用在內隱行爲和心理困擾的治療上，並且在「刺激—反應」的模式中加入了個體的內在因素作爲仲介變項，例如：焦慮、動機、態度等，並藉由對這些變項的評估和干預來治療患者的異常行爲。譬如說，患有恐懼症的個案所呈現的異常懼怕和逃避行爲，乃是由於內在焦慮之存在，因此有效的治療應設法消減個案的內在焦慮，以去除其逃避行爲。內在變項亦可以是象徵性的，如意象、想像等。行爲治療的研究顯示，個體對恐懼刺激的符號表徵（symbolic representation）所產生的非自主性反應與其對眞實刺激的反應相類似，符號表徵亦可以在治療中達到條件反應的消弱

（Agras, Kazdin, & Wilson, 1979）。因此，象徵過程（symbolic process）在行為治療模式中占有重要地位。但應指出的是，這些象徵變項並不涉及認知因素。從此一傳統所發展出來的治療技術主要有系統脫敏法、氾濫法（flooding）、厭惡治療法（aversive therapy）、內隱條件作用法（covert conditioning）和生物反饋法（biofeedback therapy）等。它們常被用來治療非自主性行為失調，如焦慮、憤怒、恐懼症、強迫症、神經症等情緒性障礙。另外，它們亦可用來減少人們在日常生活中的焦慮或恐懼情緒。譬如，學校的老師可以利用這些技術在課室創造安全愉快的氛圍，幫助學生在面對緊張情境時（例如：考試或做口頭報告）降低焦慮或恐懼感。將緊張情境與周遭愉快的氛圍配對呈現，會使學生學到兩者間的聯結，學習以平靜和輕鬆的心態取代焦慮或恐懼感，產生良好表現。以下對系統脫敏法和生物反饋法略做介紹。

　　系統脫敏法是由沃爾普基於經典制約理論所發展出來的一種焦慮消減技術，它的目的是幫助患者降低對某些刺激情境的敏感反應。此一技術的原理是，焦慮是個體被制約的產物，因此，使用反向的替代活動可以降低個體的內在焦慮。換言之，當引發焦慮的刺激與非引發焦慮的刺激配對呈現時，前者對患者焦慮刺激的強度會降低（Wolpe, 1958）。在實施系統脫敏法之前，治療師要先了解個案焦慮的確實情況，以及引起焦慮情緒的相關資料。在實施時，治療師首先安排患者面對輕微的焦慮刺激，同時教導患者在此情境中練習放鬆的技巧，來抵制一些焦慮反應，當患者在放鬆狀態中適應輕微焦慮刺激之後，治療師則呈現更強一度的焦慮刺激，當患者又適應了此一焦慮刺激後，治療師再呈現更強一度的焦慮刺激，繼續教導及獎勵患者去適應，依此類推，直到患者可以

完全消除情境所引起的焦慮爲止（柯永河，1980）。系統脫敏法在治療各種與焦慮相關的疾患，特別是恐慌症方面，很有效率（Bernstein, 1999; King, Heyne, Gullone, & Molloy, 2001; Zyl & Lohr, 1994）。

　　生物反饋法是一種行爲治療程序，其主旨是藉由生物反饋儀器測量個體生理功能（例如：心率、血壓、腦波、肌肉張力等），將此資訊提供給患者，幫助個案知道自己此時此刻的生理狀況，同時結合壓力舒緩技術和操作制約的使用，教導個案能自主控制心理生理反應（psychophysiological process），改變身心失調狀態（陳可家，2007; Gilbert & Moss, 2003）。生物反饋可用來治療多種心理失調，包括焦慮（Wenck, Leu, & D'Amato, 1996）、疼痛（Allen & Shriver, 1998; Meuret, Wilhelm, & Roth, 2001）、偏頭痛和癲癇（Womack, Smith, & Chen, 1988）等症狀。

第五節　應用行爲分析

　　應用行爲分析的基礎是操作制約理論。斯金納在1940年代和1950年代開始，將經過實驗室嚴謹證實的操作制約原理，應用到美國馬薩諸塞州精神病療養院和馬薩諸塞州州立醫院等機構，來改善精神分裂症患者和智障者的異常行爲。他的研究發現，大多數患者的問題行爲都是屬於工具性的，可以利用操作制約中的各種程序加以矯正和改變。斯金納後來還在他的研究中建立了許多其他關於操作制約的原理、原則，例如：正強化、消弱（extinction）、延宕增強（delayed reinforcement）、刺激控制（stimulus control）、增強時制（schedule of reinforcement）、代幣制（token economy）、行為契約（behavior contract）等。斯金納和當時的其他研究者並認為，這些程序不但適用於重度精神病和心理症患者，亦可有效地用來改變一般正常人的行為，例如：改善學習困難、減少問題行為、戒除不良習慣等。他在1953年出版的《科學與人類行為》（*Science and Human Behavior*）（Skinner, 1953）一書強調操作制約理論的實用價值，並推動它們在除醫療外的教育、政府、法律和宗教等領域的應用。斯金納主張，行為矯正應以可直接觀察和測量的外顯行為為對象，對特定行為的分析應將重心放在該行為發生的當下情境，了解行為與前導因素和後果間的關係。這些被稱為實驗行為分析（experimental behavior analysis）的方法與傳統心理治療聚焦於患者的意識經驗和童年成長歷史之分析有很大的不同。到了1960年代，操作制約論的研究者和推行者致力於擴大實用性行為改變（behavior modification）技術的發展和各種應用。例如：霍蘭德和斯金納（Holland & Skinner, 1961）根據操作條件作用原理所設計的程序教學（programmed instruction）將教材內容分成連續性的小單元，成功地改進了大學生的概念學習（conceptual learning）。洛瓦斯（Lovass）使用獎賞和懲罰教導自閉症兒童學習語言和其他技能（例如：Lovaas, Berberich, Perloff, & Schaeffer, 1966; Lovaas, Freitag, Gold, & Kassorla, 1965），也是著名的案例。其他眾多以操作制約原理為基礎發展出來的行為改變技術也相繼得到研究的證實，並被廣泛使用，用來改善兒童的口吃行為（stuttering）、精神症患者的適應行為、發展遲緩兒童的行為問題等（Ayllon & Azrin, 1965; Bijou & Orlando, 1961; Goldiamond, 1968），風行一時。

　　值此同一時期，斯金納和部分行為改變研究者，例如：艾勇（Al-lyon）、巴爾（Baer）、畢如（Bijou）、洛瓦斯（Lovass）、沃爾夫（Wolf）等人，繼續思考將行為改變技術從對異常行為的矯治上擴展到正面行為的培訓方面，在操作上也更重視後果之外的其他環境因素對個體行為的影響。他們認為，行為改變技術的使用除了在臨床和教育方面外，也應能應用到社會領域中，產生具有社會意義的行為改變，協助人們發展正向行為和健全社會技能。另外，這些研究者也非常重視方法論，強調利用嚴格的研究程序建立行為改變效果科學證據的重要性，他們的主張和研究，在行為干預的方法論上建立了獨特和重大的貢獻。基於這些理念，巴爾、沃爾夫、萊斯利（Risley）等人在1968年創辦了《應用行為分析期刊》（*Journal of Applied Behavior Analysis*）。在創刊號中，他們將應用行為分析定義為一種系統化實施以學習理論為基礎的干預方法的過程，用來有意義地改善人們的社會行為，而且能證明行為的改變是干預所造成的結果（Baer, Wolf, & Risley, 1968）。應用行為分析沿襲傳統行為理論，以外顯行為作為矯治的重要對象，不重視個體的內在因素，在數據蒐集方面則強調應採用直接觀察法對行為加以測量，並強調應以科學的程序來檢驗行為改變的效果，強調干預的成效應建立在嚴謹的實證數據上。這些主張和研究，在1970年代逐漸形成了一個新的應用行為分析領域，並影響了之後應用行為分析專業的發展，直到今天。後續的研究證實，應用行為分析成功地將早期的實驗行為分析轉移到具有個人、社會和文化重要性的行為和環境關係的分析上。這些進展也使應用行為分析取代了行為改變技術原有的地位。相對於行為改變技術著重於負面行為的改善，觀念上也比較強調行為後果，應用行

爲分析更注重分析行爲背後的原因，以能更有效地預測及減少負面行爲的再次發生。設計良好的研究也證實，應用行爲分析可用來改善許多從前被認爲難以改變的行爲問題，包括溝通困難、學習和品行問題、自我管理、人際關係、身體健康等問題（Mayer, Sulzer-Azaroff, & Wallace, 2014）。其中關於增進自閉症患者適應行爲的療效更吸引了科學家、專業人員及一般人士的注意，成爲自閉症的一種治療原型。應用行爲分析的研究、人員培訓、實用推廣多年來發展良好。例如：此學派所發展出來的多種單一個案實驗設計迄今被行爲學者和矯治者廣泛沿用。目前應用行爲分析也被視爲最有效的教育方法之一，並應用於教育、子女教養、工作培訓、物理治療、語言治療、職能治療、復健、體育、工商、公共事務等領域中（袁巧玲，2011; Alberto & Troutman, 2013）。應用行爲分析技術可以個人或團體爲對象實施，並適用於各種生活情境和場域，如醫院、診所、學校、家庭、工作場所等等。有關應用行爲分析研究的文獻歷年來也多到不勝枚舉，例如：有研究者2010年在谷歌學術（Google scholar）上的檢索便查出有260萬條關於應用行爲分析的引用文（Mayer, Sulzer-Azaroff, & Wallace, 2014）。

第六節　社會學習理論

　　社會學習理論形成於1960年代，它的創立者是班圖拉。班圖拉在1969年出版的《行爲改變原理》（*Principles of Behavior Modification*）一書中，根據社會學習原理闡明行爲治療的觀念。他在1977年發表了另一巨著《社會學習理論》（*Social Learning Theory*），強調社會

環境和個體的內在歷程（internal processes）對行為影響的重要性。班圖拉同意制約對行為的影響，但不認同「環境決定一切」的主張，認為它有失狹隘，簡單的反應制約或操作制約模式不足以解釋人們複雜的行為。例如：「刺激—反應」模式可以解釋已經習得的行為，但是無法說明個體如何習得複雜的新行為（例如：游泳技巧、解答數學題等）。社會學習理論認為人的行為除制約外，也受到社會環境和個體認知發展的影響，並將這些影響因素加以統合，用來解釋更寬廣的行為和學習經驗。社會學習理論的一個中心概念是交互決定論（reciprocal determination），它主張環境因素和個人因素並非是各自獨立運作的，它們之間實際上存在連鎖的關係。也就是說，社會環境、個體的內在歷程和人的行為之間具有交互作用的關係（Bandura, 1977a, 1986）。因此，個體對環境的反應不是像行為主義所認知的，是被動和機械化的，相對的，個體的行為是具有自我主動性（self-activated）和自導性的（self-directed），個體依其對外在情境的認知而行動，認知因素和環境交互作用而影響其行為表現。此一交互決定論將傳統制約原理與社會認知發展的研究發現加以結合，對人的行為運作加以更完整的解釋，它在其後行為心理學和行為干預領域的發展都產生了重要的影響。

班圖拉在他1960年代的研究中發現，個體在許多行為上的表現都是在社會情境中經由觀察或教導而學習得到的，這一歷程包括若干內在認知因素，但不一定需要伴隨制約作用（例如：獎賞或懲罰），也就是說，個體經由觀察和教導可以習得新的行為，亦可以改變已有的行為。班圖拉和其同事在一系列的研究中（例如：Bandura, 1965, 1969）證實，除了試誤和制約之外，兒童可從觀察學習（observational learning）中成功地學習到許多不同的行為。觀察學習可分為模仿（model-ing）和替代學習（vicarious learning）兩種。模仿是指個體在社會情境中對行為楷模（model）直接觀察並仿照楷模所表現的行為，從而習得特定的新行為。可用來模仿的技術包括直接模仿、象徵模仿、自我模仿等幾種。替代學習則指個體並不直接參與學習，而是從旁觀察學習參與者的行為表現或參與者的行為後果（例如：得到獎賞或懲罰），間接學得類似行為。人們的許多行為也都是從替代學習得來的。模仿一般包括四個過程。第一，注意過程（attention process）。楷模示範行為而學習者加以觀察，學習者需先正確地注意到欲模仿的行為，學習才有發生的可能。第二，保留過程（retention process）。學習者將所觀察行為的型態加以理解並保留在記憶中。第三，複製過程（reproduction pro-cess）。學習者以楷模的行為為藍本，將所得到的資訊加以組織，將該行為重新表現出來。在此過程中，學習者的動作和認知能力以及過去的行為表現會影響行為的複製。第四，動機過程（motivation process）。學習者做出複製所觀察行為的決定，此一決定受到動機和期望的影響，包括預期的後果（例如：獎賞或懲罰）以及個人內在標準（internal standards，例如：自我要求的高低）等。概略而言，觀察、認知和複製是觀察學習的基本過程，其中認知變項包括注意力、記憶廣度、認知編碼（cognitive coding）、語言編碼（verbal coding）、符號編碼（symbolic coding）、評估等。另外，研究也顯示，經由觀察所學到的行為即使以後不受到強化也不會失去，但其出現與否則受到制約作用的影響。模仿行為得到獎賞或使學習者得到滿足，便會增加出現的概率；反之，如果受到懲罰或為學習者帶來痛苦，便會減少或停止出現。班圖

拉最著名且影響巨大的研究，除證實兒童從模仿的歷程中習得攻擊行為外，也發現兒童和青少年很容易從觀察中學習其它各種行為（例如：語言表達、恐懼反應、社會技巧等）。班圖拉並且有效指出大眾傳媒（例如：電視節目）為社會學習一個有影響力的來源，人們容易從中模仿許多正面的和負面的行為（Bandura, 1969, 1997b）。

除觀察學習的原理和技術外，自我效能（self-efficacy）也是從社會學習論發展出來的重要行為干預概念。自我效能屬於一種知覺因素，乃指個案對自己是否具有習得某種特定行為能力的自我評價（Bandura, 1977c, 1997）。在治療上，個案患者的自我效能期望值是規劃治療策略上的重要考慮，較高的自我效能期望值代表個案對自己改變的能力具有信心，有助於增進治療的效果，反之自我效能低的個案，則不易達成治療的預期目標。因此，對個案的自我效能加以影響或改變，有時成為治療過程中的重要部分。另外，自我調節（self-regulation）也是社會學習理論的一個重要貢獻。自我調節又稱自我調適，班圖拉和這方面的研究者認為，人類具有自我調節的能力，可以用自己的思想、感覺、價值觀、動機等內在過程對自己的行為施加控制和調節。譬如說，兒童在成長和社會化的歷程中受到學校和家庭教育的影響，即不斷培養自我調節的能力。自我調節包括下列三個基本步驟。第一，自我觀察，個體將注意力集中於觀察和監控自身行為，自我觀察的歷程往往會導致行為產生改變。第二，自我評價，個體將自己的行為與特定的外在或內在標準加以比較，以了解自己的行為是否達到預期的水準。第三，自我酬賞，在自我評價之後，如果行為達到標準，就給予自己獎賞，反之，則不給獎賞。一般而言，個體在日常生活中，經由自我調節的過程、自我監控

及自我調整等機制，不斷從低級向高級的行為水準發展（廖鳳池、陳美芳、胡致芬、王淑敏、黃宜敏，1991）。班圖拉自我調節的理論後來成為許多自我管理訓練的基礎，在臨床和教育各方面皆有很廣泛的應用。

第七節　認知行為治療

認知行為治療（cognitive behavior therapy）又稱認知行為干預（cognitive behavior intervention），其發展始於1960年代及1970年代所謂的認知革命（cognitive revolution）。當時的研究者逐漸體認到以傳統制約理論為基礎的行為治療和行為改變技術的不足之處，並加以批評，認為它們並未考慮到認知因素對個體反應和行為的影響，而且這些方法和技術在治療若干症狀上（例如：抑鬱症）成效也不顯著。有些學者乃將注意力轉移到當時新興的社會學習理論和認知心理治療模式。如前節所述，社會學習理論主張環境、認知因素和行為交互作用，互相影響，這些認知因素包括注意力、符號心像、記憶、計畫、執行、評估等。在另一方面，認知心理治療在1960年代出現了兩個模式。一個是貝克的認知治療（cognitive therapy），另一個是艾理斯的理情治療（rational emotive therapy）。貝克認為心理問題的發生，常常源於患者自我的負面思維或對特定情境（包括人、事、物、活動等等）的錯誤解讀。具體而言，情境刺激本身並不具有困擾性。造成個案患者心理問題的來源並不是情境本身，而是個案對特定情境的看法或所賦予它的意義。貝克發現患有情緒困擾的個案，大多對周遭事物具有負面的或不現

實的想法，這些想法和思維連帶引發其非適當情緒和行為反應。因此認知治療的一個重要目標，就是幫助個案認清自己的負面思維和信念，並加以改變，同時並教導個案學習新的因應技巧（coping skills），克服心理問題和行為適應上的困難。認知治療的過程一般包括以下四個步驟：一、幫助患者識別自己思維的特性；二、幫助患者認清自身錯誤的思維或負面想法；三、幫助患者矯正認知上的扭曲，並以正確思維取代不正確思維；四、對患者的表現和改變給予正確反饋。

艾理斯的理情治療認為個體對自己或外界事物非理性的想法、判斷或期望是造成心理障礙的主要原因。個體的心理適應困難或問題行為並非由於自身的缺失或情境中的某些人、事、物所造成，而是來自個案患者對自己或情境刺激的非理性思維和信念（例如：堅信自己一無是處，在公司受到不公平的對待等），一旦患者陷入非理性的陷阱（例如：邏輯錯誤、極端想法、脫離實際等），便會產生焦慮、沮喪、敵對意識等負面情緒，難以走出而產生適應上的困難。因此，在治療的過程中，治療者須幫助患者去辨識其非理性的認知，找出引起這些思維的前因和後果，然後引導個案發展出理性的思考方式。艾理斯的理情治療一般包括下面幾個步驟：一、認明患者非理性思維、感覺、和信念的基本型式；二、挑戰造成心理失調的非理性思維和情緒反應；三、深入了解非理性思維的錯誤和不健康的原因；四、改變非理性思維和有問題的信念，並發展出理性思考和健康的反應。概括而言，貝克和艾理斯的兩種認知治療模式皆強調思維、信念、期望、感覺、情緒等因素對行為的重要性，也認為患者必須對他們的認知過程和行為改變負責。這兩種模式被稱為是認知行為治療的第一種類型，在當時行為干預工作者中獲得了相當的

支持。

　　認知行為治療理論和方法的主要貢獻者是米切鮑姆。他在1977年出版的《認知行為改變：一項統合性方法》（*Cognitive Behavior Modification: An Integrated Approach*）（Meichenbaum, 1977）被公認為這方面的經典文獻。米切鮑姆主張在治療程序中應將認知治療、社會學習和行為改變技術等加以整合，他同意社會認知理論和認知治療關於認知變項在環境和行為的鏈接間具有仲介作用的主張。仲介認知變項與環境因素交互作用影響個體的行為，這些認知變項包括思維、信念、心像、知覺、態度、對自我或他人行為的歸因等等。個體對情境（如人、事、物等）的反應，取決於其對該情境的看法和解釋。個體對情境的認知可能是正確的，也可能是不正確的。當個體的認知不正確、非理性或不現實時，便會造成情緒上的困擾，從而產生偏離常規的心理和行為障礙。米切鮑姆在1976年研發了自我指導訓練，此一治療策略，認為個案的思維和行為受到其自我對話（self- talk）的指導（見第八章），自我對話可以是內隱的，也可以是外顯的，在認知行為治療的過程中，治療師可引導個案利用自我對話，將非理性或不實際的想法逐漸改變成合理的思維，同時學習健康的行為因應技巧。其後，米切鮑姆和其他的研究者（例如：古得曼、馬奧尼等）設計了許多與自我指導相關的治療程序和方法，例如：壓力防疫訓練、問題解決訓練、歸因再訓練、放鬆訓練、自我調節訓練、認知重組策略等。他們並在這些治療方法中加入認知科學在當時的新發現，以及納入行為學派其它的干預技術（例如：應用行為分析、觀察學習、自我調節等）。在1980年代和其後一、二十年間，認知行為治療策略和方法，逐漸得到許多實證研究的

支援，也受到日益增多專業行為治療者的認同和採用，形成一種「問題聚焦（problem-focused）」和「行動導向（action oriented）」的治療模式，專門處理與心理失調有關的行為或情緒問題。此一模式的中心概念是，個案心理失調的發生和維持，往往源自其錯誤或扭曲的思維或非理性的情緒處理，人們在心理困擾的狀態下，常常會從偏頗的角度對特定情境（包括人、事、物）加以錯誤解讀，做出非理性反應，從而產生偏離常規的心理失調和行為障礙。因此，如欲改變患者的異常行為，便應幫助個案改變其對情境的錯誤理解，並重新建立合理的認知和期望。基於此一理念，如果個案在治療者的指導下能夠習得新的資訊處理（information processing）方法、情緒管理步驟和正向行為因應技能，便可有效地減少個案所患的症狀和困擾。因此，治療者在此一治療模式中的角色是主動的，治療者幫助個案認清自己思維上的扭曲和負面效應，協助個案改正錯誤的思維和對情境不正確的解讀，與個案共同找出正確的認知和思考模式，教導個案學習有效的因應技能，並引導個案對理性思考和行為模式進行演練和實踐，最後達成治療的預期目標。迄今為止，已知研究證實認知行為治療可有效治療抑鬱症、焦慮症、藥物濫用症、創傷後症候、飲食異常、睡眠異常、邊緣型人格異常、強迫症等心理失調或障礙。另外，認知行為治療已被成功地應用到許多兒童和青少年發展和社會性行為的矯正上，包括學習困難、注意力缺陷、過動、社會技能不足、衝動、沮喪、不馴等等（Alberto & Troutman, 2013; Kaplan & Carter, 1991；廖鳳池、陳美芳、胡致芬、王淑敏、黃宜敏，1991；施顯烇，1990；周台傑、林玉華，1996; Graham & Harris, 1988; Meichenbaum, 1977; Meichenbaum & Asarnow, 1979）。認知行為治療

在近二、三十年已成為使用很廣泛的以實證為基礎（evidence-based）
的心理和行為失調治療模式。

第八節　行為評估和干預的特質

　　從以上幾節可以看出，行為評估和干預的方法源自不同的理論和
學派，它們有各自的獨特性，並適用於不同的目的。但是這些評估和干
預的方法仍具有若干共同的特質，在基本理念和程序上擁有許多共同之
處，使行為干預和傳統心理分析及其他心理治療方法有顯著的區別。總
體而言，行為評估和干預的一個主要特質是它們對科學性的重視，主張
干預的原理應建立在經過科學驗證的架構之上，干預技術亦應具有實證
研究的依據，而非來自未經證實的理論，甚至臨床傳說。戈德弗萊德和
戴維森（Goldfried & Davison, 1976）曾經指出，行為干預為實驗心理
學和臨床心理學的結合，亦即將實驗心理學的方法應用到臨床工作上，
以了解問題行為產生的原因，同時經由合乎實驗上對受變項嚴謹控制的
法則，來解決困擾個案的問題行為。此說堪稱允當。以下列出行為干預
另外的幾種特質，它們也是行為評估和干預專業人員共同的信念，以加
深讀者對這方面的了解，從而有助於以後各章的學習。

　　第一，人類的行為具有法則性（lawful）。個體大多數的行為都是
經由行為心理學的原理和法則學習得來的。例如：人們會呈現曾經受到
獎賞的行為，而避免不曾受到獎賞或曾經受到懲罰的行為。這些學習原
理同樣適用於正常行為和異常行為的形成、維持和消失。經由這些原理
和法則，個體學習並發展良好的正向行為，也對非適應行為進行反學習

（unlearned），將異常行為加以消除和改變。

　　第二，個體大部分的行為具有刺激特異性（stimulus-specific）。人們在不同的情境中會產生不同的行為，這是因為每一不同情境中皆有其獨特的前導（例如：人、事、物、期望等）和後果因素。因此，個體在一特定情境中所呈現的行為僅能代表其在該情境的典型反應。另外，個體在特定情境中的行為也受到在該情境中行為獎賞和懲罰歷史的影響。譬如，一個兒童的哭鬧行為在某一情境中（例如：在家中）可能會使該兒童得到所希求的獎賞物，但在另一個情境中（例如：在學校裡），同樣的行為卻可能會得到懲罰的後果，因之，該兒童的哭鬧行為在這兩個情境中出現機率會有所不同。是以，個體的行為受到情境刺激的直接影響。

　　第三，如上所述，不同於傳統心理分析尋求在個體內找出問題行為的成因（例如：潛意識、人格或內在屬性缺陷等），傳統行為改變技術強調情境因素對行為決定性的影響。但新進的行為評估和干預模式（例如：認知行為治療，功能行為評鑑等）也同時關注到個人機體因素（如認知過程、生理狀況等），以及環境和社會因素（例如：學校、家庭、工作場所等）的作用，而且進一步考慮社區、文化、族裔期望等生態因素的影響，形成一種「生態—行為」（ecological-behavioral）評估和干預趨勢。

　　第四，行為干預所欲改變的目標行為應具有明確和清晰的定義，有了這樣的定義，才能對目標行為進行客觀的觀察和測量。觀察是數據蒐集方法的優先選擇，當無法直接觀察時，則應對行為加以客觀的測量。例如：應用行為分析所聚焦的外顯行為（overt behaviors）是可直接觀

察的。認知行為治療則以內隱行為（covert behaviors）為干預標的，例如：思維、看法、信念、焦慮、情緒等，這些行為雖然無法直接觀察，但可以客觀測量。客觀測量和對內隱行為精確量化是認知行為評估和干預的重要特質。應注意的是，行為干預所關注的內隱行為並不同於傳統心理分析中推理性的心理現象（例如：潛意識、防衛機制等）或特質理論中的人格特質（例如：內外向、神經質等），它們之間具有很大的差異。

第五，行為干預應個人化（individualized）。由於個體間差異的存在，每一個案所呈現的問題行為皆有其獨特性。個體對不同情境中的前導和後果刺激會產生不同的反應。不同的個體對同樣情境中的人、事、物、活動也會導致不同的反應，並產生不同的後果。例如：對一個兒童具有獎勵性的後果對另一個兒童卻可能帶有懲罰性。因此，單一行為干預方案可適用於所有呈現類似問題個案的思考是不正確、也不實際的。行為干預的規劃和執行應個人化，協助個案解決其獨特問題，或滿足其特殊需求。

第六，行為干預應聚焦於「此地」和「此時」（"here" and "now"），重視當下和現場中的個體和環境變項對問題行為的影響，並從中發現問題行為產生的原因、解決的方法，及預防同樣的行為再發生，而不像心理分析那樣過度強調對個案早年生活經驗的分析。行為干預也應在自然情境中進行，在現實生活情境中所蒐得的行為數據不需經過太多推論去解讀其真正的意義，在現實生活情境中所產生的行為改變效果也要比在診療室一對一的療效更為真實，而且不會有干預效果難以轉化（transfer）的問題。

　　第七，行為干預所使用的方法和程序應具有系統性和客觀性。行為評估方法和工具應具有令人滿意的信度、效度和臨床可用性（clinical utility）。對行為數據的量化（quantification）有助於客觀性的建立，可以減少主觀因素（例如：推論、偏見）帶來的誤差，增加行為測量上的準確性。還有，行為評估和干預應被視為一個連貫的過程，而非像傳統心理評估那樣分為兩個不相連的實體。無論在原理和實施上，行為干預計畫的設計都應直接建立在行為評估的結果上，而且干預計畫應明確干預的目標、使用的策略、方法或技術，並具有可接受的社會效度（social validity）。所謂社會效度並非指心理計量學上的效度要求，它所代表的是干預目標、程序和處理結果在社會意義上的重要性和可被接受程度，也就是指干預者能證明干預所產生的結果具有社會重要性（例如：使個案的異常行為產生正面的改變），干預的執行能被個案本人及其家庭和社區所認同和接受，符合社會的期望等（Kazdin, 1977; Schwartz & Baer, 1991; Wolf, 1978）。

　　第八，行為評估和干預所採用的原理、程序和技術應當是已經過研究證實的，符合以實證為基礎的評估和干預理念（evidence-based assessment and interventions），也就是說行為評估應當選擇使用以堅實的行為理論和研究為基礎的評估方法、工具和程序。同樣的，行為干預也應使用其效果已經得到研究證實的干預方法和技術。無論在評估和干預處理方面皆不應選用程序和效果未經研究證實的方法和技術（Hunsley & Mash, 2007; Spring & Neville, 2014）。另外，干預在執行時也應保持處理完整度（treatment integrity），也就是干預者應完整且忠實地依照預先規劃的方案實施，不可任意加以非必要或無正當性的改變，以

避免因偏離原計畫而對治療成效造成不利的影響。處理完整度的建立有賴於干預執行者對干預的實施有適當的了解、準備、責任心。當干預執行者為非專業人員時（例如：老師、家長、雇主等），干預的實施應在專業人員適當的指導下進行。

第九，行為干預高度重視對行為干預效果的評估。行為干預應對其成效進行持續的監控和評量，而且評量應基於客觀的數據而非主觀的判斷或臆測。多年來的研究文獻指出，傳統心理分析和其他心理治療模式也都會對它們的治療成果加以評估，但是行為干預在這方面更強調評估的必要性和客觀性，並且主張，不僅對干預的最終效果加以總結性評量，亦應對評估和干預的過程加以定期的、以實證數據為基礎的形成性評量，如果在過程中發現干預存有某些缺失，即應加以合理的修正，確保干預符合個案的需求，有效達成干預的預期目標（Gelfand & Hartmann, 1984; Zirpoli, 2012）。

第二章
行為評估的要件和模式

第一節　行為評估的目的和基本概念

　　行為評估（behavior assessment）是行為干預的重要部分，也是行為干預必要的前置作業。它的目的是以科學、客觀的方法和程序蒐集有關個案行為的系統資料，對個案問題進行了解，分析其存在的原因，並根據評估結果設計適合個案需求的干預方案，以增強良好的行為或消除不適當的偏差行為。很明顯，行為評估的方法與行為心理學的理論有密切關係。在行為心理學理論的架構中，個體的行為受到環境因素和認知變項的影響，因此，行為評估除強調對問題行為本身的測量外，也同時重視情境（包括人、事、物等）和仲介變項（如認知、生理因素等）的分析，並找出它們和行為間的相互影響。正確的評估可以避免對個案行為發生和維持因素判斷上的錯誤，建立有效的行為干預和處理的基礎。

　　如第一章所述，行為干預方法的發展源自幾種不同的理論背景，這些理論也影響了各時期行為評估策略的形成。早期的行為改變和治療者對正式、系統的行為評估並未曾特別加以重視，在行為評估方面較具成就的是應用行為分析的研究者。他們對行為的客觀分析做了頗多專注性

的研究。此類行為分析的重點集中在外顯行為上，以自然觀察法對個案行為加以記錄、測量和分析。除此之外，他們對其他的評估方法較少使用。但是，在過去二、三十年裡，隨著認知行為治療法的推廣以及心理和教育測量理論和技術上的新發展，有關行為評估的研究和專著也大量出現。它們在傳統的行為觀察和分析之外增加了許多對問題行為進行評估的方法和程序，而演化成一種新的行為評估體系（Kratochwill, 1982. Kratochwill, Sheriden, Carlson, & Lasecki, 1999; Ramsay, Reynolds, & Kamphaus, 2002）。此一體系不贊同傳統心理分析採用醫學模式、將心理和行為問題視為疾病的看法，也不同意評估的目的是對心理疾病和其病因（etiology）加以診斷。此一體系主張個案的問題行為應被視為個體行為特徵的樣本，而非某種潛在病因的訊號（Mash & Hunsley, 2007）。行為干預的研究者認為，評估應將焦點放在發生於特定環境中的行為及其前導及後果事件，同時也應重視個案的想法、感覺、動機、控制信念（locus of control）等個體長期性特徵對行為的影響。此外，行為評估也重視影響問題行為的生態（ecological）因素，包括家庭、社區、文化期望等。同時，這些研究者也認為，時間的變化也會影響行為的改變。因此，除了與個案問題行為有關的早期歷史事件（例如：幼年受到身體、心理或性的虐待）外，行為評估並不特別重視個案的早期成長歷史，因為它們與個案目前的行為問題少具關聯性，而且，有關個案早期歷史所蒐得的資訊往往具有可疑的信度。另外，行為干預的研究者也同意，行為評估的實施應具有系統性，在資料蒐集上以個案及其家庭為重心，包括對個案行為和家庭特徵的描述，說明這些特徵發生的環境和背景，以及它們與個案行為、思考和情緒間的功能性關係。

為達到此目的，行為評估認為應採用自然觀察及其他不同的方法去蒐集完整的評估資料，並對這些資料加以系統的客觀分析，然後依評估的結果策劃及執行能夠有效改變個體行為的干預方案。另外，在此架構中，評估和干預被視為是一連續體（continuum），而非像在傳統心理評估架構中將診斷和治療分開，成為兩個不同的實體（entities），這也是兩者間的一個基本差異。早期的心理評估尋求對行為和情緒失調結構和根源的認定。相對地，行為評估尋求對行為本身和個體與環境互動的了解，以及可改進個體行為的干預處理。

第二節　行為評估的變項

　　行為評估中需要加以評量的變項可分為四大類，它們是反應變項、刺激變項、後果變項和機體變項。反應變項即個案的非適應行為或適應行為，它們可能是反應性的，也可能是工具性的。弗里曼、海斯和威爾森（Friman, Hayes, & Wilson, 1998）進一步將反應變項區分為外顯行為、認知——言語行為（cognitive-verbal）和生理——情緒（physiological-emotional）行為三種。傳統上，應用行為分析的研究者主要注重對外顯行為的觀察，近二、三十年來，內隱行為也日益受到認知行為研究者的重視。行為學者大多同意，個體的所有活動皆可被視為「行為」，評估者應依個案問題的性質，在相關的外顯行為之外，也應對認知行為和生理——情緒行為加以適當的評量。

　　刺激、後果和機體也是影響個案問題行為的變項，從實驗的觀點看，刺激、後果和機體因素可被視為自變項，個案的行為則為依變項。

行為分析（behavior analysis）尋求對這些變項逐一釐清，並找出自變項和依變項間的關係。刺激變項是指產生問題行為的前行因素。非適應行為或異常行為不會憑空出現，它們通常是由某種特殊情境所引發的，例如：一個有考試焦慮的患者只有在置身考場時才會顯現焦慮症狀。刺激變項又可分為兩種，一種是引起情緒和非自主性反應的區別刺激（discriminative stimulus）（例如：個案身處黑暗情境會有懼怕反應，在光亮場所則不感懼怕），另一種是導致工具性反應的區別刺激（例如：行人在十字路口遇到紅燈會停下，見到綠燈才會前行過馬路）。後果變項是指伴隨反應而來且足以影響行為再度發生的事物或活動，亦即行為所產生的後果。依不同的安排，後果有時會增強個案的行為，有時會消減個案的行為，行為後果有的是正面的（例如：獎勵），也有的是負面的（例如：懲罰）。還有，有時伴隨行為的後果對個案短期而言是正面的，但其長期後果則是負面的，譬如說，借酒消愁可以使個體短暫地忘卻煩惱，但長期的後果可能會養成酗酒的習慣。如果行為評估可以對這些變項及它們間的關係加以釐清，行為干預或治療者便可在使用後果的安排來改變個案的行為時兼顧其短期和長期的功能。最後，機體變項是指個案自身可能影響其行為的因素，這些因素包括個案問題行為的背景（如增強過程、遭遇的挫折、人際關係等）、對問題情境的認知（如思維、動機、期望、歸因、自我控制能力等）、生理狀態（如疾病、飲食、睡眠狀況等），以及家庭、社會、文化影響等。這些變項的評估有助於對個案行為的預測，在認知行為干預或治療方面具有高度的重要性。

第三節　評估的直接和客觀特性

　　行為評估有時亦被描述為直接和客觀評估（direct and objective as-sessment），顯示直接和客觀是界定行為評估的兩個重要特性。麥瑞爾（Merrell, 2007）認為，強調直接性和客觀性都可以減少評估結果解釋時的失誤。評估所蒐集的數據如果能直接代表所欲測的外顯或內隱行為，那麼評估者便不需要經由仲介步驟來解讀該數據所代表的意義。比如說，在測量個體的社會或同儕關係時，社會測量法（sociometric method，如同儕提名、同儕評定），所蒐得的數據皆屬於直接資訊，反映一位兒童或青少年在其同儕看法中的地位。但是，如果評估者所使用的測量方法是畫人測驗，那麼所得到的資料便具有間接性，無法從受測者所繪的圖形直接了解其社會或同儕關係，而需要經過仲介步驟，從所繪圖形的內容、人物安置、大小、線條質量等對整個圖形所蘊含的意義加以解釋，才能判斷受試者與同儕間的關係。同樣地，客觀性也會直接影響對評估結果解釋的正確性。具有高度客觀性的評估結果可以直接反映所欲測量的行為。但是，客觀性低或不客觀的評估結果需要經過推論的過程才能解釋評估結果所代表的意義。推論的過程中容易滲入推論者的主觀因素、看法甚至偏見，而造成推論和解釋上的錯誤。所以，行為評估在選擇資料蒐集的方法上，都重視直接和客觀性高的工具和程序，以確保評估結果的正確性和真實性。在行為評估中，另一個與直接性和客觀性有關聯的特性是實證性（empirical）。實證性的名詞源自希臘文中的empeiria，即「經驗」之意（Achenbach & McConaughy, 1997）。行為評估主張行為資料蒐集應具有實證性或經

驗性，也就是根據經驗到的事實或實地觀察到的結果，而非做主觀上的
臆斷。「……實證性評估法應遵循計量心理學原理，包括使用標準化程
序、多種類集成題目（multiple aggregated items）、常模—發展參照群
體（normative-developmental reference groups），以及信度和效度的
建立」（Achenbach & McConaughy, 1997, p.16）。實證性與直接性和
客觀性的概念實質上有許多共通之處，它們都已經成為行為評估方法所
追求的目標，也被行為干預的研究者廣泛接受。

第四節　多種方法—多樣來源定向

自1980年代以來，不同研究者發展出一項新的評估架構，通稱為
多種方法—多樣來源評估（multimethod-multisource assessment），
是多種方法—多樣來源—多種場域評估（multimethod-multisource-
multisetting assessment）（Merrell, 1994, 2007）的簡稱，其他的名稱
包括多種因素評估（multifactored assessment）（Barnett & Forcade,
1983）、多種場所—多樣來源—多種工具評估（multisetting-multi-
source-multiinstrument assessment）（Martin, 1988）、多軸向具實證
基礎的評估（multiaxial empirically based assessment）（Achenback,
McConaughy, & Howell, 1987）等。這些評估架構在原理上有一個基本
的共同點，那便是它們都主張行為、教育或心理評估都應該建立廣泛的
資料，作為各種決定達成（例如：診斷、干預、安置等）的基礎。它們
都認為評估不能、也不應僅仰賴任何單一的方法或工具。正確的做法是
使用多種不同的方法和工具來蒐集評估的資料，這些資料應來自多個

不同的來源或資訊提供者（informants），例如：個案自己、父母、老師、同儕等，藉以從不同的觀點去了解個案在各種場域（例如：學校、家庭、工作場所、社區等）中的行為反應。在此共同認知下，它們也都強調，評估的資料應來自不同的方法、工具、來源、資訊提供者和場域。表2-1顯示多種方法—多樣來源—多種場域評估的主要構成部分。表中方法部分可再細分成各種不同的工具和程序。在對個案的引介問題（referral problem）進行評估時，評估者可針對問題的性質選擇不同的程序和工具（亦即方法），實施於個案本人、老師、父母或同儕等（亦即來源），來獲得個案問題行為在學校、家庭或工作場所的資料。這些資料有的是直接獲得的，例如：觀察個案在課堂上的行為；有的是間接獲得的，例如：訪談老師有關個案在課堂上的行為。它們的組合使用可以增加評估者對個案問題正確和完整的了解，減少診斷和干預策劃上誤判的可能性。在選擇評估的方法時，除了考慮個案問題的性質和需求外，還需重視以下三項考慮。第一，選用的評估工具應達到技術質量上的標準，也就是其心理計量特性（例如：信度、效度等）已得到實證研究的支特。第二，選用的評估工具應具有適當的臨床可用性，也就是其臨床用途已得到研究的實證，而且使用方便。第三，如果選用的是標準化常模工具（例如：行為評定量表），它應具有數量夠大且有代表性的常模樣本，並將相關資訊在工具手冊中做完整報告（Merrell, 1994）。下節將對行為評估常用的方法加以介紹。

表2-1　多種方法—多樣來源—多種場域評估的構成

方法	來源	場域
行為面談	個案本人	家庭
行為評定量表	父母和家人	學校
自我報告問卷	教師及學校人員	診所
直接觀察	同儕	工作場所
自我監控	其他熟悉個案行為的人士	社區
社會測量工具		
心理生理測量		

第五節　行為評估的方法

　　近年來，一般行為評估皆採用上面所描述的多種方法—多樣來源—多種場域架構。評估使用的方法和工具很多，其中最主要的包括問題行為記錄或檔案回顧（record or file review）、行為面談（behavioral interview）、行為評定量表（behavior rating scale）、自我報告問卷（self-report inventories）、行為觀察（behavior observation）、自我監控（self-monitoring）、心理生理評估（psychophysiological assessment）等幾種。從名稱上看，其中有些方法亦為傳統心理評估（psychological assessment）所使用，但這些方法在行為評估上的應用與心理評估有根本的不同。例如：在使用記錄或檔案回顧來了解個案問題背景時，傳統心理評估注重個案的出生史、幼兒期發展史等，因為在理論上，早期心理分析認為個案的心理問題大多源於其幼年和成長期的經歷。但行為評估則不同，它重視對個案近期生活經驗和行為發生及增強

歷程的了解。因此，行為評估和心理評估在對蒐集資料的使用和解釋上也有很大的差別。行為評估不僅是一整套方法、工具和程序，它更代表一種不一樣的典範（paradigm），一種蒐集和使用評估資料的新的思考方向和途徑（Ramsay, Reynolds, & Kamphaus, 2002）。本節將對上面所指出的幾種評估方法加以概要的介紹。第三、四、五章將分別對行為面談、社會測量工具、行為評定量表、自我報告問卷、行為觀察等方法做進一步的討論。

　　在對個案進行評估時，應依個案所呈現的問題行為將這些不同的方法配合使用，使評估的結果更完整，也更適合用做達成不同決定的用途（例如：篩選、診斷、干預等）。記錄或檔案回顧是蒐集問題行為背景資料的重要方法，評估者蒐集和檢閱各種有關檔案和記錄，例如：學校案卷、出勤和行為記錄、成長記錄、醫療記錄、家庭狀況和文化背景記錄等，有助於對個案在學校的學習成績、行為表現、人際關係、適應技能等的了解，這些記錄也可以顯示個案行為與其身體健康狀況和家庭因素（例如：家中成員、父母、手足間的互動關係）是否有關。還有的研究者建議，個案的私人文件，諸如日記、週記、信函、作文等，也是有價值的背景資料，但是，由於這些檔案具有私密性，在使用這些資料前應先得到個案本人、其父母或監護人的同意（Sattler, 2002）。另外，評估者也可以檢閱社會工作師的書面報告，獲得經過社會工作師整理的關於個案及其引介問題的進一步背景資料。在對有關的檔案和記錄回顧之後，評估者可以訪談個案及其他有關人士，去蒐集更多的資料，釐清各種檔案中的資訊。然後對所獲得的資料加以分析，以了解個案問題行為的性質和背景。

　　行為面談是以晤談的方式從個案本身或對個案行為熟悉的第三者（例如：父母、老師、同儕等）蒐集行為評估資料，此一方法為評估者廣泛使用，因為它可以在很短的時間內獲得數量可觀的資料。行為面談與傳統臨床面談（clinical interview）在概念和實用上皆有所不同。行為面談採用問題解決定向（problem solving orientation），尋求找出行為和前導及後果事件的關聯，針對個案的引介問題提供解決方案。在語言的使用上，訪談者會以明確的行為詞彙（behavioral terms）對個案的引介問題、外顯行為或內隱行為等加以清晰界定，而不是使用籠統、模糊的用詞（例如：特質或狀態等）。行為面談的優點之一是，它不但可用來蒐集外顯行為的資料，也適宜用來蒐集內隱行為的資料。行為面談的實施方式有結構式面談（structured interview）、半結構式面談（semi-structured interview）和非結構式面談（non-structured interview）三種。行為面談資料的一個局限是，面談結果會受到面談對象（interviewee）個人經驗及對個案看法或偏見的影響。因此，使用此法時應確保面談結果的可信度和真實性。另外，由於大多數行為面談的實施缺乏標準化，因此難以建立心理計量學數據（例如：信度、效度）。但是，近年來也已有標準化行為面談版本出現（見第三章）。

　　行為評定量表是一種標準化行為評估工具，它包含系列性描述行為的語句，由受試者（例如：個案本人或對其行為熟悉的人士）對照個案的行為，在量表所提供的量尺上評定作答。行為評定量表可分為寬譜行為評定量表（broad-band behavior rating scale）和窄譜行為評定量表（narrow-band behavior rating scale）兩種，前者具綜合性，用來對多種非適應性和適應性行為進行評量，後者則具特殊性，可用來對一種或

少數幾種特定行為加以評量。行為評定量表不但可用來測量外顯行為，也同樣適用於內隱行為的測量，而且具有心理計量學（psychometric）的特徵，例如：標準化、信度、效度、常模數據等，這是它們所具有的優點。最近二、三十年來，行為評定量表在理論、編製、標準化上都有很大的改進，新的評定量表大量出現，在教育和臨床上為各類專業人員廣泛使用，成為行為評估上一種很常用的工具。

自我報告問卷又稱為自陳式問卷，它的原理和使用與行為評定量表相似，是用來蒐集個案行為資料的工具。自陳式問卷像行為評定量表一樣，具有標準化、客觀性、量化等心理計量特徵，而且施測容易，使用方便，具經濟效益（葛樹人，2006）。和行為評定量表不同的是，自陳式問卷施測的對象是個案本人，由其本人在問卷的量尺上作答（例如：「是」或「非」），為自己的行為評分。自陳式問卷特別適於用來評量內隱行為，因為這些行為無法加以直接觀察，唯有個案本人才會對自己的想法、感覺、態度、情緒等有真正的了解。因此，自陳式問卷比由第三者（例如：教師、家長、同儕等）提供的行為資料更具有真實性。但是，自陳式問卷也有其局限，那便是測量的結果容易受到個案主觀看法甚至偏見的影響。所以，自陳式問卷適合與其他評估方法共同使用，以確保結果的可信性和真實性。儘管早期的行為分析者對自陳式問卷的價值並不重視，但自1990年代以來，自陳式問卷已成為一種被廣泛使用的評估工具。

行為觀察是行為評估中最重要的數據蒐集方法。它是指對個案在自然情境中所呈現的行為加以直接觀察，並記錄其發生的次數、時長和強度等特徵，此一方法稱為自然觀察法（naturalistic observation）。

另外，當問題行為無法在自然情境中加以觀察時，則可使用控制觀察法（controlled observation），例如：在實驗室或診所裡觀察並記錄個案對模擬情境的反應。行為觀察法常用的觀察程序包括軼事記錄（anecdotal recording）、永久成品記錄（permanent product recording）、事件記錄（event recording）、持續時間記錄（duration recording）、間距記錄（interval recording）、時間取樣（time sampling）等數種（詳見第五章）。這些觀察法蒐集的是個案在真實生活情境中的第一手資料，其結果直接顯示個案在不同行為面向上所呈現的表現和水準，而不像由間接蒐集法所得到的是間接性資料（例如：記錄或檔案回顧、行為面談、行為評定量表所蒐集到的資料），這是行為觀察法最大的優點。一般的行為評估通常以行為觀察法為主，配合其他方法蒐集評估資料。許多應用行為分析的研究者認為，不含有行為觀察的行為評估是不完整的（Alberto & Troutman, 2013）。

自我監控是直接觀察法的一種特殊使用，它是由個案對自己的行為加以觀察和記錄，然後依據所蒐得的資料來評估自己的行為表現是否符合預期的水準。自我觀察和記錄的方法基本上與上面所介紹的行為觀察法相同。目標行為應有清晰的界定，個案也應在教導下先習得觀察和記錄的程序和步驟。已有的研究顯示，兒童和青少年都可以經過訓練獲得這些技能（Ramsay, Reynolds, & Kamphaus, 2002）。自我監控是一種自我報告式的資料蒐集法，它的結果反映個案當下的行為，具有實時性，而不同於自陳式問卷所獲得的資料是回想性的（retrospective），也就是個案回想自己的行為，並在問卷上作答。自我監控和自陳式問卷各具不同的特色與功能。第十章將對自我監控的方法和實施做完整的討

論。

　　心理生理評估也是行為評估的一種重要方式。它使用專門設計的電子儀器記錄個案生理資訊上的變化（例如：心率加快、血壓升高、肌肉收縮、腦活動增加等）。當個案被置於特殊刺激下（例如：閃光、壓力），或身體產生突發狀態時（例如：小發作癲癇症、大發作癲癇症、偏頭痛），對個案的生理反應加以直接記錄。心理生理評估常用的儀器有腦波儀（electroencephalogram, EEG）、肌電圖（electromyography, EMG）、膚電反應（electrodermal response）、功能磁共振成像（functional Magnetic Resonance Imaging, FMRI）等，它們普遍具有標準程序，也需要精確的校準。心理生理技術在行為評估中是一個高度專業的領域，對於許多行為失調的診斷有很強的功能（梅錦榮，2011；Ramsay, Reynolds, & Kamphaus, 2002; Yucha & Gilbert, 2004）。

第六節　行為評估信度和效度的考慮

　　就像所有的測量工具一樣，行為評估所使用的工具也應具有良好的信度和效度。如此，它們所蒐集到的資料才能用來做成重要決定，例如：行為問題的診斷、干預方案的規劃以及干預成效的評估等。行為評估的研究者同意，由美國教育研究學會、美國心理學會和美國教育測量學會所制訂的《教育及心理測驗標準》（*Standards for Educational and Psychological Testing*）（AERA, AP, & NCME, 2014）同樣適用於行為評估。也就是說，行為評估所使用的方法和工具應符合該標準的要求，具備良好的質量，包括理論基礎、內容設計、題目編排、實施程序、信

度和效度證據等。除此之外，《教育及心理測驗標準》更進一步要求，當這些方法和工具實施於個人或團體時，評估所得到的結果以及基於這些結果所達成的決定（例如：診斷、分類、安置等），亦應具有可接受的信度和效度。這表示，行為評估者應選擇具有信度和效度的行為資料蒐集工具，並經由對它們的正確使用，才能確保行為評估結果的信度和效度。這也表示，行為評估者在行為評估工具的使用方面應具備適當的培訓和資格，包括行為測量和評估的課程及這方面的校外實習等。

一、信度

信度乃指測量或評估結果的一致性，它代表評估工具在測量特定行為構念（behavior construct）時是否具有一致性和穩定度。具有高信度的評估工具在測量個體的行為時會產生相同或一致的結果。反之，僅有低信度或不具信度的評估工具在測量個體的行為時會產生變異或不穩定的結果，當這種情形發生時，說明其中有的評估結果是不正確的，也就是說含有誤差的成分。因此，信度也被視為行為評估免於誤差的程度，信度愈高的評估工具所含的誤差愈小，反之，信度愈低的評估工具所含的誤差愈大。誤差的來源隨著所使用的評估方法而異。一般而言，行為評估最常見的信度有評量者間信度（inter-rater reliability）、重測信度（test-retest reliability）和內部一致性信度（internal consistency reliability）三種。它們可以用行為評估所含有誤差的性質和程度來解釋，亦即評量者間誤差（inter-rater errors）、重測誤差（test-retest errors）和內部一致性誤差（internal consistency errors）。評量者間信度和評

量者間誤差的概念可以用來量化不同行為評量者間的一致性，一致性愈高便代表可信度愈高，表示評量所含的誤差愈低，具有更高的可信性。評量者間信度是在使用行為觀察法時最常用的信度檢驗方法，又稱觀察者間信度（inter-observer reliability）（詳見第五章）。重測信度是指同一評估方法或工具在不同時間點評量同一個案行為時所產生的變異性，重測誤差愈小表示重測信度愈高，測量結果的穩定性也愈高。在評量行為干預的成效時，所使用的評量工具或程序應具有良好的重測信度，否則便難以正確地判斷干預前和干預後的行為差異是干預所產生的真正效果，還是由重測誤差造成的。內部一致性信度乃指同一個評估工具中的刺激（stimulus）或題目（item）應具有同質性（homogeneity），同質性愈高，測量所含的誤差就愈小，評估結果的可信性就愈高。反之，同一評估工具中的題目如果不具同質性，那麼測量便會缺乏一致性，從而產生誤差，降低評估的正確性。在使用行為評定量表和行為面談來蒐集行為數據時，內部一致性信度是最常見的信度檢驗方法。綜合而言，行為評估者在對個案行為評估的過程中應盡量注意誤差的可能來源，並將其影響降至最低，以確保評估結果的信度。

二、效度

效度代表行為評估工具能真實測出它所欲測行為構念的程度，也就是它所蒐集數據的真實性。例如：一個具有效度的抑鬱行為量表應能真實地測出個案的抑鬱症狀，而非其他行為特徵。當評估工具所蒐集的數據愈能真實地代表所欲測的行為時，它的效度便愈高。效度與上面所介

紹的信度有關，那便是信度是效度的先決條件（prerequisite），缺乏信度的測量或評估工具也無法具有它所須具備的效度。因此，在建立效度之前，應確保評估工具有良好的信度。就像信度一樣，效度亦受到誤差因素的影響，但二者誤差的來源則不同。有研究者認為，影響測量結果效度的因素有以下兩種：一種是構念不相干成分（construct irrelevant components），也就是評估工具的有些成分與所欲測的行為構念並無關聯；另一因素是構念代表性不足（construct underrepresentation），表示評估工具並不能充分地代表它所欲測的行為構念。這兩種因素或其中之一的存在，都會降低評估工具和評估結果的真實性（Messick, 1980）。所以，測驗編製者在編製測驗（例如：行為評定量表）時，應盡量減少這兩種因素的存在。同樣，測驗用戶在施測和解釋測驗結果時也應將這兩種因素的影響降至最低，以確保測驗結果的效度。

　　傳統的心理和教育測量理論一般將效度劃分為不同的種類，例如：內容效度、同時效度、預測效度、構念效度等等。到了1990年代，此一分類產生了重要變化。美國教育研究學會、美國心理學會和美國教育測量學會（AERA, APA, NCME, 1999）所制訂的《教育和心理測驗標準》修訂版採用了梅西克（S. Messick）的效度的統一理論（unitary theory of validity）（Messick, 1989, 1995）。此理論認為，所有的測驗都是用來測量一種效度，那便是構念效度（construct validity），而非幾種不同的效度。阿納斯塔西（A. Anastasi）將構念效度定義為測驗分數能真實代表測驗欲測的理論特質的程度（Anastasi, 1988）。構念效度是一個複雜的概念，具有多方面的性質。梅西克認為，傳統上區分的幾種效度所代表的是構念效度的不同方面，應被視

爲支持構念效度的不同證據，而非不同種類的效度（Messick, 1989;
1995）。依此理論，任何評估工具可依其欲測的構念和目的，提出不
同的證據來支持它對所欲測的構念具有效度。這些證據可分爲下面四
種。第一，評估工具內部結構的證據，亦即評估工具的內部結構是否符
合所欲測的構念。此驗證法在對內隱行爲（如思維、情緒、焦慮等）的
測量上具有重要性，因爲內隱行爲並非評估者可以直接觀察的，必須以
間接方法（例如：行爲評定量表或行爲面談）加以評量。舉例而言，如
果驗證的結果顯示某一特定焦慮量表具有合乎水準的構念效度，那麼便
可推論評量結果可眞實反映個案在焦慮方面的問題，反之則否。第二，
評估工具內容的證據，也就是說評估所使用工具的內容和題目應能充分
且忠實地反映所欲測行爲構念的範圍（例如：數學能力、適應行爲、社
會技能等）。這方面的證據建立之後，評估所得到的結果才具有眞實
性，也才有意義。第三，評估工具與效標（criterion）或其他外在變項
關係的證據，如果評估工具和已建立的效標間具有高度的正相關，即表
示它所測量的是與該效標同樣的構念，也就是具有效度。效標關聯效度
的證據可來自兩種不同的來源。一種是同時蒐集評估工具和效標的數
據，兩者間的關聯程度即代表該評估工具所欲測的構念效度。另一種是
評估工具實施在先，經過一段時間後再蒐集效標數據，這兩項數據間的
關聯程度可顯示在何種程度上評估工具可用來預測被測者在效標上的未
來表現。第四，評估工具所產生後果的證據，亦即評估工具的使用會
否對特定群體造成不公平的後果（AERA, ΛPA, & NCME, 1999），例
如：行爲評估的結果造成將某少數族群的兒童高比例地歸類爲行爲失
調。此一效度檢證在測驗公平性方面至關重要，它的目的是預防評估工

具的誤用和濫用對弱勢群體造成不利的後果。

　　另外兩個有關效度的概念是輻合效度（convergent validity）和區別效度（discriminant validity）。輻合效度又稱聚合效度，是指一測驗上的分數與其理論上同類變項間應具有高相關。區別效度亦稱區分效度，指一測驗上的分數與其理論不相同變項間應不具相關。這兩種效度皆可用來檢驗測驗能否正確地反映它所欲測的構念。譬如說，一個測量專注力的量表可以正確地測出患有注意力缺陷的兒童，便代表該量表具有輻合效度。如果該量表經研究證實並不能用來測出患有學校恐懼症（school phobia）的兒童，這一結果所顯示的是區別效度，因為該量表的分數與它所不欲測的構念並無關聯。輻合效度和區別效度都是檢驗構念效度常用的方法，用來決定測驗是否達成其所被賦予的目的和用途（Goh, 2004）。

　　信度和效度的驗證方法和測驗或評估工具的目的以及受試群體有密切的關係。在檢驗一個測驗的信度和效度時，應先釐清該測驗所欲測的構念是什麼，測驗的目的或用途為何，對哪一個群體適用，然後才能經由客觀的研究證實其在該方面是否具有信度和效度。比如，某一行為量表在測量主流族裔人士的注意力缺陷上具有效度，但這並不表示該行為量表在測量另一少數族裔的注意力缺陷上也具有效度，或者在測量其他不同的構念（例如：抑鬱）上也具有同樣的效度。又如，某一行為觀察程序在測量過動症上有令人滿意的觀察者間信度，但這不代表它也具有令人滿意的重測信度。所以，信度和效度的證據是具有特殊性和針對性的，如果某一評估工具被設計來作為不同的用途，它便需要分別建立對每一種用途的信度和效度。另外一個重要的概念是，信度和效度的考慮

對不同的行為評估工具會具有不同的重要性，檢驗信度和效度的方法也會因不同的工具而異。例如：重測信度對內隱行為測量上的重要性要大於對外顯行為的重要性，這是由於內隱行為較偏向於跨情境性（cross-situational），而外顯行為則較具情境特殊性（situationspecific）。因此，在使用行為評定量表時，重測信度為一重要考慮。在使用觀察法來測量外顯行為時，對重測信度的重要性應有不同的考慮。重測信度偏低並不一定代表觀察所使用的方法或程序缺乏一致性，它所顯示的可能是個案行為在不同時間點上產生的真正變化（Shapiro & Skinner, 1990）。第三至第五章將對行為面談、行為評定量表和行為觀察的信度和效度分別做進一步的討論。

第七節　功能性行為評估模式

一、功能性行為評估的背景和原理

功能性行為評估（functional behavior assessment）是從早期的功能性行為分析（functional behavior analysis）技術擴充發展而來的，它是當前在教育和臨床上使用最廣泛的一種行為評估模式。傳統的行為分析和改變的研究者很早就提出功能性行為分析的概念（Skinner, 1953; Ayllon & Michael, 1959），功能性行為分析有時亦稱功能分析（functional analysis）或行為的實驗分析（experimental analysis of behavior），此一概念的中心架構是以實驗的方法，分析問題行為與情境因素間的功能關係。功能性行為分析的資料主要來自在自然情境中對行為

的直接觀察，行為分析者藉由對前導及後果變項的操縱來檢驗特定自變項和目標行為（依變項）之間是否具有因果（cause-and-effect）關係，其做法是在同一情境中逐一對前導或後果變項加以控制，並觀察該變項對行為所產生的效果，再從分析中找出特定前導及後果因素與目標行為的因果關係，然後依此關係制定行為處理方案，對目標行為進行矯治。在這方面，自1960年代和1970年代以來有大量的研究，例如：洛瓦斯在1960年代對自閉症治療的研究即為著名的案例（Lovaas & Schreibman, 1971; Lovaas, Litrownik, & Mann, 1971）。

到了1990年代，行為干預學者將功能性行為分析加以擴充，成為功能性行為評估。此一模式從較寬廣的角度來看待問題行為，認為除了與問題行為有直接關聯的當下情境中的前導及後果因素外，也應將與目標行為有間接關聯且產生影響的其他因素納入評估程序，並從結果分析目標問題行為具有哪些功能，個案行為的動機是什麼，有何目的，然後針對這些功能來設計行為干預方案（Barnhill, 2005）。在1997年和2014年兩度進行的美國《殘障人士教育法》（Individuals with Disability Education Act, IDEA）修訂中，都納入功能性行為評估，要求對呈現具挑戰性問題行為的學生實施功能性行為評估，並提出行為干預計畫（Murdick, Gartin, Stockall, 2003）。所謂挑戰性問題行為乃指具危害性和頑固性的問題行為（例如：打架、逃課、攜帶武器、藥物濫用等），這些行為不但造成個案本身的學習和適應困難，而且也影響到其他學生的學習和老師的正常教學（Turnbull, Wilcox, Stowe, & Turnbull, 2001）。時至今日，功能性行為評估已成為系統化行為管理的重要部分，被用來處理各種學習和行為問題，而非僅止於挑戰性的問題行為。

　　功能性行為評估的倡議者認爲，許多行爲干預或改變方案未能收
到預期的效果，主要是由於它們多聚焦在對問題行爲形態的改變上（例
如：次數、時長、頻率等），而忽略了行爲的功能層面，也就是沒有
考慮到問題行爲對個案有何功能，個案爲什麼會呈現該行爲（Pelios,
Morren, Tesch, & Axelxod, 1999）。功能性行爲評估則不同，它認爲個
案的問題行爲不會憑空出現，行爲的產生有其目的存在，因此，評估應
重視個案爲何呈現問題行爲、其目的何在、問題行爲可爲個案產生什麼
功能等問題並找出答案。同時，行爲評估和干預都應個人化（individu-
alized），也就是說，呈現同樣問題的不同個案，可能各具不同的目的
和動機，因此，對不同個案適用的處理方案也應有所不同。譬如說，兩
個不同個案的引介問題同爲攻擊行爲，但各自具有不同的原因，甲生呈
現的攻擊行爲是爲了得到老師和同學的注意，乙生呈現的攻擊行爲則是
爲了報復同儕的嘲諷，因此，對甲、乙兩生所呈現的攻擊行爲無法用同
一種干預方案加以處理。正確的做法是，干預應針對個人行爲產生的原
因加以處理，才能分別達到有效的結果。功能性行爲評估所提供的便是
對問題行爲目的和功能進行分析，經由對多種行爲數據的蒐集和分析找
出個案問題行爲的目的以及它們對個案所具有的功能，並針對此目的和
功能進行干預（Gresham, Watson, Skinner, 2001）。

二、行為功能的種類

　　阿爾伯托和特勞特曼（Alberto & Troutman, 2013）將在研究文獻
上常見的功能性行爲分爲六大類別，並指出不同功能與行爲增強間的關

係。第一，吸引他人注意的功能。此一功能是指，個案從事某種問題行
為是為了吸引老師、家長、雇主或同儕的注意，當其行為得到自己所尋
求的注意時，該行為再次出現的機率便會增加，此一結果稱為正增強
（positive reinforcement）。第二，獲得實物、活動或事件的功能。是
指當個案獲得自己所想得到的事物或活動（例如：禮物、打電子遊戲、
看電影等）時，會增強該個案一再做出同樣行為的機率，亦即正增強。
第三，逃避社會注意和互動的功能。表示當問題行為可以讓個案避免其
所不喜歡的社會注意和人際互動時，會增強其再出現同樣逃避行為的
機率，此一結果稱為負增強（negative reinforcement）。第四，逃避工
作、活動、事件或情境的功能。此一功能所指的是，當問題行為可以將
個案與其所厭惡的刺激分開或隔離，會增強個案出現同樣行為的機率
（例如：當老師檢查家庭作業時，某生因未做作業而藉故離開教室），
這也是一種負增強。第五，獲得感官刺激的功能。是指個體有些行為是
為了得到感官上的刺激而發生的，例如：自我拍打頭部、自捏手臂、前
後搖動身體等刻板動作為個體帶來的感官刺激，也會增強其再次從事同
樣行為的機率，此一結果稱為正向自動增強（positive automatic rein-
forcement）。第六，逃避痛苦和令人不安的內部刺激的功能。此功能
所指的是，個體有時因想降低身體上的痛苦或不適而從事不恰當行為，
這些行為所產生的功能會增強個案一再出現同樣行為的機率，此一結果
稱為負向自動增強（negative automatic reinforcement）。

除了強調對行為功能的了解和判斷之外，功能性行為評估亦強調
以替代行為（replacement behavior）取代問題行為的重要性。已知的
研究發現，如果干預的目的僅是減少負面的問題行為，那麼僅能產生短

期的效果，無法達到長期改變行為的目的。相對的，如果負面的問題
行為能被正面的適應行為取代，干預就能產生真正的成效（Alberto &
Troutman, 2013）。所以，行為干預方案一方面應規劃從形態上消減問
題行為的方法，另一方面也要提出適合個案的替代行為，以及教導個
案學習替代行為可使用的程序和技術（例如：正強化）。另外，行為
干預所使用的行為改變或矯治技術應具有研究上的實證基礎（empirical
evidence-based），也就是說它們的效果應已經得到研究上的證實。以
上所說明的都是功能性行為評估所具有的明顯特性。總體而言，功能性
行為評估是一種以干預為導向的實證行為評估模式，其原理包含生態評
估（ecological assessment）和積極心理學（positive psychology）理念
的成分，例如：重視對個體生存環境中影響其行為因素的評量，反對行
為問題是心理疾病的看法，主張評估和干預應具有密切的關聯，以及應
以良好行為取代非適應行為等。

三、功能性行為評估的步驟

功能性行為評估的實施一般包括下面一系列的步驟，它們的實施將
評估和干預直接連接起來。

第一，指出問題行為並加以明確的定義，以有助於對問題行為的精
確測量和干預成效的評估。

第二，如有必要，對個案實施健康、官能（例如：視力、聽力）或
學業成就的篩選性甄別，確定問題行為不是這些因素所引起。如果個案
有這方面的問題，即應先針對這些問題加以處理（例如：配眼鏡、補習

功課等）。

　　第三，蒐集行為評估資料，包括問題行為的形態和功能。功能性行為評估主張用多種方法來蒐集行為資料，包括與問題行為有關聯的直接和間接因素。直接因素包括個案問題行為發生的現場變項（如前導刺激及反應後果）。間接因素包括當下及周遭環境（immediate and large contexts）中對個案行為發生影響的變項，包括近期發生的事件、個案的認知變項、生理狀況，以及家庭、社會、文化期望等等。另外，行為評估亦尋求蒐集有關個案的優勢（strengths）和可利用的資源，以作為干預過程中的助力。有研究者提出三種不同的方法，用來蒐集功能性行為評估的資料（Gresham, Watson, & Skinner, 2001）。第一，間接方法，包括記錄或檔案回顧、行為面談、行為評定量表等。行為面談和評定量表皆可以實施於個案本人或對其行為熟悉的人士（例如：教師、家長等）（詳見第三、四章）。第二，直接方法，亦即使用行為觀察法在自然情境中蒐集問題行為的數據，直接觀察常用的方法包括軼事記錄、事件記錄、持續時間記錄、間距記錄、時間取樣等（詳見第五章）。使用這些方法觀察並蒐集問題行為的基線數據（baseline data），可在客觀上證實問題行為是否確實存在，以及其呈現的水準和形態。行為觀察是教師所熟悉且易於執行的資料蒐集方法。第三，實驗分析法，此法是指在受控制情境中對特定變項加以控制和操縱，並對問題行為做系統性的觀察，以測試及確定其目的和功能。此方法通常應由行為分析師（behavior analyst）或其他符合資格的專業人員（如學校心理師）執行。綜合而言，行為評估者應依個案的引介問題選擇適當的方法和工具，來蒐集行為和環境因素的資料，並評定行為和特定因素間的功能關

係。

　　第四，進行功能分析，釐清問題行爲與前導事件、後果或其他變項是否具有因果關係。傳統的功能性行爲分析將重心放在最接近事件（proximate events）上，亦即行爲發生的當下情境和事件，包括問題行爲發生的時間、場所（例如：教室、運動場）、當時進行的活動及在場人士等。功能性行爲評估則在最接近事件之外擴大加入遠距情境（場所或事件）的影響，包括在問題行爲發生之前一段時間存在且可能與問題行爲有關的事件或因素，例如：在學校外或個案家中發生的事件、個案與他人互動的形態、個案最近的身體健康和情緒狀態等。遠距場所或事件不一定會直接引發問題行爲的產生，但是它們爲問題行爲的發生設置場合和機會，有助於對問題行爲的了解和預測。表2-2顯示功能性行爲分析和功能性行爲評估所涵蓋的因素。功能性行爲評估同時重視最接近事件和遠距場所或事件的評量。兩種資料的共同使用可顯示問題行爲在何種情境中容易發生，或在何種情境中不容易發生，有助於問題行爲的預測和防止。

表2-2　功能性行為分析和功能性行為評估的涵蓋因素

功能性行為分析
{前導刺激　----　行為　----　後果}
功能性行為評估
{遠距情境／個體因素　----　前導刺激　----　行為　----　後果}

　　第五，建立關於問題行爲功能的假設。通過行爲資料分析問題行爲對個案具有何種功能，個案是否從問題行爲達到什麼目的，是否得到

自己所希望的，或避免自己所不希望的事物，然後做出合理的假設。例如：「個案學生在教室內的擾亂行為是為了吸引老師和同學的注意」，或「個案的擾亂行為是為了逃避做其不喜歡的數學作業」等。分析問題行為的目的是功能性行為評估的核心部分，也是設計行為干預方案的重要基礎。

第六，設計行為干預計畫（behavior intervention plan, BIP），亦稱行為支持計畫（behavior support plan, BSP）。此計畫有兩個目的，一方面要減少或消除問題行為的形態（例如：數量、頻率、強度等），同時也要幫助個案習得一新的良好替代行為，來取代原有的問題行為。因此，行為干預計畫中除了應包括消除問題行為的方法和程序外，還應列出替代行為，以及幫助個案習得替代行為的策略和技術。例如：如果個案在上課時總是任意打斷老師教學，那麼學會先舉手等待老師認可後才發言便是適當的替代行為。又如，如果個案因缺乏社會技能（social skills）而以攻擊行為作為解決糾紛的手段，那麼適當的社會技能和問題解決思考是值得個案學習的替代行為。已知的研究顯示，當個案能學習到新的適應行為，並以其取代原先的問題行為時，干預才會更為有效（Alberto & Troutman, 2013）。良好的行為干預計畫的設計有賴於對行為改變原理和實證研究的知識。例如：伴隨問題行為所產生的後果如果對個案有酬賞作用，便會維持或增強該行為的再次發生，將此後果加以移除則對問題行為有消減和終止作用（詳見第七、第八章）。同樣，行為干預的從業人員也應對常見問題行為、適合用來改變或治療這些行為的方法以及它們的成效有適當的了解，才能制定合乎個案需求且有效的干預計畫。多年以來，這方面的研究已累積了大量的文獻。阿爾

伯托和特勞特曼回顧並總結了主要功能性行為在這方面的文獻，以表格列出各種功能性行為、經研究證實的干預方法或程序以及相關研究來源（Alberto & Troutman, 2013）。由於該表所占篇幅較大，表2-3僅陳示該表部分資訊，第一欄列出功能性行為，第二欄和第三欄分別列出有效的干預方法和支持干預成效的研究舉例。例如：在增加注意力方面，研究發現有效的干預包括區別強化替代行為、區別強化其他行為、消弱、隔離、自我調節等。行為干預者宜選擇最符合個案需求的程序採用。

第七，執行行為干預計畫並評估干預成效。行為干預的實施應嚴格依照原計畫的程序進行，保持干預處理上的忠實度，才能確保干預產生預期的成效，同時在成效評估上也應保持客觀性。

第八節　行為評估的綜合模式

行為干預所關切的變項從早期的刺激和行為後果等情境事件擴充到如今的個體及環境生態等變項，因此行為評估的模式也愈益複雜，所需要使用的方法也愈多。時至今日，多重方法導向已成為各級學校進行行為評估時所採用的資料蒐集架構，形成一種綜合性評估模式。此一模式包括以下幾個主要步驟：第一，決定問題是否存在；第二，對問題行為進行正式評估；第三，決定功能性行為分析或評估；第四，進行行為數據的分析和整合；第五，達成評估結論及干預建議。以下對這五個步驟加以說明。

表2-3　功能性行為干預的技術和研究舉例

功能性行為	干預方法	研究舉例
注意 （attention）	區別強化其他行為： 區別強化替代行為： 消弱： 隔離： 自我調節：	Durand & Carr (1991); Harding et al. (2001); Lo & Cartiedge (2006); Mayer (1999); Thompos, Fisher, Piazza, & Kuhn (1998); Zanolli, Ortiz, & Mullins (1999) Kahng, Abt, & Schonbachler (2001); Vollmer, Iwata, Zarcone, Smith, & Mazaleski (1993) Hanley, Piazza, Fisher, & Eidolons (1997) Mace, Page, Ivancic, & O'Brien (1986) Smith, Sugai, & Brown (2000)
實物／活動 （tangible/ activity）	區別強化其他行為： 區別強化替代行為： 非後效強化：	Durand (1999); Hagopian Wilson, & Wilder (2001); Vollmer, Roane, Ringdahi, & Marcus (1999); Wilder, Harris, Reagan, & Rasey (2007) Wilder, Chen, Atwell, Pritehard & Weinstein (2006) Baker, Hanley, & Matthews (2006); Britton, Carr, Kellum, Dozier, & Well (2000); Mueller Wilcsynski, Moore, Fusiler, & Trahant (2001)
逃避 （escape）	區別強化其他行為： 區別強化替代行為： 非後效強化： 消弱：	Durand & Carr (1991); Flood & Wilderk (20002); Golonka et al. (2000); Lalli, Casey, & Kates (1997); Piazza, Moes, & Fisher (1996) Call, Wacker, Ringdabl, & Boelter (2005); Coleman & Holmes (1998) Vollmer, Marcus, & Ringdabl (1995) Mace, Page, Ivancic, & O'Brien (1986)
官能刺激 （sensory stimulation）	區別強化替代行為： 非後效強化：	Conroy, Asmus, Sellers, & Ladwig (2005); Patel, Carr, Kim, Robles, & Eastridge (2000); Repp, Deitz, & Deitz (1976) Ahearn, Clark, DeBar, & Florentino (2005); J. Carr et al. (2002); Long, Hagopian, Deleon, Markefka, & Resau (2005)

資料來源：Alberto, P. A., & Troutman, A. C. (2013)

一、決定問題是否存在

　　問題行為的發生有一定的過程，當一個兒童或青少年呈現偏離性行為時（例如：不做作業、擾亂別人、不守規矩、具攻擊性等），會引起老師、家長或有關人員的注意，懷疑該生是否有問題存在，這是發現有行為失調或情緒障礙學生的起始過程。從另一個角度來看，學校亦可以使用更系統化的方法去發現具有行為問題風險（at risk）的學生，那便是在每學年開始時由學校進行一團體程序來篩選出可能有學習或行為適應困難的學生，從而及早給予所需要的協助。早期發現並給予協助處理對可能具有外在或內在行為問題的學生都是重要的，尤其是對後者。有外在行為問題的學生比較容易被發現，因為他們的偏差行為容易引起他人的注意。有內在行為問題的學生則比較不容易被察覺，因為他們的問題並不顯露於外，也不會干擾到別人（Friend, 2008; Lane & Menzies, 2005），所以，統一的篩選程序對發現這些學生極有價值。無論是具有外在或內在問題的學生，如果不能給予及時的處理和幫助，可能會演變成學習困難、適應不良、人際關係困難，甚至違規、違法、輟學、吸毒等較嚴重的問題（Elksnin & Elksnin, 1998; Lipsey & Derzon, 1998; Walker, Ramsey, & Gresham, 2004）。如果能使用某種篩選程序早期發現這些學生並給予適當的干預，對他們的教育和社會發展會產生正面的影響（Friend, 2008; Morris, 2004）。早期干預（early intervention）目前已成為心理和教育發展上一個重要概念，從問題產生的過程上而言，它是指在問題產生的早期即給予及時的發現和干預處理；從年齡上而言，兒童愈能在發展階段的早期（例如：幼兒期、學前期）接受干預，

受益就會愈大。

決定個別學生是否有行為問題存在可使用的資料蒐集方法包括行為
篩選量表（behavior screening scales）、社會測量技術，例如：教師排
行（teacher ranking）等。這些方法都具篩選性，手續簡便，而且是教
師們所熟悉、在學校中常用的程序，它們所產生的結果可用來決定個別
學生是否存在行為問題。行為篩選量表是發現行為問題是否存在常用的
工具，這些量表可以個人或團體法實施，在施測和評分上省時易用，可
由教師或家長用來對個案的行為加以評定，並將個案的行為與一般學生
比較，判斷是否呈現偏離的狀態。教師排行是由教師依預先設定的外在
和內在問題行為標準，將全班學生依序排列的一種程序（Melloy, Da-
vis, Wehby, Murry, & Leiber, 1998）。在排序中呈現偏離行為數量最多
的前幾名學生會被引介做進一步的評估。社會測量技術可以提供團體中
人際關係量化的數據，有助於了解個案和同儕間的友誼關係、同儕對個
案的社會接受度以及社會地位等方面的看法。最常用的社會測量法有同
儕提名（peer nomination）和同儕評定（peer rating）兩種（McConnell
& Odom, 1987; McLaughlin & Lewis, 2008）。同儕提名是由班級中每
位學生選出一位或數位該生最喜歡或最不喜歡在一起的同儕，測量所產
生的分數代表團體中個別成員的社會接受度及在同儕間受歡迎的程度。
同儕評定是按照一種或數種標準由團體成員評定某一成員或由團體成員
彼此互評，藉以了解被評定者的行為特質。在學校中，同儕評定即由班
級中的學生在一種或數種行為特徵上對班級中某些同學或所有的同學
加以評定（Downing, 2007）。同儕提名和同儕評定都是經由同儕對個
案行為表現看法的評定來發現有行為問題風險的學生。更完備的篩選可

將這幾種方法配合使用。例如：沃克爾和西弗森所發展出的《行為異常的系統篩選》（*Systematic Screening for Behavior Disorder*）（Walker & Severson, 1999）便是這方面少數接受度較高的工具。它是一多重門檻的篩選程序。首先，由教師依據預先設定的外在和內在問題行為標準將全班學生依序排列。其次，用行為評定量表對排在前幾名學生的行為加以評定，然後對可能符合行為失調要件的學生進行直接觀察，決定該生在學習和行為上與其他同儕相比是否呈現顯著的偏離。已知的研究顯示，《行為異常的系統篩選》在從團體中識別具有潛在行為問題的兒童方面有良好的信度和效度（Walker, Severson, & Feil, 1995）。塞爾維亞和伊塞爾代克認為，《行為異常的系統篩選》的多重門檻的程序有過濾作用，可以選出有潛在行為問題的兒童（Salvia, Ysseldyke, & Bolt, 2010）。

二、對問題行為進行正式評估

在第一步篩選程序完成後，有些學生所呈現的行為問題可能需要進一步的評估，以查明問題的所在，並決定是否需要給予協助和干預。另外，在篩選程序之外，老師或家長如果在日常接觸中察覺個案學生或子女有心理或行為障礙的跡象，也可以提出對個案兒童和青少年進行正式評估的引界，以決定個案是否應接受干預。在做成這些決定時，先應對個案進行較完整的正式評估（formal assessment），以便對其問題有更深入的了解。正式評估應使用多種方法和程序，蒐集關於個案在不同情境中的行為資料，包括記錄或檔案回顧、行為評定量表、行為面談、行

為觀察等主要方法。這些資料有助於分析個案的問題僅是過渡性的還是真實存在，以及其性質為何、發生的頻率及嚴重性到達什麼程度等。評估的結果亦可以用來策劃如何對個案的問題進行干預、如何防止問題行為的惡化、如何改變或消減已存在的問題行為、如何增強正向行為等。與第一步驟可由教師主導的篩選程序不同，此一階段的評估工作應由不同專業人員組成的團隊負責完成，團隊成員可包括學校心理師、行為分析師、教師、社會工作師和其他參與評估的專業人員等。

記錄或檔案回顧是行為評估的重要資料來源，它們可以提供有關個案行為問題背景的資料。學校記錄有助於了解個案在學習、行為適應、與老師和同學互動，以及是否有違反校規等方面的情形。成長和發展記錄有助於了解個案在成長過程中是否有某些發展遲緩或缺陷，或是否有家庭教育及背景等因素影響目前的行為。醫療記錄可以顯示個案是否有健康或醫療上的問題，以及它們對個案行為適應和學習上的影響。例如：在視覺或聽覺上有缺陷的學生可能因在學習上的不便而產生挫折感，在教室呈現宣洩（acting out）或退縮的行為，患有過動症或偏頭痛的學生在上課時也很可能無法像正常學生一樣專注地學習，這些都是有價值的評估資訊。正式行為評估中所使用的評定量表通常為設計完善的綜合性行為量表，必要時也可使用對個案問題有針對性的特定行為量表（例如：注意力缺陷、焦慮、自殺意念量表等等）。這些綜合性量表和特定行為量表在性質和結構上皆比前節所提到的行為篩選量表遠為複雜，也具備較好的心理計量特質，包括標準化常模、信度、效度等，例如：《阿肯巴克實證評估系統》（*Achenbach System of Empirically Based Assessment*）（Achenback, 2015）中的多套量表和《兒童行為評

估系統（第三版）》（*Behavior Assessment System for Children-III*）（Reynolds & Kamphaus, 2015）等（見第四章）。行為面談和行為觀察也是此階段的重要資料蒐集方法。行為面談是從訪談個案本人或對其行為熟悉的人士得到關於個案問題的更完整和深入的資料。行為觀察乃指在自然情境中直接觀察、記錄、分析個案的問題行為和影響其行為的環境因素。行為面談和行為觀察都是主要且常用的行為評估方法。最後，行為評估所採用的「多種方法—多樣來源」架構，有時也納入心理測驗的結果，包括學習成就（academic achievement）、智力運作（intellectual functioning）、執行功能（executive functions）、情感狀態（emotional functioning）等，以決定個案是否有這些方面的缺陷，以及它們對個案學習和行為適應的影響。在這方面常用的測驗很多，例如：《韋克斯勒兒童智力量表（第五版）》（*Wechsler Intelligence Scale for Children-V*）、《韋克斯勒成人智力量表（第四版）》（*Wechsler Adult Intelligence Scale-IV*）、《伍考克—詹森學業成就測驗（第三版）》（*Woodcock-Johnson Tests of Achievement*（WJ III）等等。

三、決定功能性行為分析或評估

在規劃和進行正式評估特，干預者應考慮個案引介問題的性質，決定是否須進行傳統的功能性行為分析或較新近的功能性行為評估。這兩種評估的重點都是明確個案應改變的目標行為，以及它與環境和其他自變項間的關聯。長久以來，行為改變技術所使用的功能性行為分析為此

工作提供了一個有用的模式。它的原型是所謂的A-B-C分析，A代表an-tecedents（前導因素），B代表behavior（行為），C代表consequences（後果）。也就是說，行為改變者在實施矯治前應先蒐集行為觀察數據，並進行A-B-C分析，了解前導或後果因素和問題行為間的因果關係，確定它們對問題行為增強或抑制的影響，然後依此關係制定行為干預計畫。對於較複雜的問題行為則可進行功能性行為評估，除了對與問題行為有直接關聯的情境因素外，也應對與這些行為有間接關聯、能產生影響的遠距因素和個體因素納入評估和矯治上的考量。如第七節所述，在功能性行為評估的架構中，干預不僅是要減少或消除問題行為，還要了解個案問題行為具有哪些功能，並教導和協助個案習得適當且具有同樣功能的正面行為作為問題行為的替代，這些都是達成評估結論和干預建議的重要考慮。

四、行為評估數據的分析和整合

在行為評估數據蒐集完成之後，便應當對這些數據加以分析和解釋，這是綜合性行為評估最關鍵的部分。多種方法—多樣來源定向的行為評估，無例外的都會產生相當多質與量的數據，干預者的責任是對這些數據加以正確解讀，找出它們所代表的意義。在此一過程中，干預者先對所有的數據進行分析，找出每項數據中具有臨床意義的結果，例如：行為評定量表上高度偏離的分數（如T分數 > 90）、行為觀察記錄所呈現的非常態數據（如特定問題行為發生的頻率高達14次 / 小時，家庭作業完成的次數低於10%）等，這些評估結果可能具有臨床上的意義，顯示個案在某些特定行為或認知行為方面存在問題。當然，如前

面所指出，單獨的偏離分數不足以被用來作成教育或臨床決定。重要的是，干預者應將這些具有臨床意義的偏離數據加以比較和整合（integration），找出它們之間所呈現的數據型態（包括個案所具有的優勢和缺點），作爲達成任何決定的依據。將所有從不同方法和不同來源蒐集到的數據加以整合，可以分成聚合性評估結果的整合和分歧性評估結果的整合（Kamphaus & Frick, 2005）兩類。聚合性評估結果的整合是找出所有相似的評估結果所呈現的數據型態和解釋它們所代表的意義，例如：教師和家長面談、行爲評定量表和行爲觀察的數據，都指向某個案學生呈現注意力缺失過動症狀。分歧性評估結果的整合則較爲複雜，干預者要推論不相同評估結果所代表的眞實意義和原因，例如：教師評定量表顯示某個案學生缺乏與其年齡相當的社會技能（social skills），但家長面談的結果則指出該生並沒有人際關係方面的問題。這時干預者便需要找出對同一個案同一行爲的分歧結果，是出自不同的評估方法、不同的訊息提供者、不同的情境，抑或對特定行爲建構的不同定義。更重要的是決定每項分歧數據在結果解釋上應占的比重爲何，以及干預者應如何解讀這些分歧結果所共同代表的意義。良好的數據分析和整合是達成行爲評估結論的基礎。

五、達成評估結論及干預建議

就像任何評估一樣，達成結論是行爲評估很重要的一部分。評估結論來自對評估資料正確的分析、解釋和對各種評估結果的整合，然後對個案的引介原因或引介問題（reason for referral or referral problem）

提出解答和問題解決方案，包括明確問題的性質及發生原因、識別控制
和維持問題行為的變項、評定個案的行為問題是否達到行為失調的診斷
標準、決定和設計干預處理方案等。在學校和相關教育機構中，還需要
做出安置的結論，決定個案是否需要特殊教育方面的安置（如資源教室
或其他特教與相關服務）。診斷的決定，必須是評估的結果顯示個案呈
現的症狀符合特定診斷標準，例如：美國《精神障礙診斷與統計手冊
（第五版）》（*Diagnostic and Statistical Manual of Mental Disorders,
DSM-5*）（American Psychiatric Association, 2013）。如果評估結果滿
足某一診斷標準（例如：品行障礙、注意力缺失過動、抑鬱症等）中的
要件，那麼便可據以做成診斷的決定。在學校裡，教育分類和安置的決
定則需要符合特殊教育法的規定，以確保個案得到其所需的適當教育，
並據以給予個案應得到的學習和生活上的適應（accommodation）建議
（Goh, 2004）。決定干預處理的建議更是評估結論的核心部分，干預
建議應針對個案的引介原因提出問題解決的方法，並且建立在評估結果
之上，例如：功能性行為分析或功能性行為評估的結果即為干預建議的
重要部分。如果評估結果顯示個案在行為問題之外還存在其他困難（如
學習成就低落、記憶障礙、社會技能缺陷等），那麼干預建議也應當包
括改進這些困難的策略和方法，並對如何執行加以說明。綜合行為評估
是一項團隊工作，依個案引介問題的性質，團隊的成員可包括班級老
師、學校心理師、行為分析師、語言治療師、社會工作師等。評估結論
和干預建議也應該由全體團隊成員共同完成，在評估資料蒐集完成之
後，先由參與評估的成員對自己所得到的資料加以分析和研判，並從自
己專業的角度提出結論和干預建議，然後再由全體團隊成員開會討論並

整合所有的專業意見，達成正式結論和干預建議，同時將整個評估資料和結論（包括干預建議）做成書面報告，並將報告內容當面傳達給個案的父母或法定監護人。其次，在取得個案的父母或法定監護人的同意後，便開始執行個案應得到的安置和干預處理等措施和服務。

　　最後應強調的是，正如第一章和本章首節曾指出的，在行為理論的架構裡，評估和干預是一個連續的過程，而非兩個分離的實體。行為評估的主要功能就是基於評估的結果設計適合個案需求的個人化（indi-vidualized）行為改變或治療方案，並加以有效執行，以消除個案的負面行為並加強正面行為。由個別評估團隊成員所撰寫的個別專業評估報告和由全體團隊成員所做成的正式報告都應當包括干預處理的方案，說明應採取的措施，去增強個案的正向行為或減少該個案的問題行為。很明顯，在執行干預方案時，行為干預者應具備這方面的專業知識。本書第七、八、九、十章分別討論三類主要行為干預的策略、方法和程序，包括正強化策略、行為消減策略、認知行為策略等，協助讀者建立行為干預的基礎知識。另外，行為干預執行的一個重要考慮是，干預執行時應確保它的「處理完整性」（treatment fidelity or integrity）（Kelley, Heffer, Gresham, & Elliott, 1989; Lane, Bocian, MacMillan, & Gresham, 2004），也就是行為干預必須忠實和完整地依原設計方案進行，不可隨意加以更改或變更，以免威脅到干預的效果，以及對干預效果的正確評估。干預效果的客觀評估是行為干預的一個重要特性。最後，行為干預的理論已發展出一系列的單一受試實驗設計，以科學的方法評估干預是否產生效果。第六章對最常用的幾種單一個案干預設計有系統的介紹，協助讀者對行為干預的實施和成效評估建立完整的了解。

第三章

行為面談

第二章曾指出，行為面談、社會測量、行為評量表和行為觀察是幾種主要的行為評估資料蒐集方法。本章和下面兩章將對這幾種方法分別做進一步的說明。本章所討論的是行為面談和社會測量法的使用。行為面談是行為評估使用最多的資料蒐集法，第一節到第七節將對行為面談的界定、基本要素、結構、對象、信度和效度、實施的重要考慮、優勢和限制等分別加以討論。社會測量法在傳統行為評估上並不占有重要地位，但近年來在「多種方法—多樣來源」的評估趨勢中，被賦予新的定位，而且在學校及相關機構中，尤其在問題行為學生的初期篩選階段，有日增的使用，本章第八節到第十節分別對社會測量的性質、方法、優勢和限制加以說明。

第一節　行為面談的界定

面談無論在行為評估或心理評估上都是常用的資料蒐集方法，在臨床和教育上有廣泛的使用。首先應指出的是，面談不同於一般的談話（conversation）。談話是指人與人之間的對話和交流，自然地發生於人們日常生活中。面談則是經過正式安排的晤談，是一種有目的和

有計畫的資料蒐集過程，在此過程中，主要是由面談者（interviewer）提問，受訪者（interviewee）回答，而且面談的進程圍繞著特定的主題進行。其次，面談也因其所秉持的理論具有不同的性質。建立於行為心理學基礎上的行為面談方法（behavioral interview approach）不同於以其他理論為基礎的面談，例如：心理分析面談（psychoanalytic interview）、人本取向面談（humanistic interview）等，與它們具有明顯的區別。行為面談和心理分析面談在內容和方式上都有很大的差異，這是因為二者對個案問題的性質和成因各有不同的理論，因此，所蒐集的資料亦有所不同。例如：心理分析面談將重點放在內驅力、衝動、潛意識、防衛機制等方面；行為面談則注重對有關問題行為和其環境影響因素的了解。基本上，行為面談是行為評估的方法之一，它與其他的行為評估方法（例如：行為評定量表、行為觀察）具有同樣的目的和性質。有研究者認為行為面談有以下幾個用途：識別個案問題及欲改變的特殊目標行為、分析並找出相關的環境因素、設計及執行干預計畫、評估干預處理的結果，以及如有必要對干預計畫加以修正並重新評估干預效果（Ramsay, Reynolds, & Kamphaus, 2002）。這些也都是行為評估和干預的主要過程。

第二節　行為面談的基本要素

如上所述，行為面談是一種經由面談者和受面談者間的問答蒐集個案問題行為資料的方法。所謂受面談者，可以為個案本人，也可以為對個案行為有充分了解的其他人士（如父母、老師等）。行為面談所蒐

集的資料內容主要是關於個案所呈現的問題行為以及引發和維持這些行為的因素，因此，面談內容與個案的引介問題有密切的關係。依引介問題的性質，面談的內容可以包括個案在某些方面的運作資料，如學習成就、適應技能、人際關係等。在另一層面上，面談可針對個案的引介問題進行具特殊性、較詳細的資料蒐集，包括問題行為產生的前因、後果、場合情境、整個事件的環節和發生次序、個案當事人對事件的認知和態度等。例如：在晤談一個和同學產生糾紛打架的學生時，面談者可詢問打架在何時、何地、何種場合發生，引發衝突的原因為何、打架導致什麼後果、個案對事件的看法等等。

　　海斯和威爾森認為行為面談應包括八個要素：蒐集個案問題行為矯治目標的資料；明確引發和維持問題行為的環境因素；蒐集個案行為的增強歷史；找出問題行為的潛在增強物（potential reinforcer）；評估個案行為改變的潛能；幫助個案對行為改變概念的了解；徵得個案同意（informed consent）進行干預；與個案溝通干預的目的、執行、和評估程序（Haynes & Wilson, 1979）。還有研究者指出，行為面談適於用來初步了解個案的問題行為及其環境因素，並依據這些資料規劃對目標行為做進一步的直接觀察和分析。他們建議面談可以涵蓋下面一些問題。例如：「問題行為的形態、頻率、持續時間如何？」、「問題行為一般發生的時間為何？」、「在什麼活動中問題行為最常發生？」、「當問題行為發生時，個案正在學習什麼教材？」、「問題行為發生時，現場有哪些人？」、「最常發生在問題行為之前的事件或情況是什麼？」、「問題行為發生後，個案做了什麼？」、「個案問題行為發生後，其他在場的人做了什麼？」、「個案最常用的與他人溝通的方法

是什麼？」、「是否對消滅個案的問題行為做過什麼努力？」等（Alberto & Troutman, 2013）。綜合已知的文獻，一般而言，行為面談的內容應圍繞下列幾個主題。第一，個案問題行為的性質、形態、發生頻率、嚴重程度；第二，個案問題行為及其發生的時間、活動和情境等；第三，問題行為發生時最常見的前導因素，包括人、事、物等；第四，問題行為通常伴隨的後果；第五，個案問題行為增強或減弱的歷史，包括個案喜愛和不喜愛且影響其行為的人、事、物、活動；第六，個案已接受的干預及其效果等。

行為面談所涵蓋的內容也會依個別干預者所採用的理論導向而異，因為每一種理論導向對影響個體行為的因素有不同的考量。應用行為分析師會利用行為面談來了解外顯行為的性質、次數、持續時間或強度等。而認知行為治療師在面談中，除外顯行為之外，也蒐集問題行為的其他相關變項，包括個案的認知過程（例如：思維、想法、動機、感覺等）、情緒（例如：恐懼、焦慮、憤怒、沮喪等）、生理狀況、社會學習因素（如文化、地域、職業、社會背景等），以及它們對個案行為所產生的影響。

另外，行為面談也可依不同的目的區分成不同的方式，這些方式適合在評估和干預的不同階段實施，例如：初始階段、中期階段、干預結束階段等。每一階段的面談有其所欲蒐集的特定資料。格雷沙姆和戴維斯（Gresham & Davis, 1988）將這些面談分成三種方式。第一種是問題識別面談（problem identification interview）。問題識別面談發生於行為評估的初始階段，它以明確問題行為的界定為目的，面談者會先蒐集個案的基本身分資料，並以一般性的問題探詢個案所呈現的各種問

題行為，然後逐步將面談的問題加以深化，去蒐集關於個案問題行為的進一步資料，包括最需要關注的問題行為有哪些，它們呈現的形態和性質如何（例如：頻率、持續時間、強度等），問題行為呈現的場所和情境為何等等。另外，如受面談者為個案的父母或老師，面談者會詢問他們個案行為有哪些優點、對個案行為的改變有何期望、以及個案有哪些喜愛的獎賞物等。接下來，面談者會就進一步評估的程序與受面談者溝通並取得其同意。第二種方式是問題分析面談（problem analysis interview）。問題分析面談通常在一些評估程序實施之後發生，包括問題識別面談、行為觀察和行為評定量表的實施等，此時面談者已經對這些資料加以分析，面談的重心即放在將初步評估結果告知個案，向個案分析引發和維持問題行為的因素（例如：前導事件、行為後果、發生次序等），以及個案目前行為表現和常規期望的差距。另外，面談者也會就適合個案需求的干預方案與個案溝通，說明干預將如何進行以及大概時程。第三種方式是問題評估面談（problem evaluation interview）。問題評估面談是指在干預結束之後，面談者依據干預前和干預後行為資料的比較來評定干預的成效，向受面談者說明個案問題行為是否已產生改變、改變的程度有否達到預定的目標。如果目標已經達成，干預即可終止，否則可將干預做適當修正，繼續實施，然後再評定其成效。

除了以上幾種面談之外，功能性行為評估面談（functional behavior assessment interview）也是行為面談的一種主要模式，它除了蒐集有關問題行為形態的訊息外，還蒐集有關問題行為功能的資料，找出個案行為的功能、動機或目的，作為設計行為支持計畫的用途。最後，行為面談可用來蒐集行為失調診斷的資料，一般稱之為診斷和分類面談

（diagnostic and classification interview）。它是指在面談中蒐集個案行為是否符合特定行為失調診斷的資料（例如：注意力不足多動症），以面談結果輔以其他評估資料達成行為失調診斷或分類的決定。在此須指出的是，行為面談資料單獨使用並不足以構成診斷和分類的依據，它應與其他行為評估結果（例如：行為評定量表、行為觀察）連同使用並整合之後，才能作為臨床行為失調或特殊教育分類的用途。

第三節　行為面談的結構

行為面談可依面談者提問的方式分為結構式面談（structured interview）、半結構式面談（semi-structured interview）和非結構式面談（non-structured interview）三種。受面談者作答的方式一般有開放式（open-ended）和非開放式（closed-ended），前者由受面談者針對面談者提出的問題自由作答，後者則由面談者提供答案的選項（例如：「是」、「不是」、「不確定」），由受面談者擇一作答。由於行為評估所蒐集的資料具有特定的多種要素，因此結構式面談和半結構式面談比非結構式面談更能符合行為面談的要求，使用也更多。

在實施結構式面談時，面談者使用固定提問方式。首先，在面談前對面談的內容進行詳細規劃，並擬定面談時將使用的問題及提問次序，然後在面談時依序進行，面談者在面談過程中對內容和程序上不做任何更改。很明顯，面談者提問的詞句應配合受面談者（例如：兒童）的語言和認知發展，以免產生溝通上的困難。結構式面談的優點是可以蒐集到比較系統性的資料。另外，結構式面談可以進一步經過標準化的

程序編製成爲標準化面談表格（standardized interview schedule），可實施於大量的受面談者，並建立標準化、信度和效度的資料。坊間也有不少已出版的標準化面談表格，可供評估和干預者使用，例如：《兒童評估表格－診斷面談》（*Child Assessment Schedule-Diagnostic Interview, CAS*）（Hodges, 1990）、《美國心理衛生研究院兒童診斷面談表格（第四版）》（*NIMH Diagnostic Interview Schedule for Children-Version IV*）（Shaffer, Fisher, Lucas, Dulcan, & Schwab-Stone, 2000）等。另外，第二節曾提到的功能性行爲評估面談也大多使用結構式面談，其中最常用的有《功能評估面談》（*Functional Assessment Interview*）（O'Neill, Horner, Albin, Storey, Sprague, & Newton, 1997）、《功能分析篩選工具》（*Functional Analysis Screening Tool*）（Iwata & DeLeon, 1996）、《學生協助的功能評估面談》（*Student-assisted Functional Assessment Interview*）（Kern, Dunlap, Clarke, & Childs, 1994）、《學生導向的功能評估面談》（*Student Guided Functional Assessment Interview*）（Reed, Thomas, Spraque, & Homer, 1997）等。

　　半結構式面談實施時由面談者以半固定方式提問。面談者事先規劃面談的內容和將使用的問題，但面談時並不對這些問題做一成不變的硬性實施，而會依面談進行的情況和個案的反應進行適度修改或補充，以配合個案在面談中所呈現的風格和需要，從而蒐集所需的資料。半結構式面談的代表性工具有《兒童和青少年半結構式臨床面談》（*The Semi-structured Clinical Interview for Children and Adolescents Aged 6-19*）（McConaughy & Achenback, 1994）等。

　　非結構式面談則使用非固定提問方式。面談者雖然也事先設定面

談目標和主題大綱並預先準備,但並不擬定面談將使用的特定問題,而是由面談者視面談當時進行的情況向個案提問,由受面談者自由作答,所提的問題也沒有一定的先後次序,在各方面皆有很大的變化空間。由於非結構式面談無法確保在過程中蒐得行為評估的特定資訊,所以它在行為面談中較少使用。非結構式面談的優點是具有相當大的彈性,容易與各種不同的受面談者配合,有助於在面談者和受面談者間創造一種自然的氛圍,培養互信,有利於面談的順利進行和資料蒐集。但由於它欠缺系統性,所以有時容易錯失若干應蒐集的內容。因此,非結構式面談的使用者需要具有高度的面談技巧和經驗,在面談者資格上有較高的要求。另外,非結構式面談也可與結構式面談混合靈活使用,以非結構式面談來蒐集結構式面談無法取得的資料。

第四節　行為面談的對象

　　行為面談的對象可以是個案本人(兒童、青少年、成人),也可以是與個案有關且對其行為有充分了解的人士,例如:家長、老師、配偶、同儕等。研究顯示,大多數個案通常有能力對他們本身的問題及其相關因素做正確陳述,提供有用的資料,尤其對於有些行為症候(如內隱行為),個案本人所提供的第一手資訊是不容易從其他受面談者得到的(Kratochwill, 1982)。在面談個案本人時,應先從一般性問題開始,例如:詢問個案是否知道面談的原因、對面談有何看法、個人興趣和愛好等,然後才逐步進入具有特殊性的有關個案引介問題的詢問(例如:霸凌之前發生了什麼事、牽涉到哪些人、後果是什麼等)。在面談

個案本人時，還可以對其作答方式和風格加以觀察，有助於了解其對所提供內容的態度，有時亦可從個案的回答中發現有用的線索，向個案進行追蹤提問（follow up questions）。另外，面談者也可以邀請受面談者談談其對問題行為的看法，本身有哪些優點和缺點以及是否有改變問題行為的意願。這些都是訪談個案本人的重要資料，有助於干預計畫的設計。另外，面談個案本人有助於面談者和受面談者間融洽關係（rapport）的建立，為接下來干預的實施創造良好互動的氛圍。最後，在有些情況下，面談者也可以對兒童和家長同時進行短暫性晤談，從此種會談中得到親子互動（例如：語言和非語言、正面和負面）的資料，這也可被視為行為面談和行為觀察兩種評估法的連同使用。

　　以個案本身作為面談對象的選擇，與個案年齡和其回答問題的能力有直接的關係。心智成熟的青少年和成人都可作為適當的面談對象。但是，如果個案為年齡幼小的兒童，可能會因語言發展和認知能力的限制而無法對其行為做正確和完整的陳述，有時甚至並不意識到問題的存在。一般來說，個案的年齡愈小愈難從對他們的面談中得到有用的內容。這時便須仰賴其他的評估方法或來源去蒐集行為資料。與個案相關且對其行為熟悉的第三者（例如：家長、任課老師、同學等）可作為適當的面談對象，這些受面談者各具不同的與個案相處的經驗，從日常學習或生活中經由直接觀察累積了有關個案兒童行為不同面向的寶貴資料，這些資料很可能是無法從其他方法或來源獲得的。這是當個案為兒童時以老師和家長作為面談對象的一個重要優勢。另外，老師和家長在干預的實施上常扮演重要的仲介角色（mediator），所以當個案為兒童或少年時，對家長、老師或其他重要的資訊提供者的面談至關重要。當

個案爲兒童或少年時，一般干預者在面談個案本人之外也會另外對這些資料來源（亦即資訊提供者）進行面談，蒐集有用的資訊。譬如，父母可提供個案在家中行爲的資料、對個案行爲的了解和看法、個案的健康情況、行爲發生的家庭因素等。老師則可提供個案在學校行爲的資料，包括對個案問題或困難的描述、對其產生原因的看法、已經採取的干預措施和效果等，並可提供有助於解決問題的建議。老師和家長也都可以提供進一步的資訊，例如：個案對家庭、學校和社會抱持的態度，個案的人際關係和社會技能，個案行爲對其自身和周遭人士的影響，個案所具有的行爲優勢、良好習慣、興趣及特殊需求，對個案的期望和改善建議，以及家庭、學校和社區可提供的資源等。

　　無論面談的對象是個案本人或其他相關人士，行爲面談的目的皆是從不同的角度蒐集個案的行爲資料，包括問題行爲的性質和形態，以及影響問題行爲的環境因素，以此作爲評估和干預的依據。應注意的是，面談結果有時容易受到面談對象（無論是個案本人或其他受面談者）個人因素的影響，這些因素包括受面談者的經驗、背景、記憶、偏見（bias）等。有時面談者本身的因素，如選擇性注意（selective attention）和錯誤解讀（faulty interpretation）等也會影響面談結果的眞實性。因此，行爲面談者應具有適當的專業培訓，才能將這些個人因素可能造成的誤差減至最低。

第五節　行爲面談的信度和效度

　　行爲面談在教育和臨床上的廣泛使用說明了它作爲資料蒐集方法

的價值。作為行為評估的主要方法之一，行為面談的資料就像其他評估資料一樣，應具有良好的信度和效度。以信度而言，適用於檢驗行為面談信度的主要方法有面談者間信度、再測信度或跨時間信度、內部一致性信度、受面談者間信度等幾種。面談者間信度是指不同面談者之間所蒐集到的結果的一致或相似的程度。此檢驗法是由兩個都經過訓練的面談者分別使用同一系列的問題對同一受面談者進行晤談，然後比較兩個面談者所得到的有關個案目標行為和引發該行為情境因素的結果是否一致或相似。再測信度乃指面談者在兩個或兩個以上不同的時間點向同一個案進行面談，然後檢驗兩者間所蒐集到的資料的一致性，一致性愈高代表重測信度愈高，意味著所蒐得數據愈可靠，一致性低則表示兩次面談中的結果有誤差存在。再測信度是評估干預成效時一個重要的心理計量要素。內部一致性信度則是指，由同一位受面談者所提供的資訊（例如：目標行為、增強物等）應與其在同一面談中所提供的其他資訊具有一致性或類同性，不應有顯著的差異。受面談者間信度則是指，由同一面談者分別對兩個不同受面談者訪談，所得到的對同一事件的結果應具有一致性，一致性愈高，顯示面談結果的信度也愈高，一致性愈低，則代表有關該事件訪談結果可信性也愈低。檢驗面談效度的方法主要是評量面談資料和其他已建立的外在效標（external criterion）之間的關聯度，外在效標一般指已建立的行為測量標準（例如：老師評定、考試分數、行為觀察結果等）。也就是說，干預者基於面談資料的判斷能否準確地反映個案真實生活中的問題行為（例如：學習困難），或預測其未來的行為（例如：不服管教、破壞公物），或預測個案在行為干預中或干預後的表現（Mash & Terdal, 1997）。這些都是可用來提供面談資料

眞實度的證據。面談資料和效標資料可以在同一時間獲得，也可以在不同時間先後獲得。

　　過去三、四十年來，有關面談信度和效度的研究結果顯示兩個主要趨勢。第一，結構性高的行爲面談，包括結構性面談和功能性行爲面談，一般皆具有可接受的信度和效度。例如：第三節所提到的《兒童評估表格一診斷面談》具有令人滿意的面談者間信度和再測信度，面談者間信度更在90%以上；同時，其效度也得到研究的證實，顯示《兒童評估表格一診斷面談》的結果和焦慮和抑鬱量表有顯著相關，而且可用來有效區分正常兒童、行爲失調兒童、患有身心症的兒童（Hodges, 1990; Hodges, Kline, Barbero, & Flanery, 1985; Hodges, McKnew, Cytryn, Stern, & Kline, 1982）。第二，對結構性低的面談，如半結構性面談和非結構性面談，有關研究顯示面談的信度和效度偏低，而且這種研究在數量上相對稀少，難以建立結論（Cone, 1977; Ramsay, Reynolds, Kamphaus, 2002）。這類研究在設計上也較爲複雜，因爲結構性低的面談在實施上缺少系統性，也無法加以量化來確保評量的精確性。另外，這類面談的信度和效度也與面談者的技巧和受面談者的配合度有關。這些因素阻礙了過去在這方面研究的進展，有關非結構性面談信度和效度的建立仍有待於更多的研究。但是就單一個案面談的結果而言，如果面談者具有嫻熟的面談技巧，而且對與受面談者的互動加以適當的控制，應可減少行爲資料蒐集上的誤差，而增加面談結果的信度和效度。

第六節　行為面談實施的重要考慮

如上所述，行為面談是一種經由面談者和受面談者間的問答去蒐集個案問題行為資料的方法，這些問題行為可包括各種學習困難、行為失調，以及家庭、工作、社會適應問題等。面談是行為評估的主要方法之一，使用普遍且具實用性。以下為一些行為面談實施上應注意的重要考慮。

• 行為面談者在事前應對個案及其引介問題進行了解，例如：可經由已存在記錄或檔案回顧及熟悉個案問題行為的背景資料。對個案問題背景愈熟悉便愈能對面談的設計和實施預做適當的準備，包括面談擬蒐集的內容、面談的結構、面談進行的程序、面談者提問的方式、面談中可能出現的問題、對突發情況的處理等等。

• 面談的實施需符合已建立的專業準則。面談者應具有適當的專業訓練和面談技巧，遵守面談的倫理和法律規範。例如：在實施評估和干預前應徵求個案的同意，為受面談者所提供的內容保密，面談不應超出個案引介問題的範圍，更不應涉及與引介問題無關的個案隱私訊息。合乎規範的面談以及面談者技巧的良好運用有助於面談者獲得所欲蒐集的資料，以及確保這些資料的質量和價值。

• 無論受面談者是兒童還是成人，面談者和受面談者間的人際關係都會影響受面談者在面談中所提供資訊的多寡和質量。面談者在面談的初始破冰階段應尋求與受面談者建立融洽的互動關係（rapport）。此一關係可使受面談者在有信賴感和不受威脅的情況下安心如實作答。面談者過於嚴肅甚至冷漠的態度或不當提問容易引起個案的反感和不合

作，有礙面談資料的蒐集。另外，在面談中所建立的融洽關係也會延伸到干預階段，有助於得到個案的信賴和合作，使干預順利進行。

• 面談者應向受面談者明確表示面談的目的。對自我引介的個案（self-referral）給予機會作自我陳述，釐清求助的目的。年幼的兒童或有些個案常由第三者引介而來（third party referral），在這些情況中，個案本身可能並不確知問題的所在，面談者應要求引介來源（如家長、老師等）說明引介原因和目的，同時也應在面談個案本人時尋求個案對引介問題的認識和看法。

• 面談者應對行為心理學的原理有適當的了解，才能在面談中逐步對個案的問題行為和相關因素進行詢問，並在必要時加以釐清，包括問題行為的界定、影響問題的前導變項、反應後果、動機、適應能力、認知、文化、資源等。

• 面談者應對面談的程序和內容當場加以記錄，事後記錄容易因記憶和忽略等因素影響面談資料的完整性和準確性。面談者也可以將面談進行錄音或錄像，但這樣做必須先行得到個案的同意，當個案為兒童時，則應事先獲得其家長或監護人的同意。

• 面談者的提問應考慮到個案的認知和發展水準，以及其據實作答和情感表達的能力。面談者也應認識到，對有些個案來說的焦慮、煩惱、抗拒、不安等情緒都會增加他們作答上的困難。當這些情況發生時，面談者應調整其面談技術去克服面談中可能遇到的此類困難。

• 除面談的內容外，面談者也應對受面談者的風格（包括表情、姿態、舉止、談吐、身體語言等）加以觀察，尤其當受面談者為個案本人時，非語言行為（nonverbal behavior）的觀察可提供有關個案對引介

問題態度、社會技能、情緒發展、回答真實性等方面的資料。

• 面談者在面談中給予受面談者機會以特定且明確的方式作答，往往會提高受面談者自我披露（self-disclosure）的質量（Gross, 1984; Merrell, 1994），也就是受面談者會更真實地陳述自己所知道的資訊。例如：面談者在和個案的老師討論個案的問題時，面談者可以問個案的老師：「請告訴我，小華有什麼問題？特別是他做了什麼讓您覺得是問題？」、「他的行為對您有什麼影響？」、「您通常如何處理他的行為？」、「他的行為對其他同學有什麼影響？」、「他們對小華的行為有什麼反應？」這樣的提問會從受面談者的回答中獲得清楚而非籠統不明確的資料。又如，當面談的對象為個案本人時，面談者對小英說「告訴我兩樣你最想得到的禮物」要比說「告訴我你喜歡什麼禮物」更能得到特定及明確的答案。宜注意的是，在小華的例子中，面談者將每一個問題分開提問也比將它們混在一起提問能得到更清楚而無遺漏的回答。另外，格羅斯發現，在面談中，面談者對個案的回答和自我表述適時給予稱讚會提高面談的質量（Gross, 1984）。同樣，如果個案為兒童，一點小小的禮物，如糖果、貼紙等，也會增加他們的自我披露。另外，在面談中，面談者對受面談者的問題都應給予盡可能直接和清晰的回答。

• 文化、族裔和地域等因素也是面談欲蒐集的資料，這些資料有助於對個案行為的了解。但是在考慮這些因素時，面談者應理解，同一群體中常有大量個體間差異（inter-individual differences）存在，不可因刻板印象而造成對個案行為的錯誤解讀。

• 在面談結束時，面談者應從行為心理或認知行為的觀點出發對面

談中得到的主要結果向受面談者給予概要的解釋，例如：個案存在的問題、牽涉到的因素及其影響，以及解決問題的方向。所做解釋應使用一般人可理解的通俗、非技術語言，同時給予受面談者提問的機會。

最後，如前面所指出的，面談資料無論在何種情況下都不應被單獨使用作為達成重要決定的依據，它應配合其他行為評估資料，共同用來做成有關個案問題行為形成和維持的假設（hypothesis），並進而作為診斷決定和干預方案設計的用途。

第七節　行為面談的優勢和限制

行為面談與其他行為評估方法相比較，有幾個主要優勢。首先，它被視為一種最經濟的行為資料蒐集法，使用方便，面談者可以在較短的時間內蒐得相當數量的資料。行為面談的另一個優勢是，它容許受面談者以自己的話語來描述和談論其引介問題，面談者可藉由與受面談者（個案本人或第三者）面對面互動的機會觀察其語言和非語言反應，了解其對引介問題的態度、溝通技巧、社會行為、接受矯治的意願或看法，這些都是在設計干預方案時有用的資訊。行為面談在使用上也具有相當的彈性，當行為評估者限於安排上的困難無法對個案的行為加以直接觀察，或行為評定量表未能完全涵蓋所需要加以釐清的內隱或認知行為時，都可以藉由行為面談來蒐集所需的資料。同樣，當個案為兒童而且無法對自己的行為做準確和完整陳述時，面談者可以通過面談其他資訊提供者（例如：父母、老師）蒐得所需的資料，包括已執行的干預及其成效、適合於個案的增強物及干預措施等。

　　另一方面，行為面談也有些基本的限制。其中之一是，在實施於年幼的兒童時，由於語言和認知發展上的限制，個案無法有效地描述自身的行為和感覺，因而造成資料蒐集上的困難。行為面談的另一個限制是，有時面談的結果容易受到面談者以及受面談者個人因素（如偏見、抗拒、選擇性注意及記憶等）的影響，因而降低面談結果的眞實性。例如：面談者可能會忽略了某些重要資料的蒐集，或對受面談者所提供的某些資訊進行錯誤的解讀；而受面談者則可能會因爲記憶上的困難，或因匆忙作答，未能提供正確的資訊；或由於某些個人原因在對面談者的問題作答時有所隱瞞，甚至歪曲事實，給出不實的答案。此外，非結構性面談和半結構性面談結果的信度和效度難以進行客觀的證實，這也是在使用這兩類面談法時應特別加以注意之處。最後要強調的是，行為面談雖然使用方便，但面談者應經過這方面的專業培訓，才能在面談資料的蒐集、解讀和決策達成上做正確的使用。

第八節　社會測量的性質

　　社會測量（sociometry）或社會測量技術（sociometric techniques）的主旨是對社會群體中的人際關係進行測量，也就是用計量的方式研究群體心理結構，從而分析了解群體成員間人際關係和互相作用的一種方法。社會測量是由奧地利裔美國精神醫學和心理學者莫里諾（J. L. Moreno）在1930年代創始（Moreno, 1934）。在其後的三、四十年間，社會測量技術在教育、工廠、機關等皆有廣泛的使用，在中小學校裡成爲測量學生同儕關係和社會適應問題的常用工具。這種情形

一直持續到1970年代，之後社會測量技術在學校範圍內的使用逐漸減少。此一演變，一方面是由於在1980年代和1990年代有更多較為精良的新測量工具不斷出現（例如：行為評定量表和自我報告問卷），取代了傳統社會測量的地位，另一方面則是由於有些家長和學校行政人員對社會測量的結果是否會對某些學童和青少年造成負面的後果產生疑慮（如進一步被孤立、失去自信等）。

　　已知的研究指出，評量兒童和青少年與同儕的關係在教育上有重要的意義。從兒童發展的角度而言，兒童在成長過程中逐漸形成適應社會環境的技能，兒童與同儕間所建立的友誼和正面互動對他們的社會發展和適應會產生有利的影響。反之，與同儕和師長無法建立良好關係的兒童和青少年往往會經受負面的社會和情緒困擾，而這些困擾會在他們的成長期間產生學習困難、自我概念低落、焦慮、抑鬱、退縮甚至反社會行為等問題（Busse, 2009; Fine, 1981; Gresham, 1986）。根據艾歇的保守估計（Asher, 1990），在所有學齡兒童中，有10%或更高比例的兒童在同儕關係上產生困難。此一數字和其他有關人際關係與心理健康的研究顯示對具有同儕關係困難的學童進行評估和干預的重要性。晚近二、三十年來，隨著社會技能（social skills）方面的研究受到重視，以及「多種方法—多樣來源」評估模式的普及，行為和心理評估的研究者一般認為社會測量是一種有價值的篩選工具，可用來及早發現具高風險行為和情緒問題的兒童和青少年，對他們呈現的問題做進一步的評估。如果呈現的人際關係和社會互動問題是由於個案缺乏適當的社會技能，那麼便可給予社會技能培訓，增加個案在這方面的能力，改善與同儕的友誼和互動。另外，社會測量也被視為評估個案社會和行為問題以及設

計干預計畫的輔助工具（Downing, 2007; Sugai & Lewis, 1996）。也就是說，社會測量所蒐集的資訊和數據在進一步對具有高風險行為問題兒童做較深度評估時，可配合其他評估結果（如行為觀察、行為面談、行為評定量表、教育和心理測驗等），達成行為失調診斷的決定，以及設計干預方案，對個案的問題加以適當的矯治和改變。

第九節　社會測量的方法

　　如上節所述，社會測量是一種研究人與人之間相互作用方式的工具。運用社會測量，可以了解群體內成員在選擇朋友、工作和其他活動方面的偏好，有助於研判個體在團體中的人際關係、社交情況、社會接受程度或社會排拒程度、社會行為、團體結構等。這些資訊有助於預測個別成員的社會能力（social competence）以及它對學習和行為適應的影響。一般在學校所使用的社會測量方法主要聚焦於個案學生在班級或其他團體中與同儕的關係，在團體中的地位、名聲和受歡迎程度等。近年來，有的研究者（如Walker & Severson, 1999）也將社會測量技術的使用從傳統的社會變項擴大到內在和外在問題行為（如焦慮、退縮、擾亂、不服從等）的測量，用來篩選有高風險行為問題的兒童。最常用的社會測量法有同儕提名（peer nomination）、同儕評定（peer rating）、教師排序（teacher ranking）幾種（McLaughlin & Lewis, 2008）。同儕提名和同儕評定都是經由同儕對團體成員表現的評估來發現有人際關係或問題行為風險的學生，兩者為社會測量常使用的工具（McConnell & Odom, 1987）。一般而言，社會測量工具大多設計簡

單，實施上也很方便，許多在學校所使用的工具由使用者依特定的目的而設計，並對結果加以量化，並不特別注重標準化、常模參照和大規模出版等特性。

一、同儕提名

　　同儕提名是由一社會群體（如學校中的班級或小團體）中的成員以無記名方式表達該成員對群體中同儕的社會偏好（social preference），所謂社會偏好意指喜歡或不喜歡與之建立人際關係（如交朋友）和在一起從事工作或活動（如溫習功課、參加課外活動）。在實施同儕提名法時，由施測者向團體中的個別成員提出幾個預先設計的社會偏好陳述語句或題目（item，有時亦稱選擇標準或簡稱標準），要求受試按照這些題目（或選擇標準），選擇一位或數位自己最喜歡或最不喜歡的同儕。施測者也可以要求成員依每一題目提名團體中最受全體成員喜歡或不喜歡的一位或數位同儕。同儕提名一般採用少數幾個題目（選擇標準）作為受試選擇的基礎，這些題目大多以正面的語氣陳述（如「成為好朋友」、「在教室的座位排在一起」、「在一起做實驗」），但有時也會有以負面語氣陳述約題目（如「常常製造麻煩」、「無緣無故發脾氣」），這類負面題目一般被用來區別團體中有行為或情緒問題及社會關係上被排拒的成員。

　　同儕提名的一種實施方法是使用「題目—並—同儕矩陣」（item-by-peer matrix）表格，在表格上方水準軸線列出同儕成員姓名，左側垂直行列出描述社會偏好的題目（或選擇標準），由受試在矩陣的框格

內勾選出一位或數位該受試最喜歡或最不喜歡的同儕。另一種方法是使用簡單的問卷實施，亦即在問卷上列出描述社會偏好的題目（或選擇標準），並在每題目後留下空格，由受試在空格中填寫該受試最喜歡或最不喜歡同儕的姓名（如寫出班上三位「最不守規矩同學」的姓名）。

　　同儕提名的評分有幾種不同的方法，在學校中常用的評分基本上是用統計的方法處理團體成員的被選擇（或被排拒）數據，然後再根據這些結果來分析團體的人際關係。施測者先計算出每位成員所得到提名的總數和百分比，這些數量即用來代表受試對團體中特定成員喜歡或排拒的程度。當同儕提名實施於團體中所有成員時，所得到的結果可顯示團體成員間互相吸引或互相排拒的社會關係，以及特定成員在同儕間的社交情況、社會認可及受歡迎程度。例如：選擇受試的實際人數表示受試的社交被接受程度，受試選擇的人數表示他的社交擴展情況。根據同儕提名數據，可以辨別出團體成員間的選擇是否具有互換性，甚至可以辨別出既不進行選擇也不會受到選擇的社會隔離者。

二、同儕評定

　　同儕評定是按照某些預先設計的社會偏好題目或標準編製成一個簡單評定量表，由團體成員對某一成員做出等第評定（graded rating），或由團體成員彼此互評。量表一般可分為三個部分，在量表的左側列出團體中被評定人的姓名，在右側列出所欲測社會偏好的陳述語句（如「做朋友」、「一起去看電影」、「常與同學吵架」、「不受同學喜愛」等），在這兩部分的上方寫出施測指導語及一個5等級或

3等級評分鍵，引導受試對被評定同儕做等第評定（例如：1＝「完全不同意」，2＝「不同意」，3＝「無法決定」，4＝「同意」，5＝「完全同意」；或1＝「是真的」，2＝「不知道」，3＝「不是真的」）。同儕評定使用的題目依測量的目的而定，可用來測量一種或數種人際關係或社會行為，藉以了解被評定者在滿足某些社會關係或互動要求方面的能力（如社交能力、識別能力）。在學校裡，同儕評定即由班級中的學生在量表的題目上對班級中某一位同學、數位同學或所有的同學加以評定（Downing, 2007）。在實施同儕評定時，發給受試者一張評定量表，由施測者向受試說明指導語和評分規則，然後由受試者依據每一題目中社會偏好（或行為特徵）對團體中的某位或多位成員加以評定。一般較常用的是5等級量表，當受試為年齡較小的兒童時，則可以採用較簡化的3等級量表。

　　無論在概念上或量化方法上，同儕評定和同儕提名皆有很大的不同。在同儕評定中，每一被評定人在量表上的分數為該被評定人得到的所有評定的平均數。當同儕評定以團體法實施、由團體中的成員互評時，個別成員所得的平均分數來自團體中所有其他成員，代表一種對被評定者社會地位或人際關係廣泛且具穩定性的指標。有的研究者認為，同儕評定所測量的是被評定者在團體中的受喜愛程度（likeability），而同儕提名所代表的是被提名者的受歡迎度（popularity），兩者的結果有重疊之處，但不盡相同（Oden & Asher, 1977）。同儕評定和同儕提名兩種方法共同使用更能將受喜歡／受歡迎和不受喜歡／不受歡迎的團體成員加以正確區分（Asher & Renshaw, 1981）。前面提到，許多學校和家長對同儕提名法持有保留態度，因為他們擔心負面提名（如

「班上最不守規矩的同學」、「沒有朋友」、「缺乏公德心」等）會對被提名的學童造成不良影響。使用同儕評定則不會有這方面的顧慮，因為評定量表中不需要使用負面題目，使用正面和中性的語句來陳述社會偏好題目，在評分時也可以從評定分數的分配來分析受評定人所得到的正面和負面評定結果。

三、社會排序

　　前面所介紹的同儕提名和同儕評定是以同一團體中的成員提供有關同儕行為的測量數據，社會排序（sociometric ranking）則不同，它是由團體外面的成人來提供有關兒童和青少年在人際關係和社會接受度方面的資訊。在學校裡，教師排序（teacher ranking）即為一種常用的社會排序法，是由教師依預先設定的社會或行為標準將同一班級的學生依序排列的一種程序（Melloy, Davis, Wehby, Murry, & Leiber, 1998）。社會排序亦可以在非學校場所中實施（例如：訓練班、團體治療小組、工廠等），由熟悉該團體運作和團體成員行為的成人進行排序。社會排序所用來排序的題目與同儕提名和同儕評定所使用的相同，都是人際關係和行為方面的特徵，在排序中呈現問題行為數量最多的前幾名學生會被引介做進一步的評估。使用此法決定問題是否存在時，應注意不同的老師可能對排序標準的定義有不同的解釋，造成學生排序不同的結果。使用成人社會排序比同儕提名和同儕評定的一個優點是，當利用同儕成員作為資訊提供者時，那些年齡幼小和在認知及情緒上有障礙的學童可能對性質或程度上不同的行為缺乏正確區別的能力，因而降低了測量結

果的信度和效度。相對而言，具有專業訓練的成人（如教師、治療師等）更能對班級中的學生做客觀的觀察，並對班級中的社會組織和運作有更深的了解，從而提供較正確的測量結果。

教師排序可以兩種方法實施。一種是由教師依事先決定的社會標準（social criteria，例如：「與同學相處良好」、「有領導能力」等），將班級中所有的學生由低至高排序。研究顯示此法所產生的結果具有高信度，而且與同儕提名和同儕評定相比較，教師排序結果與獨立觀察和行為評定結果具有更高的相關（Connolly & Doyle, 1981）。然而，有的研究也發現，在測量負面社會互動和同儕排拒方面，相比於同儕提名和同儕評定，教師排序與獨立觀察和行為評定則有較低的相關（Landau & Milich, 1990）。

另外一種社會排序方法是不將班級中所有的學生加以排序，而是先按預先制定的社會偏好或行為標準選出符合這些標準的學生，再由教師將這些學生加以排序。例如：沃克爾和西弗森所出版的《行為異常的系統篩選》採用一多重門檻的篩選程序。在第一階段，由教師依據預先設定的社會偏好或行為標準在全班選出符合這些標準的十名學生，然後再將這十名學生依所呈現的社會或行為問題加以排序。沃克爾和西弗森系統中，先對內在或外在行為問題加以明確的定義，同時列出符合此定義的舉例，提供教師選擇和排序的準則，確保結果的信度和效度。下面分別列出內在行為問題舉例及外在行為問題舉例，供讀者參考。內在行為問題舉例包括：「具有低度和有限制的活動水準」、「不與其他同學說話」、「害羞、膽怯、不自信」、「逃避或退出社交情境」、「喜歡自己玩和打發時間」、「行動上顯現懼怕」、「不參加遊戲和活動」、

「不響應他人的社會倡議」和「不維護自己的權利」等。外在行為問題
舉例包括：「呈現說謊行為」、「爭執和攻擊他人」、「發脾氣」、
「強迫別人屈服」、「擾亂他人」、「違抗老師」、「偷竊」、「擅離
座位」、「不遵守老師或學校的規定」等。《行為異常的系統篩選》為
將社會測量技術納入全面性學校行為評估系統的代表工具。

第十節　社會測量的優勢和限制

　　社會測量法在研究和臨床上有長久的歷史，它在測量團體中的人
際關係、社會地位、團體結構等方面有廣泛的使用。總體而言，社會測
量的優點是簡單易用，一般主要的社會測量工具由研究者設計完成，學
校和機關的專業人員（如教師、輔導老師、學校心理師）常將這些工具
加以更改使用。另外，有些社會測量法的使用者也常會依自身特定目的
「量身訂做」所需要的工具。同儕提名、同儕評定和社會排序都是學校
教師和其他專業人員所熟悉的程序，實施上手續簡便，也不會花費太多
的時間，受到頗多的採用。另外，同儕提名和同儕評定來自同一團體中
的成員，要比團體外的人士更能反映團體中成員互動的情況。但是也不
可忽略的是，同儕提名和同儕評定具有自我報告的性質，其結果有時會
受到自我偏見和相關因素（如社會期望偏頗、隱瞞、誇大等）的影響，
而降低了測量結果的效度。社會測量的另一個重要優點是，它的結果可
用來發現個別學生是否存在人際關係和行為方面的問題，以及對具高風
險的兒童及早進行干預（如給予社會技能訓練），或給予進一步的深度
評估，這些及早發現和及早干預的措施可以預防問題行為惡化成較嚴重

的臨床行為失調症狀。

在另一方面，社會測量法也有它的限制。同儕提名與同儕評定和社會排序相比，有較低的信度和穩定性，第八節曾提到，長久以來，許多學校行政人員和家長常常懷疑負面的同儕提名結果會對被提名的兒童產生不良的影響。雖然此一疑慮並未得到研究的證實（Serbin, Lyons, Marchessault, Schwartzman, & Ledingham, 1987），然而它仍然減少了這一社會測量法在學校中的接受度。針對此一問題，一般研究者同意，在使用同儕提名法時應避免包括負面的社會或行為陳述題目（Serbin et al., 1987）。另外，一般「自製」社會測量工具並未經過標準化的程序，也未建立常模及信度和效度的證據，亦是可改進之處。還有，雖然社會測量的結果可以指出個案是否存在人際關係或社會行為方面的問題，但是這些結果並無法顯示個案問題產生的原因（例如：個案為何受到同儕的排拒）。最後需要指出的是，社會測量方法在單獨使用時並不具備教育和臨床診斷的用途，因為對行為失調兒童的診斷就像其他特殊教育診斷或臨床診斷一樣，需要有綜合性的評估資料，去滿足特定診斷和安置標準上的要求，這些標準遠超出社會測量所涵蓋的範圍。因此，社會測量的正確使用是作為綜合評估的一部分，在多元方法—多樣來源架構下，與其他多種評估資料共同作為診斷和安置決定和干預規劃的基礎。

第四章

行為評定量表

第一節　行為評定量表的性質

　　行為評定量表（behavior rating scales）又稱行為評量表或行為量表，是行為評估中一種最常用的標準化測量工具，在教育、心理、精神病學等方面都有廣泛的使用。早期的行為改變學派在評量行為時僅注重對外顯行為的直接觀察，對行為量表的功能和用途抱持懷疑的態度（Ollendick & Green, 1998）。後來認知行為學派（cognitive behaviorism）興起，由於對內隱行為（例如：思維、感覺、期望等）數據蒐集的需要，行為量表的使用逐漸增多，在此同一時期，行為改變的專業人員也日益體認到，行為量表對外顯行為的測量也有很大的用途。加上近二、三十年來，有關量表編製方面的技術也有很多新的進展。這幾種趨勢在1990年代促進了行為量表的快速發展，大量的行為量表出現，而且被普遍使用，成為行為評估的一種重要工具（Kratochwill, Sheriden, Carlson, & Lasecki, 1999）。這段時期所出版的行為量表被稱為第三代行為評定量表，它們被用來評量適應性和非適應性外顯行為及內隱行為，在屬性上具有客觀的特性，在設計和編製上重視結構性，並以標準

化程序和統計分析建立量表的常模以及支持量表分數信度和結果解釋效度的證據。這些量表遠比1960～1980年代間出版的行為量表更符合《教育及心理測驗標準》的要求。

　　基本上，行為評定量表的主體包括系列性描述行為特徵的語句，這些語句構成量表的題目（items），每一題目所描述的行為皆使用清析明確的用詞，讓受試者明白易懂，無需對其含義加以推論。施測時，由個案本人或其他對個案行為熟悉的人士（或稱資訊提供者，infor-mant）以量表所提供的量尺對個案在每個題目上行為呈現的頻率或強度加以評分。施測者以常模來解釋量表的結果。就評估的方法而言，行為量表與行為面談一樣，是一種間接數據蒐集方法，由受試者在量表題目上對個案行為加以評量。它雖然不像直接觀察那樣蒐集的是個案行為的第一手資料，但是它的優點是比其他行為評估方法更具客觀性，而且使用方便，費時不多，所蒐集的數據一般又較能符合心理計量特徵的要求。在行為評估的架構中，行為量表對識別和評測各種適應行為和非適應偏離行為，可提供多種不同的用途。

第二節　行為評定量表的用途

　　行為評定量表可以作為篩選的用途，有些行為評定量表是專門為篩選用途而設計的，它們所包含的題目不多，簡單易用，施測和評分上也不需花費太多的時間。量表的結果可以顯示個案的行為是否在常態界限之外，以及是否具有偏離或異常行為的風險，從而判斷是否需要進行較深度的評估。一般學校在每學年開學時會使用篩選性行為量表來甄別

哪些兒童可能有學習困難或行為問題。另外，醫療和心理衛生機構也會使用行為量表為特定行為治療計畫（例如：生氣管理訓練、問題解決訓練）甄選符合條件的個案。行為量表也可以作為診斷的用途，有些量表的設計包括作為行為診斷和分類的目的，這些量表提供對個案問題的各個維度做較深度和完整的評量，可以連同其他評估資料（例如：行為面談、行為觀察、個案背景資訊、心理測驗結果等）綜合分析，做成臨床診斷或特殊教育分類和安置的決定。行為量表的另一個重要用途是規劃干預及評估干預成效。量表的結果有助於釐清個案問題行為的性質，決定哪些行為需要改變，干預的目標是什麼，並安排處理上的優先次序等。而且行為量表配合其他評估數據，可以為個案量身策劃干預所需使用的方法以及執行的程序。同時，行為量表適合用來監控個案在干預過程中的反應和行為改變進展的程度，並可將個案在干預之前和之後的行為加以比較，決定是否有所改變，評估干預是否產生效果。同樣的，行為量表也可以用來比較特殊教育學生在安置前和安置後的學習和社會行為，評估安置是否達到預期的成效。最後，行為量表也可以作為研究的用途，行為量表是經過標準化的計量性工具，而且容易使用，有利於蒐集研究上所需要的數據以及進行數據分析。近年來，行為量表無論在團體研究（group research）或單一個案干預研究（single case research，見第六章）上，皆有大量的使用。

第三節 行為評定量表的種類

一、依據涵蓋的範圍進行分類

行為評定量表可依所涵蓋的範圍和施測對象分成不同的種類，其中最主要的是依量表所涵蓋的範圍區分為兩大類別。一類是寬譜行為評量表（broad-band behavior rating scales），又稱為綜合行為評量表（global rating scales），另一類是窄譜行為評量表（narrow-band behavior rating scales）或稱特定行為評量表（specific behavior rating scales）。綜合行為評量表包含對多種行為維度的測量，它所包含題目的數量很多，可達兩、三百題或更多。依題目中所描述行為的性質，可將量表劃分並組成不同的分量表（subscales），例如：社會行為分量表、焦慮分量表、抑鬱分量表等。較新近的寬譜行為評量表，除各種非適應問題行為分量表之外，也加入若干正常行為的分量表，例如：適應分量表、社會技能分量表、領導能力分量表等，同時評量個案在正常適應行為方面的運作，有助於在策劃干預或治療方案時了解個案有哪些可利用的優勢。編製良好的綜合行為量表可以同時提供各維度上的和特定的行為運作數據。特定行為評量表或窄譜行為評量表是為測量單一或少數特定行為特徵或症候而設計的，例如：注意力缺失、自閉症、憤怒情緒、自我控制等，它們通常包含的題目數量較少，可從十幾題到四、五十題。當量表測量多於一種特定行為時，可分成二個或以上的分量表，同一分量表中所有題目皆聚焦於同一行為特徵的評量。特定行為量表的目的是對個案的引介問題進行專門的了解。值得注意的是，特定行

為量表的一個限制是，它們在使用上常會忽略了具有同樣特徵的其他行為問題，例如：活動過度（hyperactivity）量表的有些題目也適合用來測量品行問題（conduct disorder）的特徵，因此在區分診斷（differential diagnosis）上有時會產生混淆。坊間已出版的特定行為量表數量極多，質量也參差不齊，評估者應檢視量表的實證數據並選擇符合個案需求的量表使用。

二、依據量尺進行分類

行為量表所包含由作答者使用作答的量尺有兩種不同的設計。這兩種設計將量表區分為行為評定（或評分）量表和行為檢核表（behavior checklist）。行為檢核表上的量尺提供「是」或「否」的選擇，要求作答者圈選其中一項，指出個案是否呈現量表題目中所描述的行為。行為評定量表則包含一等級數字量尺（如1到3、1到5等），由作答者圈選適當的數字，來顯示個案呈現量表中所描述行為的次數、頻率、或強度等，此一評分量尺相較於行為檢核表上的量尺，可提供有關個案行為的更精細的測量，為行為量表編製者較常使用（見第四節）。

三、依據施測的對象分類

行為評量表可以實施於個案本人，由其自己在量表上作答，這些量表稱為自我評定量表（self rating scales）或自我報告量表（self report scales）。行為評量表也可以不施測於個案本人，而以對個案行為熟悉的資訊提供者（例如：教師、父母等）為施測對象。自我評定量表一個

主要的優勢是，有許多行為只有個案本人最為清楚，其他人並不了解，因此只能由個案自己在量表上作答。自1980年代有些研究者使用自我評定量表來評定個案的情緒狀態以來，隨著認知行為治療的發展，自我評定量表出版的數量也跟著增加（Kendall & Hollon, 1981; Ollendick & Greene, 1998），譬如目前對焦慮的評量一般是以自我評定量表為主要工具。另外，自我評定量表也被用來測量其他情感和生理狀態（例如：偏頭痛、睡眠障礙等），以及人際互動情況、認知行為治療效果等。在此同一時期，以兒童為對象的兒童自我評定量表也受到日益的重視和採用。行為干預的研究者意識到，兒童對自己的行為和後果，以及對環境的知覺都是有價值的重要數據，因此也發展出不少適用於兒童和青少年的自我評定量表。無論是綜合行為量表或特定行為量表，一般都備有自我評量版本和由他人評量版本。應注意的是，由於自我評量表是由個案自行作答，有時量表結果的真實性容易受到一些個案作答風格因素的影響（例如：不據實作答、有意隱瞞、依社會期望作答等），綜合行為量表通常都置入一個或數個分量表，例如：測謊分量表、社會期望分量表、不一致分量表等，用來檢驗個案作答的真實性。

如上所說，除了以個案本身為受試對象外，行為評定量表亦可以施測於對個案行為熟悉的第三者，最常見的是老師和家長，其他量表作答者還可有教師助理、法定監護人、同儕、照顧者、配偶、雇主等。這類量表會依作答者的定位命名，例如：教師評定量表或家長評定量表等。由該作答者（教師、家長）依其對個案行為的了解在量表上作答，提供有關個案行為的數據。通常在個案行為評估中，會由不同的第三者使用同一量表對個案的行為進行評估，這些不同來源的評量結果使干預者可

以從不同的角度了解個案在各種環境中行為運作的情況，獲得較完整且正確的數據。就像自我評量表上的作答有時受到個案作答風格的影響，由第三者作為受試的評量表，其結果有時也會受作答者個人因素的影響。例如：對引介問題行為有不同的看法和標準，對個案存有某種偏見等，這些影響都是在解釋量表分數時需要加以注意的。

第四節　行為評定量表的編製

　　編製行為評定量表首先應決定所欲測行為的特徵，並加以明確定義及界定其所涵蓋的範圍，此一界定應與具有理論和實證研究上的支持，而非出於一般常識上的臆斷或是編製者主觀上的認定。綜合行為評量表由於同時測量許多種非適應性行為和適應性行為，在編製上遠比特定行為量表複雜。基本上，行為特性所涵蓋的範圍確定之後，便可擬定可能使用的題目，亦即描述行為或活動的語句，在量表編製的初始階段，這些題目數量宜大，組成對所欲測行為特性有完整代表性的題目群（item pool），每一題目內容的詞句應清楚描述可觀察的行為，不應使用籠統或模糊的詞句，以避免導致量表作答者對題意錯誤解讀，而影響其作答的正確性。題目群建立之後，即可從中選出編製量表欲使用的題目，所選出的題目在取樣上應對所欲測行為的範圍具有代表性，題目在數量上應適當，數量偏少時會影響評量表的信度，數量過多時則會延長量表施測所需的時間，增加作答者的負擔。編製者在選擇題目作為量表初步版本的內容時，亦宜使用實證數據作為判斷的依據，包括專家評定、因素分析、與外在效標或其他已建立量表的關聯度等。

　　如第三節所指出的，行爲評量表在結構上是由兩個部分組成，量表中的主體包括上述系列性描述各類行爲特徵的題目（例如：「上課時注意力不能集中」、「有很多朋友」、「攻擊他人」、「不快樂或悲傷」、「有語文學習上的困難」等等）。在編製題目之外，量表有另一個主要部分，那就是編製者還須設計一評分量尺，用來評定個案是否呈現量表中的行爲，或其行爲呈現的頻率或程度。此評分量尺含有不同的等級數值，一般可介於1到10之間，而以1到5評分最爲常見，例如：1 =「從未發生」，2 =「很少發生」，3 =「有時發生」，4 =「常常發生」，5 =「總是發生」，由作答者對各題目中所描述的行爲選擇一適當的量尺數字作答，該數字即代表題目中所描述行爲發生的頻率或程度。以兒童爲受試對象的自我報告量表有時使用較簡單的1到3分量尺（例如：1 =「從未發生」，2 =「有時發生」，3 =「常常發生」），以避免兒童在進行更細的評分時產生區別上的困難。行爲檢核表則不包含評分量尺，而是在每一題目之後提供「是」、「否」等選擇，由作答者圈選其中一項作答，作答者對「是」或「否」的選擇即代表個案是否呈現題目中所描述的行爲。

　　在量表的題目和量尺編製完成之後，即可進行小規模的田野測試（field testing），並依結果對行爲評量表做必要的修改，然後選出最理想的題目組成量表的正式版本。下一步便是組織常模群體（例如：全國常模群體、地區常模群體、行爲失調常模群體等），對此一版本進行標準化（standardization）的工作。標準化基本上是將行爲評量表依標準程序實施於適當的常模群體，並將其結果加以統計處理，建立常模數據，包括將量表原始分數（raw score）轉化爲各種標準分數的查對表，

以及提供量表的信度和效度方面的數據。量表標準化是一繁鉅的工作，但是非常重要，未經標準化的行為評量表即失去作為量表最重要的特性和價值。對標準化更多的討論超出本書的範圍。有興趣的讀者可參考有關教育和心理測量方面的專著。

最後，編製者還須編製量表使用手冊（manual）。手冊一般包括兩個主要部分，第一部分說明量表的目的和用途、適用對象、編製過程、施測和評分的方法等。第二部分則包含技術性（technical）數據，例如：各類常模、各種分數查對表，以及各種信度和效度數據等。大多數綜合行為量表常將兩部分分開出版，分別稱為量表使用手冊和技術手冊。行為干預的專業人員如能對量表的編製具有基本認識，將有利於在選擇適用量表時對其質量進行判斷，達成正確的採用決定。

第五節　行為評定量表的施測和評分

行為評量表的施測和評分應由受過訓練的專業人員擔任。這些專業人員的資格又與量表施測的目的有關。如果施測的目的是個人或團體篩選，施測者應具有一般團體測驗施測和評分的訓練。如果量表施測結果將作為協助診斷或干預評估的用途，那麼施測者應具有更多的訓練，包括量表分數的解釋、行為失調的診斷和分類，以及干預設計、監控和成效評估的知識。行為量表的施測，應依量表上印有的標準指導語和程序進行，由作答者依指導語對量表中的題目逐一圈選評分量尺上適合的數字作答。當施測對象非個案本人時（例如：老師、教師助理、家長、法定監護人等），作答者應符合一些基本資格，包括作答者對個案的行為

應具有充分的觀察和熟悉，例如：至少一個月或更長時間的持續觀察。
一般評量表的詞句用語大約在小學四、五年級的程度，因此作答者應具
有此一程度的閱讀能力；如果作答者不具有此能力，亦可以由施測者讀
出每一題目的語句，再由作答者逐一圈選適當的數字作答。作答者完成
量表中所有題目後，量表的施測即完成。然後便可進行計分的工作。行
為評量表的評分具有高度的客觀性，首先將作答者在量表題目上的圈選
結果加以整理統計得到原始分數，大致了解何種行為最常呈現以及呈現
的程度。其次再利用量表手冊中的常模資料表將原始分數轉化成標準分
數，產生總量表標準分數和各分量表標準分數。最常用的標準分數為T-
分數（平均值 = 50，標準差 = 10），也有少數行為量表採用平均值為
100、標準差為15的標準分數。此外，計分程序還可將原始分數轉化成
百分位數、建立各種分數的信賴區間（confidence interval）、臨床顯
著性水準（clinical significance）、切截分數（cutoff scores），以及
做側面圖分析（profile analysis）及關鍵題目分析（critical item analy-
sis）等。

　　計分完成後由評估者對這些數據加以解釋。特定行為評量表的評分
簡單省時，可由紙筆方式完成。綜合行為評量表的評分也可以由查對常
模表方式完成，但其評分程序較為複雜。近年來大部分行為評定量表的
出版者都提供評分軟體或在線（online）評分，供使用者對評量結果做
完整的評分，另外也提供各種數據分析，有助於評量結果的深度解釋。
總體上，行為評定量表的施測和評分都保持高度的客觀性，充分反映出
評定量表的基本特色。

第六節　行為評定量表的心理計量特徵

　　行為評定量表的客觀和數量化特質，使它們適合建立心理計量特徵的實證數據。因此，量表使用者也應具備這方面適當的知識，以便對量表的信度、效度、影響因素有正確的了解，也對量表的各項分數的意義加以合理的解釋。如前所述，藉助測量技術的前進，近年來所出版的各種行為評量表大都具有適當的常模以及良好的信度和效度。

一、信度

　　行為量表的信度是指量表在測量特定行為特徵或症狀上的一致性，以信度係數為代表，係數值可介於0到1.0之間，係數愈高表示量表的信度愈高。對行為評量表而言，內部一致性信度和再測信度是重要的心理計量特徵。所謂內部一致性信度（internal consistency reliability），係指量表或分量表中所包含的題目應具有高度的一致性。最常用檢驗內部一致性信度的方法為Cronbach alpha係數和Kuder-Richardson係數，一般的標準是這些係數在0.85以上才能被視為可滿意的內部一致性信度。0.85顯示量表具有85%以上的可靠或可信賴變異量（reliable variance），將此係數從完美信度減去（1.0 – 0.85），即得0.15，代表量表僅含有15%誤差變異量（error variance）。相對的，如果量表的內部一致性信度偏低，便表示誤差變異量大，量表題目在測量行為特徵上一致性也偏低，所測出的結果也不可靠。應注意的是，如果一量表中包含數個不同的分量表，各自評量不同的行為特徵，各分量表的內部一致性要比分量表之間的內部一致性重要。其次，再測信度（test-retest reliability）是用來計算行為量表穩定性的方法。此一方法是將同一行為量表在相同情況下用同樣的程序，在兩個不同的時間點，對同樣的一群人施測，兩個時間點大約有二到四週的間隔，然後，以相關法計算第一次和第二次施測結果的相關係數。再測信度的全距，像其他信度係數一樣，介於0到1.0之間。綜合行為評量表通常具有較高的再測信度，特定行為評量表則較難取得很高的再測信度。這是干預者在使用特定行為量表時應加以注意的。當行為量表被用來評定干預成效時，應具有可令人滿意的再測信度，也就是說，在短時期之內評量表的施測和再次施測所得到的結果應具有一定的穩定性，否則在比較治療前和治療後的行為時，其結果會受到測量不穩定的影響，而產生干預成效評估上的錯誤。另外，行為量表的用戶也應對影響量表信度的因素有所認知，它們包括：1.信度會受到同質性樣本（例如：少數族裔、特殊教育學生等）的影響，譬如，量表在用來測量重度行為失調的群體時，由於產生的分數全距受限，信度會比正常兒童群體偏低；2.當兩次量表施測間距增長時，信度會降低；3.信度會因量表上不同的分數水準而異，量表上高分數水準的信度不見得可代表低分數水準具有同樣的信度；4.信度可能會受到作答者因素的影響，不同作答者（例如：老師、家長）對同一個案學生的評量結果可能不具高度的一致性，但這可能代表個案在不同環境中所呈現的行為有所不同。這些都是評估者在判斷量表結果的信度和解釋量表分數的意義時應加以注意的。

二、效度

　　行為量表需具有良好的效度，否則量表測出的結果便無法眞實地反映所欲測的行爲構念。檢驗行爲評量表效度的方法主要有四種。第一種是量表內部結構的驗證，亦即量表中的題目和組成部分是否符合所欲測的構念。檢驗量表內部結構性的方法很多，最常用的是因素分析（factor analysis）。因素分析是一種分析大量題目間的關聯而將它們簡化爲最小數量共同因素的多變項統計分析方法，這些因素即代表量表所欲測構念的基本結構。第二種是量表內容的驗證，也就說，量表所涵蓋的內容應能充分且恰當地代表它所欲測行爲構念的範圍。此一檢驗可以用專家評斷法執行，一般由對量表所測量行爲構念具有知識和經驗的專業人士組成專家評斷小組，對量表題目的內容加以評斷，如果小組判斷的結果認爲量表的內容足以代表所欲測構念的範圍，便可作爲效度的證據。宜注意的是，許多已出版的行爲量表並不提供這方面的證據。因此，行爲干預者在選用行爲量表時，應注意使用手冊中所描述的題目取樣和量表建構是否恰當，作爲解釋量表分數的參考。第三種是量表與外在變項關係的驗證。這裡所說的外在變項乃指某些理想行爲效標（criteria）或已經過證實的其他測量同樣行爲構念的工具，如果行爲量表與這些效標和工具存在高度的正相關，即表示該量表也測量同樣的行爲構念，反之，低相關或負相關則表示它所測量的是不同的行爲構念。同理，在檢驗行爲量表的效度時，該量表與其他測量不同行爲構念的效標或工具應不具相關或僅有低度相關，因爲它們所測量的是不同的行爲構念。第四種是量表所產生後果的驗證，亦即量表的使用不應對特定群體造成

不利的後果，例如：將某族裔中超出比例的大多數兒童分類為特殊教育學生（AERA, APA, NCME, 1999）。就像信度一樣，量表的效度也會受到某些因素的影響，例如：有些兒童受到年齡、認知或閱讀能力的限制，無法對自己的行為做出完整真實的評定。有研究者指出，有些成人也會因閱讀能力不足而影響他們在量表上作答的效度（Harrington & Follett, 1984）。另外，反應心向（response set）也會減低評量結果的真實性。具有社會期望反應心向（social desirability response set）的受試，會依照自己所認為符合社會期望的方向在量表上作答。具有默從反應心向（acquiescence response set）的受試，會傾向在大部分題目上以「是」或「否」作答；具有偏差反應心向（deviate response set）的受試，會以不尋常或異常的反應作答（Anastasi & Urbina, 1997）。一般綜合行為量表都會在編製和評分上採取措施來減少反應心向對量表所產生分數的影響，例如：在量表中加入檢查受試作答真實性的分量表，用來判斷量表分數的效度。

除了行為評定量表本身應具有良好的信度和效度之外，評量表的使用者也應確保量表對個案施測的結果具有滿意的信度和效度，此一概念稱為量表分數的信度和效度，是行為和心理評估的重要考慮。進一步說明，即使某一特定量表具有良好的信度和效度，如果它由一位未經培訓、不合格的評估者施測和評分，那麼評定結果的信度和效度便很值得被懷疑，評定結果也不應被用來作為任何決定達成的用途。還有，行為評量表的結果容易受到各種因素的影響，這些因素包括作答者對個案觀察的經驗、印象、要求、偏見等，當這種情況發生時，評量的結果所代表的是作答者對個案行為的看法，而非其行為的真實情況。對量表使用

的充分訓練和正確實施，將這些因素的影響最小化，是行為量表使用者的基本責任。

第七節　代表性行為評定量表舉例

近年來已出版的行為評定量表數目極多，而且使用廣泛。下面將介紹幾種有代表性的行為評定量表，以便讓讀者增加對行為評定量表的了解。

一、綜合行為評定量表

目前最著名也最具代表性的的綜合行為評定量表有兩種，一是阿肯巴克實證評鑑系統中的《兒童行為量表》（*Achenbach System of Empirically Based Assessment, Child Behavior Checklists*）（Achenbach, 2015），二是芮諾斯和坎普豪斯（Reynolds & Kamphaus, 2015）所編製的《兒童行為評鑑系統（第三版）》（*Behavior Assessment System for Children-III*）。

(一)阿肯巴克實證評鑑系統簡介

阿肯巴克實證評鑑系統是歷史最久、在臨床上使用最多的量表系統，而且已被翻譯成超過100種語言。系統中的量表可用來評量年齡1歲到90歲以上的人士，包括《兒童行為量表1½-5歲》（*Child Behavior Checklist For Ages 1½-5*）適用於1½-5歲的兒童、《兒童行為量表6-18

歲》（*Child Behavior Checklist For Ages 6-18*）適用於6-18歲的兒童和青少年、《成人行為量表18-59歲》（*Adult Behavior Checklist, 18-59*）適用於18-59歲的成年人、《老年人行為量表60-90+歲》（*Older Adult Behavior Checklist, 60-90+*）適用於60-90歲以上的老年人等。評鑑系統中的各種量表都建立有多個國家、地區以及多元文化常模，作為評分的用途。《兒童行為量表1½-5歲》和《兒童行為量表6-18歲》已有中文版，分別稱為《學齡前期量表》和《學齡期量表》，為陳怡群、黃惠玲、趙家琛（2009）修訂。

　　《兒童行為量表1½-5歲》包含《1½歲至5歲兒童行為檢核表》（*Child Behavior Checklist For Ages 1½-5*）和《1½歲至5歲兒童之照顧者或教師報告表》（*Caregiver-Teacher Report Form For Ages 1½-5*），施測對象為個案兒童的照顧者（如父母、祖父母）或教師。每個量表都含有內化量表、外化量表、總體問題量表和壓力問題量表等。內化量表又包括情緒反應、焦慮／抑鬱、身體抱怨和退縮四個症候群。外化量表則包括注意力問題、攻擊行為、睡眠問題三個症候群。內、外化量表和症候群皆具有因素分析的實證基礎。壓力問題量表則可以用來辨別承受嚴重壓力和未承受嚴重壓力的幼童，適合用來了解長期處於壓力下兒童（例如：受虐幼童、被忽略幼童等）的行為。另外，《兒童行為量表1½-5歲》附有數個DSM-5導向量表，分析個案是否有抑鬱情緒、焦慮、注意力缺失過動、對立反抗、自閉症等問題，作為行為和心理異常診斷的參考。《兒童行為量表1½-5歲》的量表的施測時間為10-15分鐘。評分可在側面圖上直接對照出各量表的T分數（M = 50, SD = 10）與百分位數。

　　《兒童行為量表6-18歲》包含《6-18歲兒童行為檢核表》（*Child Behavior Checklist For Ages 6-18*）、《6-18歲兒童之教師報告表》（*Teacher's Report Form For Ages 6-18*）和《11-18歲青少年自我報告表》（*Youth Self-Report For Ages 11-18*）三個版本。每個版本都包括內化量表、外化量表和總體問題量表。《6-18歲兒童之教師報告表》還含有不專注和過動－衝動性兩個次症候量表。內化量表包括焦慮／抑鬱、退縮／抑鬱和身體抱怨三個症候群。外化量表包括社會問題、思維問題、注意力問題、違反規範行為和攻擊行為五個症候群。這八個症候群皆有因素分析的實證基礎。另外，《6-18歲兒童行為檢核表》和《11-18歲青少年自我報告表》還包括活動、社會、學校、總能力等四個能力和適應量表。《6-18歲兒童之教師報告表》包括學業表現和適應功能等兩個適應量表。《6-18歲兒童行為量表》也附有五個DSM-5導向量表，用來分析個案是否有抑鬱、焦慮、身體、注意缺失過動、反抗性違逆和品行問題等，作為行為和心理異常診斷的參考（陳怡群等，2009）。《兒童行為量表6-18歲》量表可由受試者自評或由熟悉個案行為的人士作答評量，施測可以個別或團體方式進行，施測時間依使用的量表而異，在10-30分鐘之間。量表評分可在側面圖上直接對照出各量表的T分數（M = 50, SD = 10）與百分位數。

(二)《兒童行為評鑑系統》簡介

　　《兒童行為評鑑系統》為近年來使用最多的兒童和青少年行為量表之一，它初版於1992年，在2005年再版，2015年又發行了《兒童行為評鑑系統－第三版》，適用於2-21歲的兒童和青少年。系統中包括《教

師量表》（*Teacher Rating Scales*）、《家長量表》（*Parent Rating Scales*）、和《自我人格報告》（*Self-Report of Personality*）三種，分別從教師、家長和個案兒童或青少年本人的角度蒐集有關個案行為的數據。

《教師量表》的施測對象是教師，由教師評量個案兒童或青少年在學校的行為。《家長量表》的施測對象是家長，由家長評量個案兒童或青少年在家庭和社區的適應行為和問題行為。兩者都包括適用於學齡前期兒童（2-5歲）、學齡兒童（6-11歲）和青少年（12-21歲）的三個版本。教師量表包含105-165個題目，家長量表包含139-175個題目，施測者根據個案的年齡選擇不同數量的題目。施測對象對每個題目在一個4級量尺（「從未呈現」、「有時呈現」、「常常呈現」、「幾乎總是呈現」）上擇一作答。施測時間為10-20分鐘。

《教師量表》和《家長量表》都包括臨床、適應和效度三種內部量表。教師和家長兩種量表又各含有三個外化問題維度、三個內化問題維度、兩個學校問題維度、兩個其他問題維度和六個適應行為。臨床量表涉及攻擊、過動和品行問題三個外化問題維度；焦慮、抑鬱、身心症狀三個內化問題維度；注意力問題和學習問題兩個學校問題維度，以及反常和退縮兩個其他問題維度。適應行為包含日常生活、適應力、功能溝通、領導力、社會技能和學習技能等六個分量表。另外，效度量表和反應心向指數可用來判斷作答者答題的真實性。

《自我人格報告》為測量受試者的思維和感覺而設計，它包含三種不同的版本，分別適用於8-11歲的兒童、12-21歲的青少年和18-25歲的大學生群體。三種版本皆包括臨床、適應和效度三種內部量表。自我報

告量表共有125個題目，受試在各量表上皆以「是」或「否」作答。施測時間約爲30分鐘。三個版本都含有五個臨床適應不良量表、三個學校適應不良量表、兩個其他問題量表和四個個人適應量表。臨床適應不良量表包括焦慮、反常、控制點、社會壓力和身心症狀五個分量表。學校適應不良量表包括對學校態度、對老師態度和尋求刺激三個分量表。其他問題量表包括抑鬱和不適當感覺兩個分量表。個人適應量表包括與父母關係、人際關係、自我尊重和自我依賴四個分量表。

　　《兒童行爲評鑑系統－第三版》的評分以T分數（平均數 = 50，標準差 = 10）、百分位數和分數側面圖展示。系統中的量表有堅實的實證研究基礎，建有全美代表性常模，並有良好的信度和效度，量表的結果有助於心理和行爲診斷，以及特殊教育診斷和分類的用途（Reynolds & Kamphaus, 2015）。

　　除以上兩個量表系統外，其他較常用的英文綜合行爲評定量表還有《考納斯綜合行爲評定量表（第三版）》（*Conners Comprehensive Behavior Rating Scales-3rd Edition*）（Conners, 2008）、《德弗魯心理異常量表》（*Devereux Scales of Mental Disorders*）（Naglieri, LeBuffe, & Pfeiffer, 1994）、《行爲和情緒量表（第二版）》（*Behavioral and Emotional Rating Scale-2*）（Epstein, 2004），《沃克－麥康納社會能力和學校調適量表》（*Walker-McConnell Scale of Social Competence and School Adjustment*）（Walker & McConnell, 1995）等。中文綜合行爲量表則有香港中文大學張妙清教授主持研發和編製的《跨文化（中國人）個性測量表-2》（Cheung, Cheung, & Fan, 2013; Cheung, Cheung, & Zhang, 2004; Cheung, Leung, Fan, Song, Zhang, & Zhang,

1996）和《跨文化（中國人）個性測量表——青少年版》（*The Cross-Cultural（Chinese）Personality Inventory-Adolescent Version*）（張妙清、范爲橋、張樹輝、梁覺，2008；Cheung, Fan, Cheung, & Leung, 2008; Cheung, Cheung, & Fan, 2013），以及由其他研究者修訂的中文量表，例如《阿肯巴克實證衡鑑系統》（陳怡群、黃惠玲、趙家琛，2009）、《幼兒情緒與行爲問題檢核表》（李梅齡、葉玉，2004）、《行爲與情緒評量表》（楊宗仁，2001）、《國小學生活動量評量表》（陳政見，2004）等。

二、特定行為評定量表

特定行爲量表是爲測量單一或少數特定行爲特徵而設計的。這方面的量表有幾百種之多，其中較具代表性的有《注意缺失過動障礙評量表（第五版）》（*ADHD Rating Scale-5*）（Dupaul, Power, Anastopoulos, & Reid, 2016）。《注意缺失過動障礙評量表（第五版）》是爲注意缺失過動障礙的篩選、診斷和干預評估而設計的工具，適用於5-17歲的兒童和青少年。它自20世紀90年代初版以來，被教育、心理衛生和兒科醫學等領域的從業人員廣泛採用，並受到好評，在2016年又出版了最新的修訂版。《注意缺失過動障礙評量表》包含家庭報告量表和教師報告量表兩個版本，家庭報告量表由家長或監護人根據個案兒童在家中的行爲作答，教師報告量表由教師根據個案學生在課堂上的行爲作答。家庭報告量表和教師報告量表又分別包含兒童版（5-10歲）和青少年版（11-17歲）。每一量表包括18個題目，作者並將量表上的題目

與DSM-5中注意缺失過動障礙的多種症狀加以連接，有利於直接測量個案在注意力缺失和過動－衝動症狀的頻率和嚴重程度，這是《注意力缺失過動症評量表（第5版）》與眾多同類量表相較，一個獨特的優勢。施測時，由家長或教師對每一題目中所描述的症狀，在一個4級量尺上（「沒有問題」、「輕微問題」、「中度問題」和「嚴重問題」）擇一作答。施測時間僅需約5分鐘。量表的評分產生「不注意」（Inattention）、「過動－衝動」（Hyperactivity-Impulsivity）和「總分」（total）三個分數，以百分位數和分數側面圖表示。《注意缺失過動障礙評量表（第五版）》施測簡便，建有不同年齡和性別的常模，具有良好的心理計量屬性。

另外，常用的特定行為評定量表還包括《巴克利家庭和學校情境問卷》（*Barkley Home and School Situation Questionnaires*）（Barkley, 2006）、《德弗魯行為量表（學校版）》（*Devereux Behavior Rating Scales-School Form*）（Naglieri, LeBuffe, & Pfeifer, 1993）、《情緒障礙評量表》（*The Scale for Assessing Emotional Disturbance*）（Epstein & Cullinan, 1998）、《社會技能改進系統評量表》（*Social Skills Improvement System Rating Scales*）（Gresham & Elliott, 2008）、《兒童抑鬱量表（第二版）》（*Children's Depression Inventory 2nd Edition*）（Kovacs, 2003）、《兒童顯性焦慮量表（第二版）》（*The Revised Children's Manifest Anxiety Scale, 2nd Edition*）（Reynolds & Richmond, 2008）、《兒童情境－特質焦慮問卷》（*State-Trait Anxiety Inventory for Children*）（Spielberger, Edwards, Lushene, Montuori, & Platzek, 2004、《諾瓦科憤怒量表和激發問卷》（*Novaco Anger Scale and Provocation Inventory*）（Novaco, 2003）、《亞斯伯格症狀診斷量表》（*Asperger Syndrome Diagnostic Scale*）（Myles, Bock, & Simpson, 2001）、《吉莉安自閉症評定量表（第三版）》（*Gillian Autism Rating Scale-Third Edition*）（Gilliam, 2014）、《童年期自閉症評定量表》（*Childhood Autism Rating Scale*）（Schopler, Reichler, & Renner, 1988），《自殺意念問卷》（*Suicide Ideation Questionnaire*）（Reynolds, 1987）。中文的特定行為量表有《兒童青少年憂鬱量表》（陳淑惠，2008）、《中學生人際關係量表》（陳李綢、蔡順良，2008）、《中學生自我效能量表》（陳李綢、蔡順良，2009）、《青少年社會行為評量表》（洪儷瑜，2000）、《行為困擾量表（第四版）》（李崇坤、歐慧敏，2008）、《多向度兒童青少年焦慮量表》（顏正芳，2010）、《情緒障礙量表》（鄭麗月，2001）和《親職壓力量表》（翁毓秀，2003）等。

三、功能性行為評定量表

第二章在討論功能性行為評估時，曾說明行為量表是一種重要評量工具，其中《功能性分析篩選工具》（*Functional Analysis Screening Tool*, FAST）（Iwata & Deleon, 1996, 2005）是常用且具代表性的一個量表。《功能性分析篩選工具》是為找出影響個案問題行為發生的因素而設計的一個量表。它的主要用途是作為一個篩選性工具以及與其他評量結果（如行為觀察、行為面談）共同使用，對問題行為的功能或原因加以綜合性評估。該量表共包括18個題目，用來測量「社會正強

化」、「社會負強化」、「自動強化，感官刺激」、「自動強化，痛覺減輕（pain attenuation）」四類影響個案問題行為的功能因素。施測對象為對個案行為熟知的人士（如家長、教師）。施測時，答題者閱讀描述特定問題行為的語句，對這些語句是否準確地形容個案兒童或青少年的問題行為分別用「是」、「否」、「不適用」作答。下面為四個題目舉例（括號內顯示潛在的功能因素）：1.「當該行為發生時，你會試著使個案安靜下來，或是以該個案喜愛的活動或零食來分散其注意力？」（功能因素：社會正增強）；2.「當該行為發生時，你是否會讓個案從所從事的工作稍做歇息？」（功能因素：社會負增強）；3.「無論個案身邊發生了什麼事，該行為是否以高頻率發生？」（功能因素：自動增強，感官刺激）；4.「當個案生病時該行為是否更常發生？」（功能因素：自動增強，痛覺減輕）。該量表在手冊中建議，在評定同一個案時，應有數個不同人士對量表作答，從不同角度取得對個案問題行為的看法。評分時計算四類功能因素得到以「是」作答的總題數，以「是」作答總題數最多的類別即為影響個案問題行為最大的功能因素。《功能性分析篩選工具》有令人滿意的信度和效度，量表的結果可用來設計減少個案問題行為的干預方案（Iwata & Deleon, 2005）。

　　另外，其他常見的功能性行為評定量表有《動機評估量表》（*Motivational Assessment Scale*）（Durand & Crimmins, 1992）、《問題行為問卷》（*The Problem Behavior Questionnaire*）（Lewis, Scott, & Sugai, 1994）、《功能評估檢核表》（*The Functional Assessment Checklist: Teachers and Staff*）（March, Horner, Lewis-Palmer, Brown, Crone, & Todd, et al., 2000）、《行為功能問卷》（*Questions about*

Behavioral Function）（Paclawskyi, Matson, Rush, Smalls, & Vollmer, 2000）等。

第八節　行爲評定量表的優勢和限制

　　行爲評定量表有幾個主要優勢。首先，行爲評定量表可以提供客觀及量化的數據，與非結構面談比較，行爲評定量表的結果有更高的信度。行爲評定量表使用實證的方法評估信度和效度，新近的行爲評定量表一般具有良好的設計，且有常模、信度、效度方面的證據。其次，行爲評定量表不僅在施測和評分上省時、方便、經濟，而且不像行爲觀察那樣需要使用者有更多的訓練。如本章前面所表述，行爲評定量表的數據所代表的是受試者或資訊提供者在自然環境（例如：教室、家庭）中對個案行爲在一段時期內持續觀察的結果，當其他評估方法無法或難以在自然情境中執行時（例如：無法在工作場所或社交情境進行直接觀察、面談年幼的兒童時遇到語言及溝通障礙），行爲評定量表可用來作爲數據蒐集的替代工具。而且，行爲評定量表可提供重要但低發生率的問題行爲（例如：暴力、偷竊）的資訊，這些行爲常不易爲直接觀察捕獲。由於行爲評定量表含有大量的題目，涵蓋面完整，因此可以找出行爲面談和行爲觀察可能忽略的問題。再者，行爲評定量表可以測量綜合性問題行爲維度（例如：在學校的運作）和較獨特的行爲維度（例如：焦慮情緒），有助於偵測出個案所呈現的不同層面的問題行爲，並且有助干預者安排行爲干預方案中各目標行爲處理的優先次序。另外，行爲評定量表提供常模作爲比較和判斷個案行爲表現的依據，避免主觀性的

臨床判斷。同時，行為評定量表也是一種可以由不同干預者在不同情況下使用的標準化行為測量程序（Ollendick & Green, 1998; Kratochwill, Sheriden, Carlson, & Lasecki, 1999; Ramsay, Reynolds, & Kamphaus, 2002）。

　　相對地，行為評定量表亦有其先天上的一些限制。由於它屬於一種間接的數據蒐集方法，作答者常會依其對個案行為的整體印象作答，有時會受到其對個案偏見或其他類似因素的影響，因而降低評量結果的真實性，因此行為評定量表不應被用來作為單獨使用的工具，而應配合多種其他評估結果，共同作為達成重要決定的依據。另外，個案在不同情境中常會呈現不同的行為，量表作答者對個案在一種情境中行為評量的結果可能在代表性上有所不足，所以最好能利用多個不同的受試者（例如：老師、父母、同儕）從不同的角度對個案的行為加以評定，以達成完整和正確的評估（Gresham & Elliott, 2008; Salvia, Ysseldyke, & Bolt, 2010）。

第五章

行為觀察

　　行為觀察是以系統化的程序對個體行為和其發生情境加以觀察和分析。它被公認為是行為評估中最具價值的方法，因為它最符合行為評估直接蒐集個體數據的宗旨。有些研究者將行為評估稱為「直接評估」（direct assessment），認為評估應在真實的生活或學習情境中進行，以直接觀察法蒐集行為取樣（behavior sample）的數據，才足以對個體的問題做正確的分析和研判，並據以設計有效的解決方案。在行為評估和改變的範疇中，直接觀察法在過去幾十年中對於個體問題行為的界定、觀察、記錄和量化處理等，已發展成一套相當完整的體系。本章將對它們做一系統性的說明。

第一節　目標行為的界定

　　目標行為（target behavior）的界定是對特定行為進行準確測量的首要步驟。不同觀察者在對同一行為加以觀察時有時會產生不同的結果，這是由於不同觀察者在觀察行為或事物時會帶有主觀性甚至偏頗性。主觀性或偏頗性是行為觀察誤差的一個主要來源，它直接影響行為

觀察所有的程序，並減低觀察結果的可靠性和眞實度。因此，避免主觀或偏頗的觀察，以及保持高度的客觀性，是使用行為觀察法的重要考慮。此一考慮應從行為觀察的第一步開始，也就是在使用觀察法對行為取樣時，首先必須對所欲觀察的目標行為加以客觀界定，並形成一操作性定義（operational definition）。此操作性定義應包括目標行為的名稱（例如：「專心學習」）和對目標行為明確的描述（例如：「專心學習」意指「在課堂上專心聽講並依老師的指示參與學習活動」），同時舉例說明符合此一定義的行為（如「專心學習」可包括「傾聽老師講解」、「回答老師問題」、「在課堂上做老師指定的作業」等），以及不符合此一定義的行為（如「專心學習」不包括「在課堂上閱讀課外讀物」、「與同儕進行與學習無關的交談」、「玩手機」、「向窗外張望」等）。目標行為的定義應具有明確性，避免使用模糊不清的語句，以免造成觀察者對目標行為的錯誤解讀。還有，目標行為的定義應具有特定性（specificity），例如：在為「焦慮」、「霸凌」等目標行為下定義時，應包括其特殊性質或發生情況（如考試焦慮、網絡霸凌等）。目標行為定義的明確性和特定性是減少行為觀察誤差和確保觀察結果正確性的基本要件。

第二節　行為觀察的方法和實施

行為觀察的方法有很多種，最主要的有1.軼事記錄（anecdotal re-cording）、2.永久成品記錄（permanent product recording）、3.事件記錄（event recording）、4.持續時間記錄（duration recording）、5.間距

記錄（interval recording）和6.時間取樣（time sampling）等。永久成品記錄是用來觀察和記錄行為的成果（outcome），其他五種方法則用來對所發生的行為或行為的過程（process of behavior）加以觀察和記錄。這些方法各有其不同的目的和用途。每一種觀察方法不但可以用來測量個體的行為，也同樣適用於觀察和記錄行為所發生的情境。行為評估者可以依個體問題行為的性質，選擇一種或數種適合的方法對其進行觀察和測量。

一、軼事記錄

軼事記錄是指在一個時段內對某一特定事件進行持續性的觀察和記錄，觀察者將所發生的一切完整而鉅細靡遺地記錄下來。此法可以在很短的時間內蒐集到大量的數據。軼事記錄與一般人所寫的日記有些類似，只是它並不記錄每天所有發生過的事，而僅是記錄所發生的特定事件，例如：霸凌、參與公共服務等。一般而言，觀察者以敘述筆法記下關於該事件的一切資訊，包括事件發生的時間、地點、人物和他們所扮演的角色及所採取的行動等。軼事記錄應在觀察完成之後最短時間內完成，以免時間拖延而影響了觀察者的記憶以及記錄的準確度。另外，軼事記錄不可加入觀察者對事件的個人的臆測或評論。記錄完成之後，可對其內容加以客觀分析，找出事端的性質，分析其是否牽涉到行為問題以及行為問題的前因後果，給出解決問題行為的建議等。

軼事記錄亦可用ABC分析法（Bijou, Peterson, & Ault, 1968）加以系統性的分析。ABC分析中，A代表前導事件（antecedent event），B

代表行為反應（behavior response），C代表後果（consequence）。經由ABC分析，可以找出哪一前導事件引起行為的發生，以及該行為所產生的後果。一旦此關聯建立之後，便可以對事件的發生形成合理的解釋，以之作為預測未來行為的參考。另外，ABC分析的數據亦可用來設計行為改變或干預的方案。有研究曾顯示，ABC分析可用來減少患有重度障礙兒童的自殘行為（Repp, Felce, & Barton, 1988）。另一研究發現，以ABC分析為基礎設計的干預方案比不以ABC分析為基礎的干預方案更為有效（Repp, Nieminer, Olinger, & Brusca, 1988）。表5-1示例——ABC分析可使用的紀錄表格。現以下面的簡單軼事記錄說明ABC分析的使用。「王老師在課堂上向全班同學發問：『同學們，誰可以告訴我們一年有哪四季？』小明和另外三位學生同時舉手。王老師說：『很好，有四位同學自願回答。』王老師說：『小明，請你回答。』小明回答：『春季、夏季、秋季和冬季。』王老師說：『非常好！答對了，春、夏、秋、冬四季，謝謝小明給了我們正確的答案。』並對小明做出讚賞的表情。」ABC分析顯示小明的回答（B行為）是響應王老師的發問（A前導事件），並受到王老師的認可和讚賞（C後果）。從此一分析可以看出，小明的作答行為是同時受到其前導事件和後果的影響的，因此可以做出假設：藉由對前導事件和後果的支配，可以控制或改變個體的行為。依此同樣的原理，ABC分析亦可用來分析數量更多、更複雜的軼事記錄。

表5-1　ABC分析表

姓名：＿＿＿＿＿＿＿＿ 性別：＿＿＿＿＿＿＿＿ 年齡：＿＿＿＿＿＿＿＿		觀察日期：＿＿＿＿＿＿＿ 觀察時間：＿＿＿＿＿＿＿ 觀察場所：＿＿＿＿＿＿＿
前導事件	行為	後果
王老師在課堂上向全班同學發問：「同學們，誰可以告訴我們一年有哪四季？」	小明和另外三位學生同時舉手。 小明回答：「春季、夏季、秋季和冬季。」	王老師說「很好，有四位同學自願回答。」王老師說：「小明，請你回答。」 王老師說：「非常好！答對了，春、夏、秋、冬四季。謝謝小明給了我們正確的答案。」並對小明做出讚賞的表情。

二、永久成品記錄

　　永久成品記錄有時亦稱爲實質成品記錄或稱成果記錄（outcome recording），是一種用來評量行爲結果的方法。個體行爲的結果有時以實質成品的方式呈現，行爲觀察者可以對它們加以觀察測量。行爲成品在日常生活中的例子很多，從手洗得是否乾淨、頭髮梳得是否整齊，到家庭作業完成了多少、試卷上答對了幾題，再到每天吸菸多少支、在聚會中喝了幾瓶啤酒等，都是常見的例子。在教育上，教師們更使用大量各種不同學習成品來評定學生的學習表現和學習成就，經由對這些成品或行爲結果的觀察記錄，評估者可以對它們的數量（quantity）和質量（quality）加以評量。目前在教育評估上使用頗多的「基於課程的評

估」（curriculum-based assessment）常使用此法測量個案學生的學習成果（Frank & Gerken, 1990），以獲得學生學習表現的數據，如某生在20分鐘內答對的數學題數或某生英文作文中拼錯的字數等。觀察者可以很容易地將不同日期或時間所記錄的數據加以比較，決定學習表現是否呈現增長或減退。

三、事件記錄

事件記錄是用來測量特定行為發生次數的方法，它適合用來對分立的（discrete）、非連續性的行為加以觀察和記錄。這類行為應有清晰的起點和終點，而且不止一次地發生，例如：上課時擅自離開座位的次數、圍繞著操場跑步的圈數、開會遲到的次數、向同儕暴粗口的次數等等。至於無法明確其起點和終點的行為，比如憂傷情緒，便無法以事件記錄法加以準確的觀察和測量。使用事件記錄來測量的行為，其每次發生的時長亦應當相似。如果一個兒童每天哭鬧幾次，但所持續的時間各不相同，比如有時僅持續幾分鐘，但有時卻持續幾十分鐘，在這種情形下，事件記錄便不適合用來測量此一哭鬧行為，因為所測出的次數無法代表該兒童哭鬧行為的全貌。事件記錄的實施很簡單，觀察者在一段時間內，每次見到目標行為便在記錄表格上做一記號（例如：「／」或「—」）即可，也可以用其他計數器加以記錄（Holman & Baer, 1979; Lindsley, 1968; Mahoney, 1974）。在觀察結束後，將所有記號相加得出一總和，便成為該目標行為在觀察時間內呈現的總次數，作為代表該行為表現水準的一項數據。事件記錄可以用來記錄一項或多項目標行

爲，也可以用來記錄不同個案的同一行爲。表5-2示例一事件記錄表格
的樣本。觀察者可逐項記錄觀察實施的日期、觀察持續的時間、目標行
爲發生的次數，並且略做延伸計算並註明目標行爲發生的頻率（詳見第
三節）。

表5-2　事件記錄表

姓　　名： _____	性別： _____
觀察場所： _____	年齡： _____
目標行為： _____	
行為定義： _____	

日期	觀察時間	次數	比率

四、持續時間記錄

　　持續時間記錄有時亦稱時長記錄或久暫記錄，它的目的是用來觀察
和記錄行爲發生時間的長度，也就是目標行爲呈現所持續的時間。行爲
觀察者從目標行爲最初發生時開始計時，在行爲終止時停止計時，然後
計算整個行爲過程經過的時間。比如，在圖書館溫習功課1個小時、偏
頭痛持續了20分鐘、連續上網3個小時等。持續時間記錄所欲測量的重

點是行為持續時間的長短，而非行為發生的次數。就像事件記錄一樣，使用持續時間記錄測量的行為應有明確的起點和終點，行為每次所持續的時間不必相同，但不應有很大的差異或變化。

另外一個與久暫記錄相似的觀察程序是延宕記錄（latency recording），它所記錄的是從刺激發生到個體開始反應所經過的時間，譬如測量短跑運動員從鳴槍到實際起跑的時間，便可使用延宕記錄。如果行為干預的目的是增加或減少特定行為所花費的時間（例如：增加讀書的時間、減少上網的時間、提高工作的速度等），持續時間記錄是測量行為的適當方法。有研究者曾使用持續時間記錄監控個案的進食時間，從而有效地矯正了快速進食的行為（Lennox, Miltenberger, & Donnelly, 1987）。表5-3顯示實施一持續時間記錄時可使用的表格。

表5-3　持續時間記錄表

| 姓　　名：＿＿＿＿＿＿＿＿＿＿＿＿＿　　性別：＿＿＿＿＿＿＿＿＿＿＿＿ |
| 觀察場所：＿＿＿＿＿＿＿＿＿＿＿　　年齡：＿＿＿＿＿＿＿＿＿＿＿＿ |
| 目標行為：＿＿＿＿＿＿＿＿＿＿＿＿＿＿＿＿＿＿＿＿＿＿＿＿＿＿＿＿ |
| 行為定義：＿＿＿＿＿＿＿＿＿＿＿＿＿＿＿＿＿＿＿＿＿＿＿＿＿＿＿＿ |

日期	行為		持續時間
	開始時間	終止時間	

五、間距記錄

　　間距記錄是一種以預先設計的程序（prearranged schedule）對目標行為加以系統性觀察和記錄的方法。使用此法時，目標行為不需要是分立的，不必有明晰的起點和終點，發生次數或呈現時間亦不需相同，可以具有變動性。基本上，間距記錄是在連續性時間間距（time interval）內觀察並記錄目標行為是否呈現。首先，觀察者先決定整個觀察過程需要的時段，一般而言，間距記錄法的實施不需要使用太長的時間，例如：可將觀察時段設定為10分鐘或20分鐘等。然後將整個觀察時段平均劃分為許多長度相同的連續性間距（continuous intervals），每一間距的長度宜短，例如：5秒鐘或10秒鐘（Cooper, Heron, & Heward, 2007; Kazdin, 1989; Trudel, Côté, & Bernard, 1996），並依此安排預先設計觀察記錄表。在實施時，觀察者在每一間距內對目標行為加以觀察，並將其在該間距內呈現與否以代號記錄於表中。表5-4示例觀察時間為1分鐘的間距記錄原型。

　　假設觀察者欲對一少女個案的咬指甲（nail biting）行為進行1分鐘觀察，將此1分鐘的時間劃分為6個連續的10秒鐘間距，在實施時，觀察者對每一個間距內咬指甲行為是否呈現加以記錄。如果咬指甲行為呈現，即在該間距空格內記錄「○」，如未呈現則記錄「×」，直至完成所有間距內的觀察和記錄。表5-4中顯示觀察者所記錄的結果，在全部時間為1分鐘的6個10秒鐘間距內，目標行為在3個間距中呈現，此結果即顯示該行為在3/6或1/2的觀察時間內發生。依此，觀察者如果以10分鐘作為觀察時間，便可得到60個間距的觀察結果，如果以20分鐘作為

觀察時間，便可得到120個間距的觀察結果。依此類推，觀察的時間愈
長，觀察所蒐集的數據資料亦愈多。

　　使用間距記錄法可以爲觀察者在較短的觀察時間內取得大量且系統
性的目標行爲數據，它是一種在時間上具有經濟性的行爲取樣方法，樣
本愈大愈會富有代表性（Mudford, Beale, Singh, 1990）。間距記錄又
可分成兩種不同的程序，它們是「整個間距記錄」（whole interval re-
cording）和「部分間距記錄」（partial interval recording）。使用整個
間距記錄法時，觀察者記錄目標行爲是否在整個間距中自始至終呈現。
在使用部分間距記錄法時，目標行爲不需要在整個觀察間距中自始至終
呈現，而只要在間距中任何部分出現，觀察者即可在該間距內記錄目標
行爲呈現。一般而言，整個間距記錄適合用來觀察和記錄具有持續性的
行爲（例如：專注、寫作業），測量結果可顯示目標行爲呈現的持續時
間和發生次數。部分間距記錄則適合用來觀察和記錄發生時間短暫的行
爲（例如：扔東西、發出怪聲），它的測量結果主要顯示目標行爲呈現
的次數，而不包括持續時間。

表5-4　間距記錄原型

咬指甲行爲呈現 ＝○					
咬指甲行爲未呈現 ＝×					
10秒	10秒	10秒	10秒	10秒	10秒
○	×	○	○	×	×

　　以上的說明集中在使用間距記錄對單一目標行為加以觀察和記錄。同樣的原理和方法亦可以擴充去同時記錄目標行為和情境變項，以獲得兩者間關係的資料。另外，也可以用來同時記錄兩個或以上個案的目標行為。表5-5所呈現的為一可同時記錄3個不同個案目標行為的表格。

表5-5　可記錄3個個案目標行為的間距記錄表

姓名：＿＿＿＿＿＿＿＿＿＿

目標行為：說話＿＿＿＿＿＿

情境：＿＿＿＿＿＿　　　日期：＿＿＿＿＿＿＿＿

開始時間：＿＿＿＿＿　　停止時間：＿＿＿＿＿＿

5分鐘觀察時間：30秒間距

姓名		1		2		3		4		5
甲生										
乙生										
丙生										

註：說話　＝＋
　　未說話＝－

六、時間取樣記錄

　　時間取樣或短暫時間取樣記錄（momentary time sample recording）是間距記錄的另一種使用方法。它的設計與間距記錄相似，也是

將觀察時段劃分為長度相同的連續間距，並記錄目標行為在每一間距中是否呈現。但與間距記錄所不同的是，時間取樣上所使用的間距較長，觀察者可能依情況需要將每一間距的長度設定為3分鐘、5分鐘或更長。另外，它在實施時也不需觀察者觀察目標行為是否在整個間距中呈現，觀察者僅需在間距開始或結束的一瞬間或幾秒鐘時間內，對目標行為是否出現加以觀察並記錄。因此，時間取樣記錄在程序上具有部分間距記錄的性質。顯然，時間取樣的優點是它不需要觀察者對目標行為花太多時間做持續性的觀察，在時間上比較經濟，它的限制則在於無法對目標行為做完整的記錄。時間取樣的設計是為當觀察者不需或無法對目標行為花時間做密切觀察時提供的一項簡略的觀察和記錄方法。例如：在上課時，老師無法一邊教學一邊使用間距記錄對特定學生的行為加以密集性的觀察和記錄，這時便可以使用較長的時間間距對該學生的行為加以取樣，作為數據蒐集的方法。因此，時間取樣被視為一種對間距取樣的估算方法（method of estimation），它所蒐集的是一項概略性的行為樣本，其結果不如間距記錄法完整和真確，而容易產生低估或高估的數據。但在滿足某些特定實際需求的考慮下，具有其所被賦予的價值。例如：當觀察者無法對個案行為進行長時間（比如從早到晚全天候）的持續觀察時，便可在不同的時間點蒐集時間取樣的數據，所以時間取樣在行為觀察上有相當程度的使用。

七、行為記錄的代碼系統和工具

以行為觀察法蒐集行為數據的優勢，在於它所需要使用的表格容易設計，而且使用方便。觀察者在依目標行為的性質選擇合適的觀察和記

錄方法之後，便可自行設計將使用的記錄表格。在設計時除包括表格應有的內容外，亦可以加入其他的成分，以增加表格的實用價值（例如：在同一表格可記錄不同日期的行為）。同時，在設計上也可以反映個人風格，使表格更悅目且適合觀察者使用上的便利。因此，在一般行為干預方案中，干預者（例如：行為分析師、心理師、教師等）通常會針對個案目標行為自行設計記錄表格使用。但是也有許多時候，干預者需要對數項或多項行為加以觀察和記錄，這時記錄表的設計會變得比較複雜，干預者仍可自行設計所需使用的表恪，或選擇市面上已編製發行的行為代碼系統（behavior coding system）使用。

　　行為代碼系統是一種特別設計的、適合用來同時記錄多項行為的方法（例如：幾項或十幾項）。行為代碼系統通常會在記錄表格中列出所有需觀察的行為，每項行為皆被賦予一個代碼，觀察者在記錄時將適當的代碼記錄在記錄表中適當的位置或空格中。表5-6顯示的是同時記錄5項不同目標行為代碼系統的記錄表格。另外，有的代碼系統的記錄表格會將行為代碼印在表中適當的空格中，觀察者依觀察的結果對表格中的不同代碼加以圈選。設計代碼時有兩個重要的考慮：第一，代碼應簡單，以簡化行為的記錄，增加記錄上的便利；第二，代碼應有提示其所代表目標行為的功能，增加觀察者記憶和記錄上的方便。當觀察者需要同時記錄多項目標行為時，行為代碼系統是應選擇的工具。代碼系統的有效使用則有賴於觀察者對所有目標行為的熟悉度和記錄的正確性。

表5-6　可記錄5個目標行為的時間取樣記錄表

姓名：＿＿＿＿＿＿＿＿＿＿＿＿					日期：＿＿＿＿＿＿＿＿＿＿＿					

姓名：＿＿＿＿＿＿＿＿＿＿＿　　　日期：＿＿＿＿＿＿＿＿＿＿＿

目標行為：行為代碼系統＿＿＿＿　觀察者：＿＿＿＿＿＿＿＿＿＿

觀察開始時間：＿＿＿＿＿＿　　　停止時間：＿＿＿＿＿＿＿＿＿

觀察情境：教室自習時間＿＿＿＿

行為代碼：R-閱讀

　　　　　C-上網

　　　　　W-寫作業

　　　　　T-與同學交談

　　　　　L-擅自離開教室

姓名		2		4		6		8		10
甲生										
乙生										
丙生										

註：30分鐘觀察時間，3分鐘間距。在每一間距內，記錄個案所呈現目標
　　行為的適當代碼，如無目標行為呈現，則在間距中記錄「0」。

　　使用觀察法對行為做系統的記錄，應具有良好的訓練、精熟觀察
和記錄的技巧，才能將測量誤差最小化。記錄所使用的工具也會影響數
據蒐集的效率。傳統上，紙筆方式，亦即用筆在表格紙上做記錄是最常
用的方法，適用於各種不同的記錄程序（例如：持續時間記錄、事件記
錄、時間取樣等），可以得到準確的結果。另外，不同的記錄方法也有
適合於它們的輔助工具，使用上比紙筆記錄更為方便，而且具準確度。
例如：事件記錄法可藉助各種手按計數器（如手按計數器、高爾夫計數
器、自動計數器等）或電子裝置來記錄行為或事件發生的次數。持續時

間記錄可使用碼錶（stop watch）或適合的定時器來記錄目標行為持續的時間。附有分秒時間字幕的電子手錶可以用來記錄行為開始和終止的時間，然後再計算持續時間。另外，也可以使用特別設計的自動化定時器材來記錄行為持續時間或延宕時間。蒐集間距記錄和時間取樣數據，一般會在事先準備的錄音帶上設定輕微聲響或振動音來提示間距的開始或終止，觀察者依照從耳機中所聽到的訊號進行目標行為的觀察和記錄。目前有些電子手錶亦有這種設定的功能。近年來高科技的發展也帶來許多手持式電子產品和配件，比如PDA（personal digital assistant）、iPad、iPhone等所附帶的應用程序（如Behavior Tracker Pro），有的為蒐集行為數據所設計，而且在數據蒐集後可將它們外輸到個人電腦或筆記型電腦中，由電腦中的數據處理系統加以分析，轉化為圖形、圖表、Excel和Spreadsheet格式檔等。最後要指出的是，除現場記錄外，亦宜將整個觀察歷程錄製下來，然後從對錄像成品（例如：DVD或光碟）進行觀察做成行為記錄，可減少記錄上的錯誤，確保結果的準確性。另外，錄像成品亦可用於訓練的用途。

第三節　行為觀察結果的量化

第一章曾指出，行為干預的一個重要特性是行為的量化。量化的目的是以數字來對行為測量的結果（包括觀察記錄）加以處理，以增加其精確性和客觀性。對蒐集到的行為觀察結果加以量化，一般最常用的量化數據有行為次數（frequency of behavior）、行為數量（amount of behavior）、行為持續時間（duration of behavior）、行為發生百分

比（percent of behavior occurrence），和行為頻率或速率（rate of be-
havior）等幾種。行為數據一旦經過量化後便可以更精確地描述行為表
現的水準，也可以更容易地將干預前和干預後的行為表現進行客觀的比
較，達成干預效果的正確評估。

行為次數：行為次數是指目標行為或情境刺激所發生的次數，適於
用來對事件記錄的量化，比如上課遲到的次數、吸菸的次數、爆粗口的
次數、教師在課堂上稱讚學生的次數等等。如果次數記錄來自不同的時
段、日期或場合，則可計算行為次數的總值再除以觀察次數，即可得到
行為次數的平均值，其計算如公式5-1。

$$行為次數平均值 = \frac{行為次數總和}{觀察次數} \qquad （公式5\text{-}1）$$

例如：某生在三天內每天都得到任課教師的稱讚，第一天共得到3
次稱讚，第二天得到7次，第三天得到5次。依公式5-1可算出該生平均
每天得到的稱讚數為5次。

$$平均每天得到稱讚的次數 = \frac{3+7+5}{3} = 5次$$

行為數量：行為數量適用於對永久成品或成果記錄的量化，比如學
習英文詞彙的數量、完成的工作成品數量等。假若成品或成果記錄來自
數次或多次的觀察，便可依公式5-2先計算成品或成果數量的總和，再
除以觀察次數，得到行為數量的平均值。

$$行為數量平均值 = \frac{行為數量總和}{觀察次數} \qquad （公式5-2）$$

例如：某高中生在九月第一週學會20個英文字彙，第二週學會15個，第三週學會21個，第四週學會了16個，那麼該生在九月的四週內共學到了72個英文字彙，平均每週習得18個字彙。

$$每週平均習得英文字彙的數量 = \frac{20 + 15 + 21 + 16}{4} = 18個字彙$$

行為持續時間：行為持續時間或行為久暫是用來量化行為表現所呈現時間長短的數據指標，比如，某兒童從上午八點半到八點四十分不停地哭鬧了10分鐘，某人連續48小時失眠無法入睡等等。假若行為持續時間記錄來自數次或多次的觀察，即可以利用公式5-3計算其行為發生總共持續的時間，再除以觀察次數，得到平均值。

$$行為持續時間平均值 = \frac{行為發生時間總合}{觀察次數} \qquad （公式5-3）$$

例如：某一五歲兒童容易哭鬧，觀察者在一天內記錄該兒童共哭鬧了5次，每次哭鬧持續的時間分別為10分鐘、4分鐘、11分鐘、6分鐘、3分鐘。觀察者可以很容易計算出該童每次哭鬧平均持續6.8分鐘，並作為行為評估和干預決策上的參考。

$$哭鬧行為平均持續的時間 = \frac{10 + 4 + 11 + 6 + 3}{5} = 6.8分鐘$$

行為發生百分比：行為發生百分比是在將間距記錄和時間取樣結果加以量化時的適當指標，它所代表的是在所有觀察間距中，行為呈現間距所占的百分比例，其計算公式如下：

$$行為發生百分比 = \frac{行為呈現間距的數量}{觀察間距總數} \times 100\% \qquad （公式5-4）$$

例如：在以下為時2分鐘、以10秒鐘為觀察間距的記錄樣本中，○代表目標行為呈現，×代表目標行為未曾呈現。從記錄中可見目標行為在9個間距中呈現，其呈現百分比計算結果為75%。此結果代表目標行為在75%的觀察間距中呈現。

$$行為呈現百分比 = \frac{9}{12} \times 100\% = 75\%$$

行為頻率或速率：上面介紹的幾種量化方法主要適用於對行為單一維度（dimension）的量化，沒有同時兼顧到其他維度的測量數據，因此量化結果無法作為對目標行為確切和完整的代表數據。另外，當每次觀察所使用的時間並不相同時，使用公式5-1或公式5-2計算出平均值並不恰當。在這種情形下，行為頻率或速率成為更合理的量化指標。行為頻率亦稱行為比率，在對目標行為或情境刺激的次數或數量加以量化

時，同時納入時間久暫的因素，代表行為在特定時間單位內（如每1分鐘、每10分鐘、每1小時等）發生的次數。行為頻率或比率的計算如公式5-5。

$$行為頻率或比率 = \frac{行為次數總和}{觀察時間總和} \qquad （公式5-5）$$

例如：觀察者在三天內以事件記錄程序對一自閉症兒童的刻板重複行為記錄如表5-7。

表5-7　對一自閉症兒童的刻板重複行為的記錄

日期	觀察起點—終點	觀察時間	行為次數	頻率
3月6日	上午9:00-9:30	30分鐘	15次	15/30＝0.5次／分鐘
3月7日	上午9:10-10:00	50分鐘	20次	20/50＝0.4次／分鐘
3月9日	上午8:45-9:30	45分鐘	18次	18/45＝0.5次／分鐘

從記錄中可以看出，觀察者在三天內分別於不同的時段對個案的行為加以記錄，每次記錄所使用的時段長短亦不相同，因此不應將三天所記錄的行為次數直接加以比較，或取其平均值。正確的做法是依公式5-5，將記錄的結果代入公式中，將行為次數轉化為行為頻率如下。

$$行為頻率或比率 = \frac{行為次數總和}{觀察時間總和} = \frac{15次＋20次＋18次}{30分鐘＋50分鐘＋45分鐘}$$

$$= \frac{53次}{125分鐘} = 0.43次／分鐘$$

　　另外，觀察者亦可先行計算每天的行為頻率，然後加計三天行為頻率的總和，再除以3，得到三天的平均行為頻率為0.43次／分鐘。其計算如下：先求出三天中每天呈現的行為頻率分別為每分鐘0.5次、0.4次、0.4次，再將此三數量代入下面公式中。

$$行為頻率或比率 = \frac{50／分鐘 + 40／分鐘 + 40／分鐘}{3}$$

$$= \frac{1.30／分鐘}{3} = 0.43次／分鐘$$

　　此結果的正確解釋應為，觀察者三天的事件記錄顯示該兒童平均每分鐘呈現0.43次刻板重複行為，亦即該行為每10分鐘發生4.3次或每小時26次。使用行為頻率作為代表數據指標時，應同時清楚註明時間單位，不可遺漏，否則便無法對頻率的意義做正確的解釋。

　　基於同樣的原理，也可以使用公式5-5將行為數量轉化為行為速率。例如：某公司的職員在以1分鐘限時的文書輸入測試中，第一次成功輸入了40個英文字，第二次輸入了50個英文字，第三次成功輸入了48個英文字，第四次成功輸入了54個英文字，那麼該職員的平均速率即可依下面的算式計算，結果為每分鐘輸入48個英文字。

$$文書輸入速率 = \frac{40個字 + 50個字 + 48個字 + 54個字}{1分鐘 + 1分鐘 + 1分鐘 + 1分鐘}$$

$$= \frac{192個字}{4分鐘} = 48個字／分鐘$$

　　另外，行為頻率亦可以用來處理時間取樣的數據。當時間取樣所記錄的為行為次數時，下列公式5-6可用來將間距中所記錄的行為次數轉化為行為頻率。

$$行為頻率 = \frac{行為次數總和}{時間間距總和} \qquad （公式5-6）$$

　　例如：觀察者使用時間取樣法記錄課堂上老師和甲生互動的頻率，將50分鐘的觀察時間劃分為10個5分鐘的間距。記錄結果顯示：二人間的互動在5個間距中各出現1次，在另5個間距中則未曾出現。依此結果可計算出二人的互動在總共50分鐘的觀察時間內，平均在每2個間距中呈現1次，亦即二人互動的頻率為每10分鐘1次。

$$師生互動頻率 = \frac{5次}{10個間距} = \frac{1次}{2個間距} = \frac{1次}{10分鐘} = 1次／10分鐘$$

　　行為速率或頻率與單一維度的行為量化指標相比較有更多的用途，除可用來量化行為在特定時間單位發生的次數外，亦可用來顯示行為發生與先導事件或反應後果的比率。另外，藉由行為頻率的使用，觀察者可以很容易地將同一個案在不同時間或情境的行為表現加以直接比較，也可以對不同個案的行為表現加以比較。

第四節　行爲觀察數據的圖示

　　圖示法是呈現、解釋和概略化行爲觀察數據的主要、也是最常用的方法，尤其當觀察數據數量較多時，圖形可以將數據清晰明瞭地展示出來，增加解讀上的方便，亦可以幫助閱讀者（例如：干預者、個案本人、老師、家人等）對觀察結果的了解和評定。在行爲觀察上常用的圖示法有直線圖（line graph）和條形圖（bar graph）兩種。在使用圖示法時，應以橫坐標標示觀察時段，例如：時數、日數、週數，亦可直接標示觀察時間或日期，以縱坐標標示行爲及其測量單位，如次數、數量、持續時間、百分比、速率等。今假設表5-8是觀察者以事件記錄法得到下列關於某個案吸菸的支數，並以此數據說明直線圖的繪製。

表5-8　某個案吸菸情況記錄

觀察日期	吸菸支數
週一	12
週二	10
週三	5
週四	11
週五	17
週六	14

　　首先說明直線圖的繪製步驟。第一，在橫坐標上標示觀察時間名稱（觀察日數或日期）；第二，在縱坐標標示行爲名稱和量化單位（每日吸菸支數），並在坐標上標明可顯示行爲數據的適當刻度；第三，縱坐標的高度以橫坐標長度的三分之二爲宜，兩種坐標上標示的名稱皆應正

確而且清晰；第四，將個案吸菸數據標示於圖形中空白處，以圓點標示個案在五天中每日吸菸的支數，然後將圓點以直線加以連接成一圖形；第五，最後再加註圖形的名稱即繪製完成，圖形名稱應包括行為的完整名稱和觀察的時間（例如：「個案6天內吸菸的數量」或「6日中每天吸菸的支數」）。從圖形（圖5-1）中可以很清楚地看出個案在6天中吸菸的數量及變化，並了解個案菸癮的程度。直線圖亦可用來展示兩個以上個案目標行為的數據，或同一個案目標行為在不同干預階段的表現，並加以比較。直線圖是行為干預方案中使用最多的圖示法。

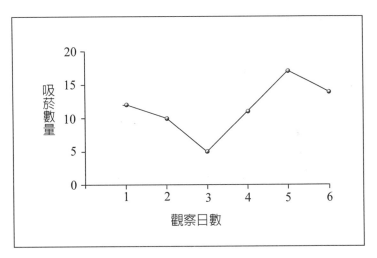

圖5-1　個案6天內吸菸的數量

　　條形圖的繪製步驟與直線圖相似，前三個步驟並無不同，第四個步驟則以條形代表每日行為表現，亦即吸菸的數量，每一條形代表一個觀察時間點的數據。最後在第五步註明圖形的名稱即可（圖5-2）。條形圖也可用來展示不同個案在同一目標上的表現。

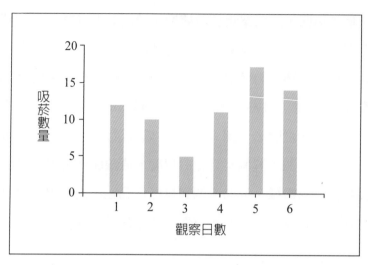

圖5-2　個案6天內吸菸的數量

第五節　行為觀察的信度

行為觀察的信度是指觀察結果的一致性。驗證行為觀察信度的方法依觀察結果的用途而不同，一般來講，觀察者間信度（inter-observer reliability）和觀察－再觀察信度（observation-reobservation reliability）是最常用的兩種方法（Hintze, 2005）。觀察者間信度是指，當兩個不同的觀察者在同一時間對同一個案的行為加以觀察時，兩人的記錄結果應當是一樣的，也就是應具有一致性。一致性愈高表示觀察結果的可信性亦愈高，也愈正確。相反，如果兩位觀察者的記錄並不一致，甚或兩者之間有很大的差異，那麼便表示兩個記錄之一可能帶有誤差，或者兩項記錄都有誤差存在，因此，該觀察所產生的量化結果是不正確，

也不可靠的，在此一情形下，這些結果無法正確地代表該個案的行為水準，也不適合用來規劃行為干預方案（Kazdin, 1989）。至於觀察—再觀察信度所指的是，觀察者對個案的行為在同樣條件下、在不同時間點重複觀察的結果應具有一致性或穩定性。

下面對觀察者間信度做進一步說明。首先，建立良好觀察者間信度的先決條件包括：對目標行為加以明晰的定義；選擇適當的觀察程序；觀察者在執行觀察時保持高度的客觀性等。在執行觀察時，兩位觀察者應使用同樣的行為定義和觀察程序，對同一個案的同一行為在同一時間和情境中分別做獨立的觀察和記錄，然後比較兩位觀察者所記錄的結果，計算兩觀察者間的信度，也就是結果的一致性。下面說明幾種計算觀察者間信度的主要方法。

事件記錄的信度：在檢測事件記錄的觀察者信度時，先由兩位觀察者依標準程序分別對目標行為加以觀察和記錄，然後計算兩行為觀察記錄中較低次數和較高次數之間的比率，此比率稱為「計數信度」（counting reliability），代表事件記錄的觀察者間同意度，其計算公式如（公式5-7）。

$$事件記錄的信度或計數信度 = \frac{較低次數}{較高次數} \times 100\% \quad （公式5-7）$$

例如：兩獨立觀察者分別觀察某個案在1小時內洗手的次數，觀察者甲所記錄的次數為8次，觀察者乙所記錄的次數為10次，依以上公式即可得到計數信度為80%。

$$洗手次數的計數信度 = \frac{8}{10} \times 100\% = 80\%$$

應指出的是，計數信度僅為一粗略的信度指標，上例中的計數信度80%並不代表兩觀察者的記錄有80%的相同，因為並未比較兩者間所記錄的個別行為呈現是否相同（Tawney & Gast, 1984）。上例中，計數信度的正確解釋應為二人所記錄的行為總數有20%的差距。

持續時間記錄的信度：依公式5-7同樣的原理，可以推論計算持續時間記錄的觀察者間同意度如下。其解釋亦相似，持續時間記錄的信度所代表的是兩個持續時間總長度的相似度，並且說明兩個持續時間的吻合程度。

$$持續時間記錄的信度 = \frac{較短的持續時間}{較長的持續時間} \times 100\% \qquad （公式5-8）$$

間距記錄和時間取樣的信度：同意百分比（percent of agreement）為檢測間距記錄和時間取樣的信度而設計，它的主旨是比較不同觀察者對同一個案行為觀察的結果，並決定兩者間同意的程度。計算同意百分比的公式如公式5-9。公式中「同意間距數量」是指兩觀察者同意目標行為呈現或未呈現的間距數量，「不同意間距數量」是指兩觀察者不同意目標行為呈現與否的間距數量。分母中「同意間距數量 + 不同意間距數量」亦即觀察間距的總數量。

$$同意百分比 = \frac{同意間距數量}{同意間距數量 + 不同意間距數量} \times 100\% （公式5-9）$$

　　例如：下面為兩位獨立觀察者在20分鐘觀察時間內，以2分鐘為間距長度，對目標行為加以時間取樣的記錄。表中○代表目標行為呈現，×代表目標行為未曾呈現。在將兩觀察記錄加以比較時，A代表兩觀察者同意目標行為在該間距中呈現或同意未呈現，以D代表兩觀察者不同意目標行為是否呈現。從記錄比較中可見有9個間距顯示同意，有1個間距顯示不同意，因此依公式5-9可計算兩觀察者間的同意百分比為90%。

表5-9　兩個觀察者對同一目標行為的時間取樣記錄結果

觀察者甲	×	○	○	○	○	×	○	○	○	×
觀察者乙	×	○	○	○	×	×	○	○	○	×
記錄比較	A	A	A	A	D	A	A	A	A	A

$$同意百分比 = \frac{9}{9+1} \times 100\% = 90\%$$

　　同意百分比為行為觀察常用的信度指標，它比計數信度更為精確，因為它對兩觀察者的記錄在每一個間距中逐一加以比較。同意百分比的全距可介於0%至100%之間。良好的觀察者間信度是行為觀察程序應具的條件。所謂良好的觀察者間信度是指同意百分比至少應在80%以上，百分比愈高信度亦愈高（如95%、100%等）。一般而言，如果一觀察程序的觀察者間同意度在80%以下，即表示該程序存在缺失，造成測量上的誤差，應加以改進，例如：給予目標行為更明確的定義、加強數據蒐集者正確使用觀察和記錄程序的訓練和技巧、達到標準後才執行

觀察等等。觀察者間信度除應在觀察程序正式使用前建立，有時亦宜在行為處理（treatment）或矯治過程中加以隨機抽驗，確保觀察程序在整個過程中的穩定性，因為穩定的觀察程序才能正確顯示干預的成效。

同意百分比作為一種信度指標計算容易，使用上也簡便易懂。但是有一個缺點，那便是在計算同意百分比時未考慮到隨機同意因素的存在，也就是說兩位觀察者的記錄在某些時距內所產生的「同意」是隨機發生的，並非代表兩人真正同意所觀察的結果。因此，同意百分比作為一種信度指數，有被高估的可能。有些研究者提出各種建議以修正此一缺點，例如：計算目標行為發生間距次數百分比，簡稱發生同意百分比（occurrence percent of agreement），亦即兩觀察者皆同意目標行為呈現間距的百分比，和計算目標行為未發生間距次數百分比或稱未發生同意百分比（nonoccurrence percent of agreement），也就是兩觀察者皆同意目標行為未呈現間距的百分比，此二數量可分別以公式5-10和公式5-11加以計算。

$$發生同意百分比 = \frac{同意發生間距數量}{同意發生間距數量 + 不同意發生間距數量} \times 100\%$$

（公式5-10）

$$未發生同意百分比 = \frac{同意未發生間距數量}{同意未發生間距數量 + 不同意未發生間距數量}$$

$$\times 100\%$$ （公式5-11）

科恩（Cohen）的Kappa（k）係數（Cohen, 1960）是目前使用最

多的觀察者信度校正方法。它對同意百分比加以進一步校正，排除其中
隨機同意的因素，其計算公式如公式5-12。此公式中Po代表兩觀察者間
同意百分比，可由公式5-9求出；Pc代表兩觀察者間隨機同意的機率，
可用公式5-13計算。

$$Kappa\ (k) = \frac{Po - Pc}{1 - Pc} \qquad （公式5-12）$$

$$Pc = \frac{(n1a)(n2a) + (n1b)(n2b)}{N^2} \qquad （公式5-13）$$

公式5-13中（n1a）和（n2a）代表兩觀察者各自記錄目標行為呈現
的間距數，（n1b）和（n2b）代表兩觀察者各自記錄目標行為未呈現
的間距數，N代表觀察間距總數。

現以表5-9中甲乙兩位觀察者對目標行為記錄的數據，說明Kappa
係數的計算。首先將兩項觀察者記錄轉化為一2×2混淆表（confusion
matrix）。從表5-10中可見，觀察者甲記錄目標行為呈現的間距數為
7，未呈現的間距數為3；觀察者乙記錄目標行為呈現的間距數為6，未
呈現的間距數為4。兩者對目標行為呈現不同意的間距數為1，而同意
目標行為未呈現的間距數為3。表中欄外的數字分別代表表中每列和每
行數字的總和（13, 7, 10, 10）。現將表中的數據分別代入公式5-9和公
式5-13，求出Po和Pc值，然後計算出Kappa係數。

表5-10　兩個觀察者觀察結果的混淆表

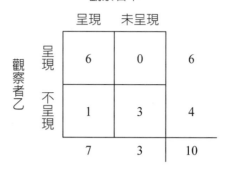

$$Po = \frac{\text{同意間距數量}}{\text{同意間距數量 + 不同意間距數量}} = \frac{9}{9+1} = \frac{9}{10} = 0.90$$

$$Pc = \frac{(7)(6) + (3)(4)}{10^2} = \frac{42 + 12}{100} = \frac{54}{100} = 0.54$$

$$Kappa\ (k) = \frac{Po - Pc}{1 - Pc} = \frac{.90 - .54}{1 - .54} = \frac{.36}{.46} = 0.78$$

此結果顯示所求得的k為0.78。Kappa係數值可介於-1.00到+1.00
之間，k係數1代表兩觀察者完全同意，k係數0則代表兩觀察者的記錄
除隨機同意外並無一致性，k係數值愈高表示兩觀察者記錄的同意度或
穩定性愈高。當Kappa為正值時，代表觀察者同意度高於隨機同意；當
Kappa為負值時，代表觀察者同意度低於隨機同意。由於Kappa係數比
同意百分比更為精確，Kappa係數值為0.70或更高，都被視為可接受的
信度。Kappa係數除較精確外，它的另外一個優勢是可用來計算兩個以
上觀察者和兩種以上行為觀察的信度。對於此課題進一步的了解，超
出本書的範圍，有興趣的讀者可參考Bakeman & Gottman（1997）和
Fleiss（1971）的文獻。

第六節　行為觀察的效度

　　行為觀察的效度與信度有同樣的重要性。觀察效度所代表的是觀察結果對真實行為的反映程度，具有良好效度的觀察結果可被視為具有代表性的行為取樣，足以適當反映目標行為在真實情境中的表現，反之則否。有研究者以「過動行為」（hyperactivity）為例，指出檢驗觀察效度時應考慮下面幾個問題。第一，就建構效度而言，所觀察的行為是否符合目標行為的操作性定義。第二，就內容效度而言，觀察結果能否反映觀察時目標行為表現的性質和程度。第三，就同時效度而言，所觀察的行為是否能準確代表其在其他情境中的行為。第四，就預測效度而言，所觀察和記錄的行為是否能預測其他的重要行為效標（Bernstein & Nietzel, 1980）。不難看出，驗證觀察的效度牽涉到若干複雜的程序，但是其重要性不應被忽視。

第七節　影響行為觀察信度和效度的因素

　　如欲建立良好的行為觀察信度與效度，應對影響它們的因素有所了解，並設法減少不利的影響。有研究者指出四個行為觀察和記錄錯誤的來源，它們分別為觀察者偏見（observer bias）、反應效應（reactivity effect）、觀察系統的複雜性和觀察者漂忽（observer drift）（Kazdin, 1982）。

　　首先，觀察者偏見是威脅觀察效度的主要來源。觀察者偏見包括所有與觀察者有關、可導致觀察錯誤結果的因素，比如觀察者的背景、經

驗、對個案的期望、對目標行爲的敏感度、對引介問題的了解、對個案的好惡和看法等。這類「先入爲主」的因素常會影響觀察和記錄的正確性（Repp, Nieminer, Olinger, & Brusca, 1988; Zirpoli & Bell, 1987）。例如：觀察者在觀察過動兒童的行爲時可能會產生一種期望效應（expectancy effect），此一期待偏向導致記錄了比實際上更多的過動行爲，因而影響了觀察結果的正確性。因此，觀察者在從事行爲觀察時應對這些因素加以防範，並採取必要措施，以將其可能影響降至最低。這些措施可包括使用客觀、不易受到主觀因素影響的觀察系統和程序，提高觀察者對「觀察者偏見」的理解，以及增加對觀察技術的培訓等。

其次，反應效應是指被觀察者因爲意識到其行爲受到他人的觀察而產生的變動反應。呈現反應效應的個案行爲常會與其在眞實情境中的典型行爲產生變化，因而減低其代表性。反應效應有時是正面的，例如：一個在課堂上經常頂撞老師的學生在被觀察時可能會比較收斂；有時則是負面的，例如：有些學生意識到自己正在被觀察時會產生緊張、不自在的反應。已知的研究文獻一般認知到反應效應的存在（Harris & Lahey, 1982），但對它是否對觀察效度有顯著的不利影響則無定論（Cone & Fester, 1982）。大部分研究者的共識是，反應效應與受觀察者的個人因素（如年齡、性別、個性等）有關，也與觀察者是否引起被觀察者注意有關，如果觀察者不太引起受觀察者的注意，反應效應便會降低。因此，觀察者在實施觀察時可坐在距離受觀察者較遠的地方，避免與受觀察者目光接觸等，可以降低反應效應。另外，研究也顯示，反應效應會隨著觀察次數的增加而消失，如有必要，可使用一小段適應期，待受觀察者對觀察者的出現「適應」之後，才進行數據的正式蒐

集。

　　另外，觀察系統的複雜性和使用難度會對觀察結果有直接的影響。僅有設計良好的觀察方法和記錄工具無法保證觀察結果的正確度和代表性，因為自然情境中的行為會比想像中複雜，令觀察者難以在匆忙中準確地加以記錄。還有，含有多個不同目標行為的代碼系統顯然要比只包含單一目標行為的觀察程序更為複雜，在執行上也更具難度，容易產生錯誤。同樣，在同一時段或短暫時距內記錄數個個案的多個目標行為，也不是容易的事。這些都是可能造成觀察結果誤差的來源。因此，觀察者對較複雜觀察系統的使用應具有充分的訓練及熟悉度，才能減少觀察結果的錯誤。

　　最後，觀察者漂忽亦是影響行為觀察結果的因素，它是指觀察者在從事觀察時由於不留意的失察而造成觀察結果失實的現象，其主因是觀察者在對目標行為觀察一段時間之後會產生一種不再嚴守目標行為操作定義作為記錄準則的趨勢，而逐漸以自己對目標行為的看法進行記錄，於是所記錄的目標行為並不符合原有的操作定義，從而混淆了觀察的結果。

　　從以上的說明可以看出，在使用觀察法蒐集行為數據時，應採取適當步驟將觀察和記錄的錯誤最小化。這些步驟可包括：1.目標行為定義應清晰明確，定義愈客觀愈能減少觀察者在記錄上的誤判；2.觀察和記錄的程序應具實用性，並盡量簡化；3.從事觀察的人員應對觀察和記錄系統的使用有適當的訓練和技巧；4.觀察和記錄的實施都應依照預先設計的程序，以系統和客觀的方式執行；5.提高觀察者對觀察者偏見的理解，並加以避免；6.採用適當的措施，將反應效應降到最低；7.觀察所

蒐集樣本的大小（sample size）亦應充分而且適當，以對所測量的行為
具有代表性；8.對觀察完整度加以定期評估，以決定其所蒐集觀察數據
的信度和效度。

第六章

單一個案干預設計

第一節　單一個案干預設計的傳統

　　行為干預的目的就是對干預的成效以客觀的數據加以評定。為了達成此目的，行為干預的研究者發展出一系列的設計，統稱為單一個案干預研究設計（single case intervention research design）或單一受試實驗設計（single subject experimental design），簡稱單一個案設計（single case design）或單一受試設計（single subject design）。這些設計適用於單一個案，用來檢驗干預處理對目標行為的效果，決定二者之間是否具有因果關係（cause and effect relationship）或功能關係（functional relationship）。單一個案設計的發韌可追溯到心理學初創期學者的研究，例如：赫爾姆霍茨（Helmholtz）、費希納（Fechner）、韋伯（Weber）、馮持（Wundt）等人在心理物理學和生理心理學的研究、艾賓浩斯（Ebbinghaus）有關記憶的研究，以及桑代克（Thorndike）和巴甫洛夫（Pavlov）在制約作用方面的研究都是以個別受試為研究對象，來探討個體的心理歷程。在他們的研究中，這些研究者發現個體的行為會產生明顯的隨機變化，為解決這一問題，他們對個體在一特

定情境中做重複的觀察，並計算所有觀察數據的平均數，作爲代表該行爲的「眞正」數值，然後使用同樣的程序，對個案在另一情境中的行爲加以重複觀察，並取得其平均值。經由對個案行爲在兩個情境中的比較，推論個體行爲和情境間是否具有因果關係。這是單一個案設計最早的雛形。與單一個案設計相對的是團體受試研究設計。團體研究設計主要分爲兩大類：團體間設計（between-group design）和團體內設計（within-group design）。團體間設計是將干預實施於不同的團體，每一團體中含多數量的受試作爲樣本，然後計算各團體樣本在干預處理下的表現，並比較各樣本的代表數據來決定干預和行爲表現間的關係。團體內設計也牽涉到團體樣本的使用，它是將不同干預實施於同一個團體樣本，也就是將同一樣本置於不同的情境中，然後比較該群體樣本在不同干預處理下的表現，決定該樣本中受試的表現是否隨干預處理或情境的不同而變化。團體間設計和團體內設計的結果分析都要仰賴推理統計的方法（inferential statistics）。使用統計技術分析個體差異始自19世紀後期高爾頓（Galton）的研究。高爾頓是心理學研究量化的第一人，現在心理統計學上常用的相關和迴歸（regression）的概念均出自高爾頓和他的學生皮爾遜（Pearson）。到了1920年代和1930年代，費希爾（Fisher）和其他的心理統計學者發展出推理統計的原理和相關技術，在當時的心理學界產生了極大的影響，成爲心理學研究的主流分析方法。到了1950年代，幾乎所有心理學期刊出版的都是以統計法分析的團體設計研究。相形之下，單一個案設計的研究明顯薄弱。然而當時斯金納（Skinner）和他的同僚仍然堅持用單一個案設計進行研究，在實驗程序上做出許多改進。斯金納設計了嚴謹的實驗環境，在其中觀察

和記錄個別受試的行為，他用精確的設備對實驗環境中的刺激加以控制，並對受試對刺激的反應加以記錄。在後續的多項研究中，斯金納和其他應用行為分析的倡議者，對單一個案設計方法學的前進做出許多具體的貢獻，使單一個案研究在團體研究設計盛行的潮流中，仍然能得以持續發展。他們的努力最終導致了1958年《實驗行為分析期刊》（*Experimental Analysis of Behavior*）和1968年《應用行為分析期刊》（*Journal of Applied Behavior Analysis*）的問世，成為最早專門出版單一個案設計研究的刊物，刊載關於行為管理技術成效的實證研究。在過去三、四十年來，單一個案設計有更多的發展和前進，也增加了數種這方面新的期刊，（例如：《行為分析師》（The Behavior Analyst）、《行為治療》（Behavior Therapy）、《行為研究和治療》（Behavior, Research, and Therapy）和《行為治療和實際精神病學》（Journal of Behavior Therapy and Experimental Psychiatry）等），出版的研究文獻更是不計其數，對心理學的研究，尤其在行為和心理干預成效的評估方面，做出獨特的重大貢獻。單一受試設計也成為一種被廣泛接受和尊重的研究方法。

　　在本章中，我們將討論在應用行為分析中常用的幾種單一受試實驗設計：倒返設計（reversal design）、多基準線設計（multiple baseline design）、逐變標準設計（changing criterion design）和交替處理設計（alternating treatments design）等，這些設計各具不同的用途，但都具有幾個共同的性質。基本上，每一種設計都包含兩個或兩個以上的階段（stage）或情況（condition），經由對個案在這些階段中行為的相互比較，判斷個體行為是否受到干預的影響而產生臨床意義上或統計上

的顯著性改變，並進一步決定干預和行為間的關係。

第二節　單一個案設計的結構

　　如前面所指出，單一個案設計的目的是使用單獨個案或受試，來探究干預和個體行為的因果或功能關係，從實驗的觀點而言，也就是自變項（干預／情況）和依變項（行為）間的因果關係，以決定個案行為的改變是否是干預所造成的結果。單一個案設計又稱為基準線設計（baseline design）、包括多種不同的特定設計，每一種特定設計提供一種獨特的結構，用來以不同的形態去檢視干預對個案行為的影響。基本上，每一種設計都包含幾個不同的階段，第一階段稱為基準線階段，用來蒐集個案在接受干預前行為的代表性數據，第二階段稱為干預階段，用來測量個案在接受干預處理下的行為表現。第三或更多的階段可用來重複實施特定干預或實施不同的干預。干預者對個案在每一階段的行為表現都要做多次的觀察和記錄，建立個別內複製（intrasubject replication），這樣做是為了能確保所蒐集數據的信度和穩定性，然後將在每階段所得到的數據繪成該階段的行為基準線。干預者經由對個案在不同階段行為表現的比較分析，檢視干預對個案行為的表現是否產生實質上的影響，兩者之間是否具有因果或功能關係。這是單一受試設計運作的基本原理。在此應指出的是，單一個案設計的主要特徵就是個體自身行為水準的相對比較，而不是將個案的行為水準與其他人的行為水準加以比較。另外，單一受試設計的干預方案也可以實施於小數目的不同個案，用來蒐集個別間複製（inter-subject replication）數據，建立

結果的外部效度，並決定干預的成效是否具有概括性（generality），
也就是可否擴充到其他行為或情境。

一、行為基準線和干預目標

　　行為干預的首要工作為建立目標行為的基準線（baseline）。所謂
基準線或基線數據是指目標行為在未接受干預處理前的一般水準，亦即
個案目標行為現況的代表性數據。由於行為干預的目的是改進個案的行
為，例如：增加良好的行為或減少偏離的行為，因此，建立行為基準線
是進行干預的必要步驟，亦是所有單一個案設計的第一個階段，此階段
稱為基準線階段（baseline phase）。行為基準線有兩個主要的功能：
第一，它提供個案目標行為的代表性數據，以建立合理且實際的干預目
標；第二，它可以用來與目標行為在干預處理階段的數據加以比較，
評定干預是否產生效果以及效果的大小（Kazdin, 2011）。在基準線階
段，干預者在一段時間內對個案目標行為加以重複觀察和測量，並記錄
每次的數據（如次數、久暫、比率等）。當這些數據的型態（pattern）
呈現穩定性（stability）時，即可計算所記錄數據的平均值，此平均值
即代表目標行為基準線。例如：某干預者在四天內對個案呈現懼怕反應
的觀察記錄如下：5次、3次、7次、6次，該個案懼怕行為的基準線即
為每天5.25次（平均值 $= \dfrac{5+3+7+6}{4} = 5.25$）。干預者在建立基準線
時有幾個必要的考慮，其中最重要的是基準線應具有穩定性，亦即基準
線數據不應呈現大幅度的波動，因為變異性高的數據無法測出目標行為
的真正水準。基準線階段的時間長短取決於基準線數據的穩定性，一旦

基準線數據顯現穩定性，便可停止數據的蒐集。對於基準線穩定性的界定，研究者有不同看法。瑞普（Repp, 1983）主張，在臨床治療上，可計算基準線數據的平均值，再以此平均值的上、下20%定出一個全距（range），如果基準線的數據點（data point）落在此全距內，即代表基準線具有穩定性。其他研究者建議，由於在教育場所中（例如：教室）有些變項不易控制，因此可以基準線數據平均值的上下50%定出一個全距，作爲衡量穩定性的標準（Alberto & Troutman, 2013）。一般來講，基準線數據的蒐集應當包括對目標行爲做4至7次的觀察（陳榮華，2009）。觀察次數愈多，基準線數據點也會愈趨向穩定。如果經過長時間的觀察，基準線數據仍呈現大幅度波動，這時便應重新檢視所使用的觀察程序（包括目標行爲的操作性定義、觀察的執行等），找出基準線數據波動的原因，並加以必要的修正。其次，基準線階段的長短也與目標行爲的性質有關。本身穩定性高的行爲面向，比如體重，並不需要多次測量去建立基準線。又如，對一位患有緘默症（mutism）的個案，也無必要花太多時間去建立其語言技能的基準線。另外，基準線數據蒐集的考慮亦應納入現實的因素，例如：目標行爲是否急需矯治、個案或其家人的配合度等。

如前所述，基準線的一個主要功能是建立干預或矯治目標。例如：在上面的舉例中所得到的懼怕反應基準線爲每天5.25次，因此我們可以據以設定矯治的目標：將此基準線逐漸降低爲0次，亦即個案不再對刺激產生懼怕反應，也不再受到此負面情緒的困擾。其次，干預者亦可以基於此數據選擇適當的矯治方法和單一個案設計，對個案的懼怕行爲進行干預處理，並評定其成效是否達到設定的矯治目標。

二、A-B 設計

在任何單一個案設計中，干預處理代表自變項，目標行為代表依變項。使用單一個案設計的目的是分析這兩種變項之間是否具有因果關係或功能關係，也就是目標行為的改變是否由干預處理所造成。單一個案設計的「原型」是A-B設計，其他較繁複的常用設計都是由A-B設計擴充而成。A-B設計共包括「A」和「B」兩個階段（見圖6-1）。A階段為基準線階段，此階段發生於自然情境中（例如：家庭、學校、工作場所等），在A階段中，干預者蒐集個案目標行為現況的數據。B階段代表干預處理階段，在此階段中干預者對目標行為進行干預。然後將這兩階段目標行為的表現加以比較，決定個案的目標行為是否發生改變。

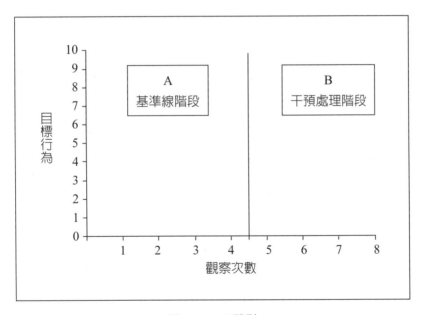

圖6-1　A-B設計

　　A-B設計簡單易明，但其缺點是，它雖然可以顯示基準線階段和干預處理階段的目標行為表現是否有所不同或改變，可是無法對干預是否為目標行為改變的原因驟下結論（Foster, Watson, Meeks, & Young, 2002），因為目標行為的改變也可能來自干預處理以外的因素，如安慰劑效應、個案因素、混淆變項等。所以，A-B設計雖然有時被干預者非正式使用，但是從嚴格的研究觀點而言，此一設計並不構成完整且可接受的實驗設計。另外還應指出，所有單一個案設計的一個重要的假設是，設計中不同階段的客觀因素（例如：情境、目標行為的觀察和記錄等）都應保持恆定狀態（constant），各階段間的唯一差別是干預處理是否出現，唯有在此條件下，才可確定干預處理和目標行為之間是否具有功能或因果關係。下面幾節所討論的倒返設計、多基準線設計、逐變標準設計和交替處理設計，都可視為A-B設計的擴充和延伸。這些實驗設計都具完整性，而且除交替處理設計外，皆可用來判斷干預和目標行為之間是否具有因果關係。

第三節　倒返設計

一、倒返設計的性質和結構

　　倒返設計包含兩種主要形式：A-B-A設計和A-B-A-B設計。它們的目的都是藉著干預處理序列性的實施和撤回，來檢驗特定干預（自變項）對個案行為（依變項）的成效。也就是說，干預者可以比較個案目標行為在各階段的表現，決定干預和個案行為之間是否具有因果關係。

在A-B-A設計中，第一個A代表基準線階段，B代表干預處理階段，亦即對目標行爲施予干預，第二個A則表示重新倒回到基準線階段，也就是將干預處理加以撤除。很明顯，A-B-A設計是將A-B設計加以延伸，在設計中增加第二個A階段，如此可得到較多的數據來評定干預的成效。如果目標行爲從第一個A階段到B階段有顯著的改變，但是當干預處理被移除後，在第二個A階段（亦即倒返到基準線階段）又恢復到接受干預前的水準時，即顯示目標行爲隨著干預處理的實施和移除而改變。在此情形下，A-B-A設計的數據除顯示目標行爲受到干預後發生改變外，也表示干預和目標行爲之間存在功能關係（Barlow & Hersen, 1984）。

　　以下舉例說明A-B-A設計的使用。假設甲生在上課時常常不經老師允許就隨便發言，擾亂教室秩序，干預者（例如：應用行爲分析師、學校心理師、教師）設計並執行了一干預方案，以反應代價法（見第八章）去減少甲生隨便發言的行爲。干預者以事件觀察法記錄甲生在基準線階段(a)和干預處理階段(b)的目標行爲。基準線階段的數據爲：7次、10次、8次、9次。干預處理階段的數據爲：2次、3次、3次、4次。在第二個A階段，干預者撤回在B階段所實施的干預處理（反應代價），記錄甲生所呈現的隨便發言次數爲6次、7次、9次、8次。圖6-2展示了這些數據。從圖中數據曲線可看出，甲生在B階段（干預）隨便發言的次數較A階段（基準線）有顯著減少，但在第二個A階段（倒返基準線）又回復到基準線階段的水準。這些數據的變化顯示，在干預處理階段，甲生的隨便發言行爲有明顯的減少，而且此一改變可以解讀爲是干預造成的結果。

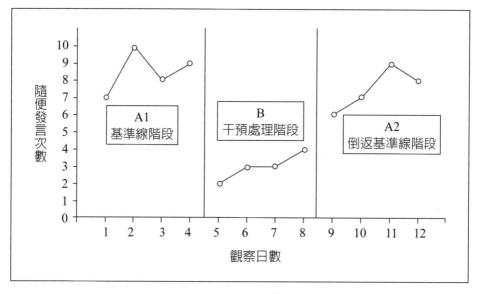

圖6-2　A-B-A設計

　　從以上對A-B-A設計的說明，可以很自然地延伸到一個更完整的倒返設計，那便是A-B-A-B設計。在A-B-A-B倒返設計中，前三個階段與A-B-A設計相同，但是增加了第四個階段，也就是第二個B階段。在此階段中，將干預處理再次實施，並將其結果與前三個階段加以比較。如果在兩個干預階段中的目標行為水準都比另外兩個基準線階段的目標行為有顯著的增加或減少，那麼便可對干預和目標行為間的因果關係形成更堅實的證據。圖6-3(a)和圖6-3(b)是以A-B-A-B設計對某一個案專注行為進行干預處理的圖形。從圖6-3(a)中可以看出兩個干預處理階段（B1和B1）的行為數據都比在前基準線階段（A1, A2）有明顯的增加，呈現一種功能關係。相對的，在圖6-3(b)中，目標行為在第一個干預階段（B1）的數據此基準線階段（A1）有明顯的增加，表示干預產

生了效果。然而比較A2和B2的資料，可以看出在接受第二次干預處理下，目標行爲無顯著增加，這些結果綜合而言無法解讀爲干預和目標行爲之間具有因果或功能關係。

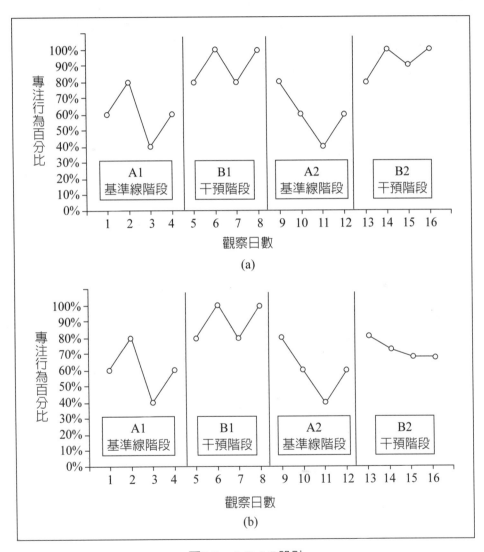

圖6-3　A-B-A-B設計

二、倒返設計的實施

在使用A-B-A-B倒返設計的行為干預方案時，應依循下列幾個步驟：1.明確和定義目標行為；2.選擇觀察和記錄目標行為的方法；3.建立行為觀察的信度；4.蒐集基準線階段數據（A1階段），亦即在方案初始階段未實施干預前蒐集個案行為的代表性數據；5.利用基準線數據，訂立行為改變的目標；6.對目標行為實施干預處理，並蒐集個案在此階段的行為數據（B1階段）；7.移除干預處理、倒返回基準線階段（A2階段）；8.對目標行為再度實施干預處理（B2階段）；9.評定干預處理成效。

三、倒返設計的優勢和限制

倒返設計的優勢是它可以明確地顯示干預處理和目標行為之間是否具有功能關係，如果有，則表示目標行為的改變乃是干預處理的結果。倒返設計一方面對個案行為干預效果的評定提供所需展示的步驟，另一方面也有助於行為改變效果的類化（generalization）。關於後面這一點，在第十章中將有詳細的說明。倒返設計本身亦有若干限制。首先，當干預的實施產生效果後，一般沒有充分的理由將它撤除而使效果消失。再者，有些目標行為並不具有可倒返性，也就是說，一旦行為受到干預而產生改變，它便無法回到原來的狀態或水準。譬如說，當一個兒童因受到教導和獎賞而習得某些語言技能時，這些語言能力並不會因干預的移除而消失。另外，在某些情況下，撤除干預處理並期使已產生的行為改變回復到原狀，也會產生道德上的顧慮。舉例來說，當個案的

自殘行爲（self-injurious behavior）經過干預而消減後，從道德層面而言，是不宜將干預移除而導致其回復自殘行爲的。在這些情況下，倒返設計在適用上有其限制性，干預者應選擇其他單一個案設計來評定干預成效。

第四節　多基準線設計

一、多基準線設計的性質和結構

　　不同於上面討論的倒返設計對單一目標行爲進行干預，多基準線設計是一種包含兩個或兩個以上目標行爲的設計。例如：某年輕人有長期吸菸和酗酒的習慣，干預者使用行爲契約法來減少他的這兩個行爲，多基準線設計便適合用來檢驗行爲契約是否可有效減少該青年吸菸和酗酒的行爲。在此設計中，干預者在不同時間點對個案的目標行爲（吸菸、酗酒）依序以行爲契約法進行干預，並評定干預效果。此設計的目的是要展示，唯有當每一個別目標行爲受到干預處理時，該目標行爲才產生改變，以此評定干預對每一目標行爲是否產生效果，並據以決定干預和目標行爲之間是否具有因果關係。圖6-4顯示一欲減少某個案三個不良行爲的多基準線設計圖形。圖中可見當干預實施於每一目標行爲時，該行爲的曲線即呈現明顯的減少，此一致性的結果，代表干預有減少該個案不良行爲的功能。多基準線設計在有些情形下適合作爲倒返設計的替代設計，例如：當目標行爲不具倒返性，或由於某種原因不宜撤除干預而倒回至基準線階段時，干預者可考慮選擇使用多基線設計。有研究指

出，在以情緒障礙學生爲對象的行爲干預研究中，多基準線設計是最常
用的一種設計（Mooney, Epstein, Reid, & Nelson, 2003）。

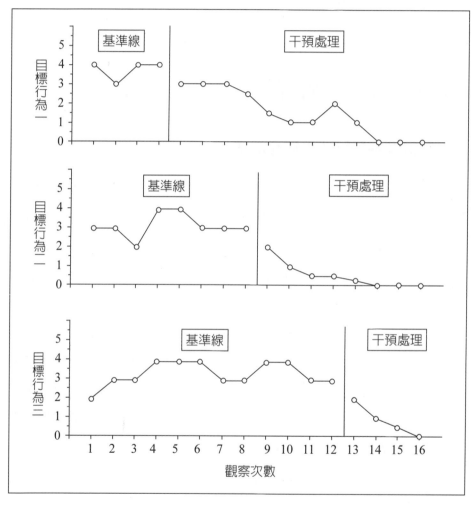

圖6-4　多基準線設計

二、多基準線設計的種類和實施

　　以上所陳述的是多基準線設計對不同目標行為的使用，此設計又稱為跨越行為的多基準線設計（multiple baseline design across behavior）。圖6-4中所展示的可稱為跨越三個不同行為的多基準線設計。另外還有跨越設施的多基準線設計（multiple baseline design across setting）和跨越個案的多基準線設計（multiple baseline design across subject）兩種。前者是將干預處理實施於不同的設施或情境中，來改變個案在這些設施中的行為（例如：某生說大聲說話的行為出現在教室以及閱覽室）。後者是將干預處理實施於幾個不同的個案，來改變每一個案的行為（例如：改進甲、乙、丙三位學生做作業的完成度）。基本上，以上三種多基準線設計的結構和實施要點是相同的，它們的差異主要在於所針對的對象有所不同（不同行為、不同設施或不同個案）。威斯特朗、格藍努齊、加馬齊和克拉克（Westerlund, Granucci, Gamache, & Clark, 2006）使用跨越行為的多基準線設計去檢視同儕指導（peer mentoring）對具有學習障礙和行為失調個案的效果，設計中的依變項為幾項女性美髮技術（例如：梳理頭髮、夾髮捲等）。結果顯示個案在每一美髮技術學習的表現在干預情況下都比基準線階段有顯著的改進，說明同儕指導的效果可以跨越個案不同的行為，也進一步顯示同儕指導在教導新職業技能上可扮演有用的角色。布蓋（Buggey, 2005）使用跨越個案的多基準線設計教導患有亞斯伯格症的中學生去學習社會接觸行為，研究中所實施的干預為顯示自我模仿（self-modeling）的錄像，教導個案如何開始與他人社會互動，結果發現方案中的兩位個案，每人

在干預階段社會接觸行為的次數都比基準線階段呈顯著增加，兩位個案所呈現的相似結果，表示自我模仿錄像的使用和社會接觸行為改變具有跨越個案的功能關係。另外，道爾頓、馬泰垃和莫陳德－馬泰垃（Dalton, Martella, & Marchand-Martella, 1999）使用跨越設施的多基準線設計檢驗自我管理干預程序對減少非認眞學習（off task）的行為（例如：擅自離開座位、干擾他人學習、不做指定作業等），個案爲有學習障礙的初中二年級學生，多基準線設計中的跨越設施包括科學課、語文課和自習課，自我管理干預首先在科學課中有效地減少了個案非認眞學習行為，接著也依序減少了個案在語文課和自習課的同樣行為，研究者解讀這些結果表示自我管理干預可以跨越不同的設施，有效降低非認眞學習的行為，也顯示自我管理干預和減少非認眞學習行為間的功能關係。

多基準線設計實施於兩個或以上的行為、個案或設施時，應包括以下幾個步驟：1.在基準線階段蒐集每一目標行為（或每一個案、每一設施）的基準線數據；2.當第一個依變項（目標行為）的基準線數據趨於穩定後，開始引入對第一個依變項的干預處理（自變項），與此同時，繼續對其餘依變項進行基準線數據蒐集；3.當第一個依變項在干預處理階段的數據趨於穩定時，開始對第二個依變項實施干預處理，同時繼續對其餘依變項的基準線數據進行蒐集；4.當第二個依變項在干預處理階段的數據趨於穩定時，開始對第三個依變項實施干預處理，同時繼續對其餘尚未經處理的依變項基準線數據進行蒐集；5.依此類推，直到完成所有依變項的干預處理。在此應注意的是，在每種多基準線設計中依變項的測量，都應使用同一量尺和測量單位（例如：次數、數量、持續時

間或行為百分比等），才能在結果分析時對各階段的數據加以合理的比較和分析。最後，每種多基準線設計都有一個特定的格式，來展示各階段的數據和圖形。多基準線設計的圖形可以用紙、筆和標尺繪成，但是恐難達到專業的品質，現今的有些電腦軟體（例如：Microsoft Excel）可用來繪製高品質的圖形，協助干預者將干預的數據清晰和系統地對老師、家長和已成年的個案加以解說。對這方面的軟體有興趣的讀者可參考Carr & Burkholder（1998）、Hillman & Miller（2004）和Lo, Star-ling, & Leyf（2009）。

三、多基準線設計的優勢和限制

多基準線設計的優勢在於它可將干預實施於兩個或以上的行為、個案或設施，用來判斷干預與目標行為之間是否存在功能關係，也就是說干預是否可有效地改變個案不同的目標行為。同樣的，它也可用來決定干預是否可有效地改變不同個案的行為，或個案在不同設施裡的行為。由於多基準線設計中並無倒返階段，在整個方案執行過程中不必撤回干預處理，因此可用來處理許多不適合倒返設計的行為和學習問題。在另一方面，多基準線設計的限制在於，將干預處理依次實施於數個目標行為、個案或設施時，可能會遇到一些實際問題。例如：在使用此設計時，在干預次序中排在後面的目標行為在基準線階段可能會拖延較長的時間，無法得到適時的干預處理。為了減少執行的複雜性和時間上的考慮，一般多基準線設計不會包含很多的目標行為。另外，有時當干預處理實施於一個特定的目標行為時，它也會對另一個尚未經干預處理的目

標行為產生連帶影響，當這種情況發生時，便難以釐清干預處理和該目標行為間的直接關係。譬如說，干預者使用多基準線設計去改善患者酗酒、吸菸等幾個目標行為，可能會發現當干預處理僅實施於酗酒時，它不但降低了酗酒行為，也連帶減少了吸菸行為，這時便難以斷定干預處理和後者之間是否有直接因果關係。因此，使用多基準線設計時應先確定各個目標行為之間是獨立且互無關聯的。當兩個目標行為有關聯而非完全獨立時，干預者應仔細考慮多基準線設計是否適合用來評定干預成效。

第五節　逐變標準設計

一、逐變標準設計的性質和結構

　　逐變標準設計的目的是用來評定干預是否能以遞增或遞減的方式去改變個案的行為，以迄達成干預的最終目標。此一設計的特徵是它包含二個主要階段：基準線階段和干預階段；干預階段又分成幾個連續的次階段。干預階段本身有一個全部干預的總目標，也就是個案行為應達到的最終表現水準。干預階段中的連續次階段又各設有不同的次標準（criterion），代表個案行為在該次干預階段所預期達成的水準，次階段的標準從第一個次階段到最後一個次階段依序遞增或遞減，這些連續性的次標準最終會達到干預總目標的水準。如果在一次階段中，個案的目標行為在干預處理下能夠達成該次階段的預設標準，即顯示干預處理產生了效果，便可進入下一個次階段，依此類推，直至全部的干預方案

終止。如果個案的目標行為在所有干預次階段中都能夠符合事先分別設定的標準，那麼便提供了關於干預處理效果有力的證據（Gay, 1996; Hall, 1971; Hartmann & Hall, 1976）。逐變標準設計適於用來干預對兩類行為的成效，第一類是本質上具有漸進性改變的行為，例如：語言學習、減肥、吸菸等等，這類行為通常需要經過逐步養成或消弱的過程才能達成改變的目的。第二類是干預總目標在質量上與個案行為基準線階段表現有巨大差異的行為，例如：一位吸菸人士每天吸菸的數量是70支，干預的目標是幫助該人士戒菸，也就是將每天吸菸的數量減少為0支，很明顯的，這是一個理想的目標，但對個案來說是「遙遠」而非一蹴可及的目標。在這種情況下，干預者適合選擇逐變標準設計來決定戒菸的成效，利用連續性次階段干預使吸菸行為產生逐漸的改變，由高而低持續地減少個案吸菸的枝數。要約而言，逐變標準設計中各次階段默認標準的設立，代表對良好目標行為階梯式增加或問題行為階梯式降低的預測或期望，每一次階段標準的要求要比前一次階段嚴格，成功地符合每一個次階段的標準，代表個案一步步邁向並最終達成干預的總目標。逐變標準設計的正確使用可以檢驗干預對目標行為改變的效果，以及兩者間的功能關係。圖6-5顯示一包括五個次階段的逐變標準設計，圖中亦可以在每一干預階段中以橫線標識該階段的標準。

二、逐變標準設計的實施

逐變標準設計的實施包括以下幾個步驟：1.選擇並定義目標行為。2.決定逐變標準設計對目標行為是否適用。3.建立個案目標行為的基準

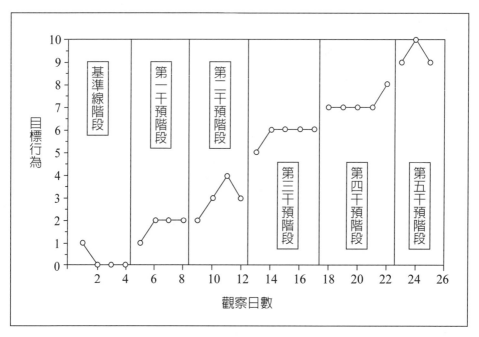

圖6-5　逐變標準設計

線。4.設定干預的最終目標，亦即在干預結束時個案目標行為應達到的水準。5.將干預階段分成數個次階段。6.基於個案目標行為在基準線階段的表現，設定第一次階段的目標行為標準。7.實施第一次階段的干預處理，並在目標行為趨於穩定或達到標準後，設立下一干預次階段的標準，並實施下一次階段的干預。8.如此依序進行，直至完成所有次階段的干預。從以上幾個步驟可以看出，使用逐變標準設計的一個關鍵是每一次干預階段中標準的設定。標準設定應考慮對個案的期望和要求以及個案目前的行為水準。原則上，前一次階段可被作為後一次階段的基準線階段，干預者基於它的數據來設定下一次階段的標準。一般而言，如

無特殊應考慮因素，干預者可先以基準線階段中目標行為的平均數或中數作為第一次階段的默認標準，然後再依個案對干預處理的反應在依次的各次階段做適度調整。亦有研究者建議，如果干預的目的是增加良好的行為，可以將基準線階段數據全距的上限作為下一次階段的默認標準，如果干預的目的是減少不良的行為，則可將基準線階段數據全距的下限作為下一次階段的標準，然後再依實際需要加以調整。另外，當個案在基準線階段的數據為0或很低時，干預者可依其對個案能力的評估，設定次階段的默認標準。如果個案在前一次階段很容易地達到標準，干預者可適度提高下一次階段的標準；如果個案在前一次階段的表現未達到標準，干預者亦可依個案的能力將下一次階段的標準加以降低。重要的是，整個干預方案過程中能幫助個案做持續性的行為改變，逐漸增加良好的行為或減少不良的行為。

三、逐變標準設計的優勢和限制

逐變標準設計的優勢在於它適合用來檢驗干預對目標行為漸進性改變的效果，這類目標行為的增加或減少是逐漸形成的，而非可立即完全改變。此設計在過程中並不需要在任何時間點去倒回或移除有效的干預處理，即可證實干預和目標行為之間是否具有功能關係，為干預處理的效果提供證據。相對而言，逐變標準設計的局限性是它不適合用來評定干預對易於快速改變行為的效果。使用逐變標準設計的干預方案也需要較長的時間去完成。另外，逐變標準干預的執行，尤其在干預次階段行為標準的設立方面，也需要干預者做合理的規劃和實施。

第六節 交替處理設計

一、交替處理設計的性質和結構

　　前面所討論的三種設計都是用來評定單一干預處理的效果，也就是干預方案中僅有一個自變項。交替處理設計則有所不同，它是用來評定兩種或兩種以上干預處理（自變項）對單一目標行為（依變項）的效果，在干預方案中以交替的方式同時實施兩種或以上的處理來改變目標行為，並比較不同干預處理的效果（Barlow, Nock, & Hersen, 2009; Hersen & Barlow, 1976）。例如：一位老師希望比較「訓斥」或「反應代價」兩種干預方法，找出哪一種對減少個案學生的「不禮貌」行為較為有效。要回答這個問題，便需要使用交替處理設計去建立客觀的證據。現在以同時實施A和B兩種干預處理為例來說明交替處理設計的使用。首先在基準線階段建立目標行為的基準線，然後在第二階段實施A處理，接著在第三階段進行B處理。很明顯，如果將這三個階段的數據加以比較，便可了解A和B兩種處理各自對目標行為改變的效果，並可將它們加以互相比較。然而也不難看出這樣做的一個問題，那就是由於B干預處理是緊接在A干預處理之後實施，它的效果可能受到A處理效果的連帶影響，而使它的真正效果受到混淆。這是研究設計中常見的「次序效應」或「延續效應」（sequence or carryover effect），當多個干預處理依次序實施時，難以釐清每個處理的單獨效果。要解決這一問題，干預者應對次序效應加以控制。研究者已經在這方面設計出多種控制的方法，譬如在A和B階段之間加入基準線階段，使整個方案包括以

下四個階段：1.基準線；2.A處理；3.基準線；4.B處理（見圖6-6）。這樣使A處理和B處理兩階段之間有所間隔，來避免A處理效果對B處理的連帶影響。另外一個常用的方法是所謂的平衡安排法（counterbalance presentation），也就是在方案中對A、B兩種處理交替使用，以平衡它們之間的次序效應（Bordens & Abbott, 2010）。例如：先以AB的次序實施兩種處理，然後再以相反的次序BA實施干預，使設計中包含下列幾個階段：1.基準線；2.A處理；3.B處理；4.B處理；5.A處理。譬如在前面所舉的例子中，可以每天為一處理階段，平衡安排「訓斥」或「反應代價」交替實施。有時，不同的干預處理也可以在一時段內、一系列的時間點（session）做密集的交替實施（見圖6-7）。依此原理類推，平衡安排法亦適用於兩個以上的多種干預處理，以評定和比較它們的效

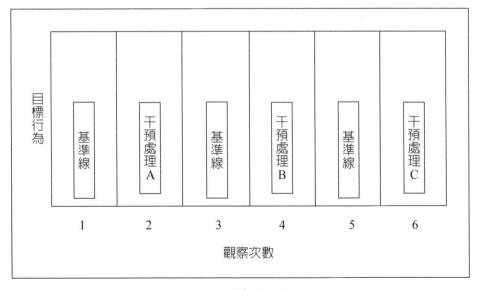

圖6-6　交替處理設計(一)

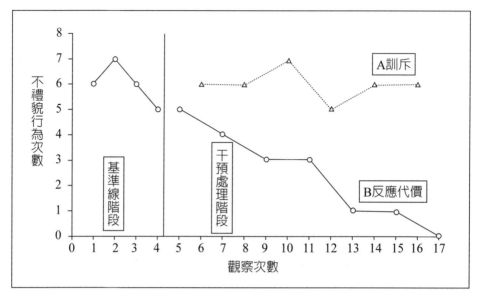

圖6-7　交替處理設計(二)

果。但須注意的是，在決定不同處理的實施次序時，應做隨機安排，以達到眞正平衡的目的，對干預效果進行正確的評定。

二、交替處理設計的實施

在實施交替處理設計時，首先應識別目標行為及其定義，其次是干預者針對目標行為選擇所欲用的兩種或以上干預方法，同時以隨機排定執行干預處理的次序，然後便可依計畫進行，先蒐集基準線階段的數據，繼而依次在後續階段實施隨機排定的干預處理，在每一階段蒐集的數據應具有穩定性，如此得到各不同干預階段目標行為的樣本，最後將這些數據進行分析和比較，決定哪一干預對個案行為產生較大的效果。

三、交替處理設計的優勢和限制

交替處理設計的明顯優勢是它可以比較不同干預處理對目標行爲的效果，決定哪一種處理比較有效或最有效。這一用途是其他設計所不具有的，但是也因此增加了此一設計的複雜性，需要對處理次序和其他混淆變項（confounding variable）做更多的控制，整個干預方案也可能需要更多的時間來完成。交替處理設計的一個限制是它並不能清晰地決定干預和目標行爲間是否具有因果或功能關係。另外，交替處理所產生的結果可能是各種干預累積的效果，而非個別干預的單獨效果。如果干預者希望評定個別干預對目標行爲產生多少改變，可將基準線和設計中同一干預重複實施的部分加以分析，獲得概略性結果。最後，如果干預者的目的僅是比較不同干預的效果，亦可以省略交替干預設計中的基準線階段。

第七節　干預結果的評定

前面幾節說明了幾種常用的單一個案干預設計的使用以及用圖形標示各設計中不同階段數據的方法。本節將進一步探討如何客觀評定干預的效果。艾博特和崔德曼（Alberto & Troutman, 2013）認爲評定干預效果應有三項不同的考慮。第一項是實驗意義上的考慮，也就是干預的結果應明確顯示，單一個案干預設計中目標行爲的改變是干預處理造成的。例如：干預者應明確證明在倒返設計中所實施的正強化（自變項）有效增長了小華的記憶廣度（依變項）。第二項是臨床意義上的考慮，

意指干預的效果是否在臨床、教育或日常生活方面對個案產生實質的影響。例如：在上例中，小華因正強化而增加的記憶廣度對他在學習上是否產生正向影響，得到更好的成績。如果干預的效果偏小或程度偏低，無法幫助小華在學習上取得進步，那麼干預成果便不具太大的意義。第三項是社會效度方面的考慮。所謂社會效度在此是指干預方案的執行和效果是對個案和干預者皆具有可接受度，例如：小華對他所接受的正強化程序干預覺得滿意，而且干預的執行者也認為所實施的正強化程序以及所涉及的時間和安排是可接受的。以下將說明三種常用的干預效果評定和解釋方法，它們分別為圖形目視分析（visual analysis of graph）、改變百分比（percent of change）和效果大小值（effect size）的計算。

一、圖形目視分析

在使用圖形目視分析法時，首先應將干預方案中各階段的數據以圖示法顯示出來，然後目測審視目標行為數據在圖中各階段分布的水準（level）、變異量（variability）、趨勢（trend）等，並進一步比較各階段間的差異和改變，來分析干預處理是否產生效果（Horner, Carr, Halle, McGee, Odom, & Wolery, 2005）。例如：干預者可以目視比較個案在各階段中數據的平均數和變異量，檢視個案表現的分布是否呈現顯著的變化，以及各階段中的數據分布的趨勢是否呈現符合干預目標的系統和一致性增加或減少。又如，干預者也可以將前一個階段中最後一個數據點和次一個階段中第一個數據點加以比較，檢視個案表現有無明顯的增加或減少。

　　圖形目視分析的優勢是簡明易懂（Poling, Methot, & LeSage, 1995），干預者可以檢視個案行爲在干預前和干預後的改變，亦可以在方案過程中不同時間點目測個案行爲的進展，歷年來在應用行爲分析上有很廣泛的使用，但是圖形目視分析的主要問題是，它缺乏干預者可用來達成判斷的具體標準，因此不同的分析者在檢視同一圖形時，容易受到個人因素的影響，在判斷干預成效時滲入若干主觀的成分，對干預是否產生效果達成不同的判斷和結論（Kazdin, 1998; Ottenbacher & Cusick, 1991）。這種情形在干預所產生的行爲改變幅度較小時尤其容易出現。另外，當各階段中的數據點（data points）較少、穩定性偏低時，干預效果的信度（reliability）也會受影響。近年來，研究者主張將圖形目視分析配合統計法（例如：效果大小值）共同使用（Kazdin, 2011; Parker & Hagan-Burke, 2007），爲干預處理和目標行爲間的功能關係提供更多有價值的證據。

二、改變百分比

　　改變百分比是指在經過干預處理後，目標行爲相較於基準線水準所產生改變的百分比率，也就是正向的目標行爲增加了多少，或負向目標行爲減少或降低的程度。改變百分比可以使用公式6-1加以計算：

$$改變百分比 = \frac{基準線平均數 - 干預平均數}{基準線平均數} \times 100\% \quad （公式6\text{-}1）$$

以此公式求得的百分比即代表目標行爲經過干預處理後所產生改

變的比率，例如：某生的閱讀速度在干預後增加了50%，或者某生的吵鬧行為減少了40%等。百分比改變的幅度愈大，顯示干預處理的效果亦愈大。改變百分比的計算，依干預所採用的設計使用不同的數據。在使用倒返設計時，可以基準線階段數據和最後一個干預階段數據相比較，計算改變百分比。當使用多基準線設計時，以每一行為（每一個案或每一設施）基準線階段數據和干預階段數據相比較，決定改變百分比。在使用逐變標準設計時，以基準線階段數據和最後一個干預階段數據相比較，計算總改變百分比。最後，在使用交替處理設計時，干預者可計算基準線階段數據和每一干預階段數據的改變百分比，然後再比較所得到的不同改變百分比，決定哪一個干預最為有效。

三、效果大小值

效果大小值是目前最受重視的評定干預成效的方法，在單一個案設計研究方面有日增的使用。效果大小值的概念是使用標準偏差（standard deviation）來量化目標行為在基準線階段和干預處理階段的差距。使用單一個案設計時可以公式6-2計算干預效果的大小值：

$$\text{效果大小值} = \frac{\text{基準線平均數} - \text{干預處理平均數}}{\text{基準線標準偏差}} \quad （公式6-2）$$

上式中，

$$\text{平均數 } M = \frac{\sum Xi}{N}$$

$$標準差 = \sqrt{\frac{\Sigma(Xi - M)^2}{N}}$$

現舉例說明此公式的使用。一干預者以A-B-A-B設計測試「行為契約」對增強一位四年級學生完成家庭作業百分比的成效，該干預者在四個階段蒐集的數據如下：

基準線1（A1）：80%、50%、40%、45%

干預處理1（B1）：80%、85%、75%、80%

基準線2（A2）：70%、60%、55%、50%

干預處理2（B2）：60%、70%、75%、70%

首先計算適當的平均數和標準差：

$$基準線1（A1）平均數 = \frac{80\% + 50\% + 40\% + 45\%}{4} = 53.75\%$$

$$干預處理1（B1）平均數 = \frac{80\% + 85\% + 75\% + 80\%}{4} = 80\%$$

$$基準線2（A2）平均數 = \frac{70\% + 60\% + 55\% + 50\%}{4} = 58.75\%$$

$$干預處理2（B2）平均數 = \frac{60\% + 70\% + 75\% + 70\%}{4} = 68.75\%$$

基準線（A1）標準差

$$= \sqrt{\frac{(80 - 53.75)^2 + (50 - 53.75)^2 + (40 - 53.75)^2 + (45 - 53.75)^2}{4}}$$

$$= \sqrt{242.19} = 15.56$$

再將所得的資料代入公式6-2，即可計算出效果大小值：

$$效果大小值 = \frac{68.75 - 53.75}{15.56} = 0.96$$

　　依公式6-2所求得的效果大小值為0.96，此一數值代表干預者所實施的「行為契約」對個案四年級學生的目標行為產生了明顯的效果。此一結果配合對A1-B1-A2-B2的圖中平均數、變異量以及趨勢曲線的解讀（見圖6-8），可證實干預處理對該生作業完成百分比產生了頗大的效果，並可達成二者具有功能關係的結論。

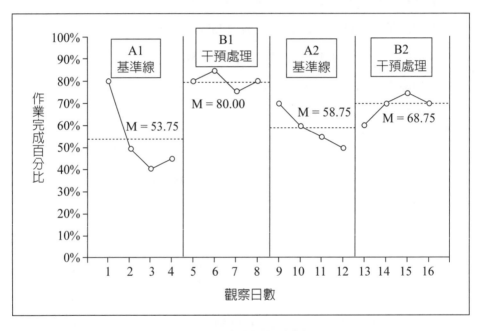

圖6-8　干預效果圖形分析

　　公式6-2可直接使用於所有的單一個案實驗設計，但公式中的各項數據依所使用的特定設計會有所不同。如使用A-B-A-B設計，公式中的基準線平均數和基準線標準差皆指第一個基準線階段（A1）的數據，干預平均數是指第二個干預處理階段（B2）的平均數。如果使用多重

基準線設計，則將每一個目標行為（或個案、設施）在基準線階段和干預處理階段的數據代入公式中即可。若使用的是逐變標準設計，那麼公式中的數據來自基準線階段以及最後一個干預階段的平均數。最後，如使用交替處理設計，公式中基準線平均數和基準線標準差皆為第一個基準線階段的數據，而干預平均數則為每個干預處理階段的平均數。

　　對於效果大小值的評定和解釋，目前研究者之間尚無一致的結論。科恩（Cohen, 1988）建議，以0.20、0.50、0.80作為區分小（低度）、中、大（高度）效果的分界點，為傳統團體研究所採用。然而，晚近的研究者發現，相較於團體研究，單一個案干預設計所產生的大小值明顯偏高（Rogers & Graham, 2008），一般建議以大小值1.0或以上作為顯著干預成效的證據，表示干預處理產生了顯著的效果。大小值愈高，代表干預的效果愈大（Grissom & Kim, 2005）。另外，效果大小值為正數時，表示干預處理產生了預期的正向效果，當效果大小值為負數時，則表示干預處理產生了負面的效果，例如：好的目標行為未有增加、反而減少；又如不良的目標行為未見改善，反呈現某種程度的增加或惡化。

第七章
行為增強策略

第一節　問題行為的類別

　　前面幾章介紹了行為評估的策略和方法，在下面幾章中將分別討論行為干預的原理和技術。首先應指出的是，行為干預的目的是雙重的，它不僅是改變、矯治、消除不適應的問題行為，也是要幫助個體去學習和增進良好的適應性行為。第一章曾指出，行為干預的一個重要特質是強調評估和干預處理的連續性，二者是一體的，也就是說，行為干預應建立在行為評估的結果之上。一般而言，行為評估的結果可能顯示個案所呈現的問題行為屬於下面四種類別。第一，行為欠缺（behavior deficit），意即個體缺少適當的良好行為，未能符合其年齡和生活環境上的期望；或者雖然具有某些良好的行為，但在數量或程度上有所不足，無法達到一定的要求，比如上課時不夠專心、不做作業、成績低落、對自己缺乏信心、社會或生活技能不足等。第二，行為太過（behavior excesse），乃指個體呈現非適當行為，而且在數量、強度或時長上超出一般正常的水準，例如：講髒話、曠課、打架、酗酒、吸毒、破壞公

物、開車超速等。第三，不適當刺激控制（inappropriate stimulus con-
trol），此類行為本身並非是不適當的，但是它們受到非適當刺激的控
制，僅存在某種特定的場合中，例如：有些幫派中的青少年對同幫派中
的成員會呈現友善合作的態度，但在學校或家庭裡卻缺少這樣的行為。
第四，非適當認知（inappropriate cognition），此類問題行為來自個體
對人、事、物或情境刺激的錯誤解讀和思維而產生，例如：過度焦慮、
消極沮喪、無法控制生氣情緒、問題解決困難等。

　　為了學習上的方便，讀者可將這幾類行為在概念上與不同的干預策
略加以聯結。例如：本章所討論的行為增強策略可用來干預行為欠缺類
別的行為，幫助個案學習並增強各種良好的行為。第八章所介紹的行為
消減策略可用來減少或消除非適應的問題行為。行為增強策略和行為消
減策略的配合使用可用來導正不適當刺激控制類別的行為，例如：在前
例中，協助幫派中的青少年將友善合作的態度轉移到學校或家庭中，也
就是將此行為從原情境中加以弱化，而在新情境中加以增強。最後，第
九章和第十章的認知行為策略適於用來改變個案的認知歷程，以達到行
為改變的目的。干預的大方向決定之後，干預者可依行為評估的結果，
針對產生和影響目標行為的因素，選擇適合個案的方法和技術進行干預
處理。本章將對行為增強的原理及方法，包括正強化、負強化、增強物
的種類和選擇、增強時制、塑造和串聯、代幣制、行為契約等分別加以
說明。

第二節　正強化作用

在廣義的行為理論中，強化（reinforcement）是指一種可增強或消減行為的程序，在此程序中個體的行為受到其後果的影響。當行為得到個體所喜歡或希望的後果時（例如：獎賞或肯定），該行為便會受到強化，從而增強其再次發生的機率。反之，當個體的行為不能得到其所喜歡或希望的後果時，該行為便會受到弱化而減低其再發生的機率。人們在日常生活中的行為大多受到增強作用的影響，經由增強過程，個體學得新的行為，也保持或改變原有的行為。

在操作制約理論上，當任何一種刺激伴隨在某反應之後發生，而且能增強該反應，便構成正強化作用（positive reinforcement）。在正強化程序中，伴隨反應而發生的行為後果被稱為增強物（reinforcer），此增強物為個案所希望得到的，具有強化個案反應的功能。增強物與一般所謂的「報酬」（reward）並不相同，報酬是對人的，而並不是針對其特定行為而給予的，報酬的給予與該接受者的行為並不具直接關聯。相對的，增強物是因個體的特定行為而發生的，對該行為產生一定的效果，當一個人呈現某一行為而得到獎酬，並增加了該行為未來再次出現的可能性時，該獎酬即成為增強物，這是增強物所具有的特性。

伴隨行為的結果可以是正增強物（positive reinforcer），也可以是負增強物（negative reinforcer）。正增強物對個體而言是正面的，為個體所喜愛和歡迎的，例如：好成績、獎品、稱讚、表揚、驚喜派對等。負增強物是個體所不喜歡或不欲得到、甚至會使個體感到痛苦的，所以又稱嫌惡刺激（aversive stimulus），例如：責備、體罰、考試不

及格等。如果伴隨行為的後果是正增強物就產生正增強作用，增強同樣行為再發生的機率。如果伴隨行為的後果為負增強物（negative reinforcer），則會降低或消除同樣行為再發生的頻率、時長、強度。正增強作用能夠增強良好的行為，例如：當一個兒童準時做完家庭作業而得到父母的獎勵，這一行為便會持續下去或做得更好。但是，正增強作用也同樣會增強非適當行為，例如：當一個學生在課堂上搞笑的行為吸引到同儕的注意和笑聲，那麼該行為也會被增強而繼續下去。正增強作用可以用來訓練和加強個體許多較不複雜的行為，其成效已得到大量研究的證實（Mayer, Sulzer-Azaroff, & Wallace, 2014）。

第三節　負強化作用

前節曾說明，使個體厭惡或痛苦的人、事、物或情境，概稱為負強化物或負強化刺激。當個體的某一行為發生的同時或之後，帶來原存在的負強化物之消除，該行為便會受到強化，而增加它再發生的機率，這一過程稱為負強化作用（negative reinforcement）。也就是說，藉由將負增強物的移除來強化個體的特定行為，這是因為負強化物的移除使厭憎或痛苦消失，是個體所希求的結果，因之對其行為產生強化作用。例如：減刑或假釋可以用來增強受刑人在獄中的良好表現，因為坐監服刑是受刑人所厭惡的負強化物，在獄中表現良好便可減低（減刑）或消除（假釋）此負強化物所帶來的痛苦，因而增強受刑人的良好表現。負強化作用又可區分為逃離制約（escape conditioning）和躲避制約（avoidance conditioning）兩種。逃離制約是指個體學習以適當的行

為遠離令其不快或厭惡的刺激。例如：人們在遇到災難時（如火災、地震等）會逃離現場以免受到傷害。躲避制約是指在負強化物呈現之前，個體以適當的行為防止其發生。個體在日常生活中有些行為是受到負強化制約的，例如：學生在考試之前會用功讀書以免考試不及格、試用期的員工努力工作以免被辭退，都是常見的例子。最後應說明的是，負強化作用和懲罰是兩個不同的概念，不應加以混淆。如上所述，負強化是以負強化刺激的移除來增強行為的發生，懲罰則是藉由負強化刺激的呈現來消滅或抑制不適當行為。關於懲罰的原理和使用在第八章將有詳細的說明。

第四節　增強物的種類和選擇

一、增強物的種類

在強化作用中，伴隨在某一反應之後且能夠使該反應增強的事或物，皆稱為強化物或增強物。強化物可分成不同的種類，依制約的性質而言，可分成原級強化物（primary reinforcer）和次級強化物（secondary reinforcer），前者又稱非社會性增強物（non-social reinforcer），意指不經制約的過程即可使個體的基本需求得到滿足，例如：食物、點心、飲料、糖果、汽水、霜淇淋等（陳政見，2008；陳榮華，1995）。次級強化物又稱制約增強物（conditioned reinforcer），是指原屬中性的刺激，其本身並不能直接滿足個體的需求，但經過制約的歷程（將中性刺激與原級強化物相連接以產生制約效力），這些刺激便能

夠對個體反應產生強化作用，例如：獎狀、名次、分數、代幣、獎章等皆屬次級強化物。另外，當一種強化物可以對多種反應產生增強作用時，這類強化物被稱為類化強化物（generalized reinforcers），例如：金錢就是一種類化強化物，可以用來增強許多不同的行為。

　　強化物也可以依其形態而分類成實體強化物（tangible reinforcer）和非實體強化物（nontangible reinforcer）。實體強化物包括可觸摸的事物，例如：玩具、書籍、汽球、餅干、衣物、手錶、汽車等。非實體強化物則不具實體，它們又可再分為兩類。第一類是社會性強化物（social reinforcer），指可以滿足個體在人際關係上需求的各種語言的、身體的或其他形式的刺激，例如：以語言表達讚賞或肯定（例如：「答案完全正確」、「姿勢非常優美」），以相互擊掌來慶祝成功，以表情和手勢（例如：豎大姆指）表示關懷或信賴等。社會性強化物也屬於一種制約增強物，個案呈現某種行為後得到別人的讚美而感到滿足，會增高未來呈現同樣行為的概率，這種關聯是學習來的。第二類是活動強化物（activity reinforcers），指以各式各樣的活動作為強化物，例如：打球、看電視、玩遊戲、滑手機、逛街、上網、跳舞等。

　　前面已經提到，從個體對增強物的喜惡而言，強化物又可分為正強化物和負強化物兩種。正強化物是指個體所喜好和樂於得到的刺激（包括人、事、物和情境），它們又可區分為下面幾個類型。第一種是消費性增強物（consumable reinforcer），包括可食用物品和飲料，如點心、水果、牛奶、啤酒、咖啡等，可以滿足個案的生理需求，此類增強物食用後便失去強化的價值。第二類是活動增強物（activity reinforcer），主要是以個案所喜愛的活動作為增強物，活動可以是室內

的（例如：聽音樂、看電視、下棋、聊天等），也可以是戶外的（例如：打球、玩遊戲、逛街等）。第三類是操弄性增強物（manipulatable reinforcers），意指可由個案操控或把玩且為個案所喜愛的增強物，例如：玩具汽車、洋娃娃、樂器、樂高積木、編手環等，使用操弄性增強物的先決條件是個案對該增強物有高度興趣，才會產生增強作用。第四類是持有性增強物（possessive reinforcer），亦稱擁有性增強物，是個案所喜愛持有或擁有的物品，例如：手錶、髮夾、圍巾、書包、棒球卡、古董、名人簽名等，持有性增強物具有保留性，可以滿足個案占有欲的需求（陳政見，2008）。相反的，負強化物是一種使個體厭憎或痛苦的刺激，它們有的是生理性的，謂之生理性負增強物或嫌惡刺激，例如：打手心、扭耳朵、做伏地挺身、電擊、強光、噪音等身體上的處罰，此類刺激加之於個體身上會使個體感到痛苦或有不愉快感受。也有些是語言性負強化物，亦即使用不適當的話語譴責或攻擊他人（例如：咒罵、冷嘲熱諷等），令對方難堪及感到厭惡。另外，還有一種是社會性負強化物或嫌惡刺激，也就是帶有社會意義的負增強物，例如：散布不實資訊、破壞別人的人際關係、引起受害者的不愉快感。又如網路霸凌（cyber bullying）使他人在網上大眾或朋友圈中被羞辱，失去尊嚴，或心理上受到傷害（陳政見，2008）。

　　另外，增強物又可分為外在增強物（extrinsic reinforcer）和內在增強物（intrinsic reinforcer）。外在增強物乃來自於個體身外環境中的增強物，包括實體增強物、社會性增強物、活動增強物等。內在增強物（intrinsic reinforcer）則指發自於個體內心的增強動力，如自我期望、榮譽感、同情心、成就感、好奇心、激情、專業精神等。

　　最後應說明的兩個重要概念為高偏好增強物（high-preferenced re-
inforcer）和社會真實性增強物（socially valid reinforcer）。高偏好增
強物是指個體所偏好且對其具有高度吸引力的增強物，此類增強物可用
來作為良好的次級增強物。普雷馬克（Premack, 1959）首先提出以個
體高偏好增強物來強化其興趣較淡和出現次數較少的行為，稱為「普
雷馬克原則（Premack principle）」。個體所偏好且常從事的行為或活
動，可用來增強其較不喜好且不常呈現的行為或活動。譬如，父母對孩
子說：「當你做完功課後，就可以出去玩（或者，才可以看電視）。」
這就是普雷馬克原則應用常見的例子。已知的研究顯示，高偏好增強物
在行為干預方案中被證實為最常用且有效的一種增強物（Boyd, Alter,
& Conroy, 2005; Keyes, 1994）。其次，社會真實性增強物乃指符合個
體真實生活常態的增強物，也就是說，行為干預方案所使用的增強物符
合個體生活中的真實情況且具有實用價值。決定增強物社會真實性的因
素包括個體的年齡、文化背景、社會情境等。譬如說，一項對年幼兒童
具有社會真實性的增強物不見得對另一較高年齡層的兒童具有同樣的社
會真實性。一般而言，行為干預計畫中所使用的增強物應具有社會真實
性，亦即盡可能使用符合個體真實生活的增強物，但在有些情況下，干
預者也可以暫時性使用非社會真實性增強物，作為操縱個案行為的必要
步驟，然後再淡化此增強物的使用，並代之以適當的社會真實性增強
物。

二、增強物的選擇

　　強化物的選擇是正強化的一個要項，有效增強物的使用與干預方案的效果有密切的關係，只有當強化物為個體所喜好時才會對行為產生強化的作用。因此，在任何行為干預方案中必須慎選對個案有吸引力的強化物才能達到預期的效果。反之，對個案不具吸引力或不重要的強化物是無法對其行為產生增強功能的。除個案的需求之外，還應考慮其他個人因素，如年齡、智慧發展、心理成熟度、社經及文化背景等。因此，強化物的選擇應當是個人化的（individualized），適當的強化物常因人而異，適合於甲生的強化物可能對乙生並不具吸引力，反之亦然。

　　以下為幾個可用來選擇有效強化物的方法。第一，在選擇有效強化物時，干預者應具備有關青少年心理需求的基本知識，經由已被證實的理論和研究認知與個案有相似年齡、性別和其他背景者的身心需求，以及可適用於他們的強化物。例如：可食性強化物（edible reinforcers）（如糖果）和操弄性強化物（manipulative reinforcers）（如玩具）會較適合年齡較小的兒童。對於青少年來說，社會性強化物（例如：同儕認同、長輩的肯定等）因為能滿足其心理需求而成為較為適合的強化物。第二，經由面談或訪問個案本人或其周遭重要人士（例如：家長、老師等）來了解個案平時較欠缺而想得到的強化物。第三，觀察個案在學校、家庭或其他情境中的活動，藉以分析哪些事物對其行為有強化作用。第四，使用強化物列表（reinforcers menu）來調查個案所需要或喜好的事物。這類列表一般包含多種類別的強化物，每類下又列出各種個別強化物，由個案或對其行為熟悉的人士點選對個案適當的強化物，

有時還可以評估對所點選項目的喜惡程度。

第五節　強化時制

　　強化時制（schedule of reinforcement）又稱增強的分配方式，泛指強化作用在實施上的各種分配程序，代表強化物伴隨目標行為呈現的時機或頻率，也就是強化物作為目標行為後果的發生率。廣義而言，強化時制可分為連續強化時制（continuous reinforcement schedule）和間歇強化時制（intermittent reinforcement schedule）兩種，後者又稱為部分強化時制（partial reinforcement schedule）。在連續強化時制裡，每一次目標行為發生時強化物都會隨之呈現，譬如當一個學生每次正確地讀出一個英文單字時，老師都會給予獎勵，沒有例外。連續強化使強化物不斷地伴隨目標行為而呈現，產生持續性的增強能量，適合用來訓練個案學習新的目標行為。在間歇強化時制中，強化物並不會隨著目標行為的每一次發生而呈現，而是每當該行為發生若干次之後才會間斷性地受到強化。也就是說，在強化的過程中，目標行為有時會受到強化，有時則否。一般而言，在干預方案初期階段適於使用連續強化，令個案在短期內學到新的行為。然後，當個案經由連續強化學到新的行為後，便可採用間歇強化來維持和延長學習的效果（陳榮華，2009）。

　　強化時制又可區分為時距強化時制（interval reinforcement schedule）和比率強化時制（ratio reinforcement schedule）兩類。時距強化時制意指依時距的長短來對目標行為予以強化，即每過一段時間強化物才會伴隨目標行為呈現。時距強化時制適合用來強化以時間長度去

測量的行為。它又可分為固定時距強化（fixed interval reinforcement, FI）和變動時距強化（variable interval reinforcement, VI）兩種不同的用法。在固定時距強化中，強化物在經過固定的時間間距才會呈現。譬如，一名過動兒要每次集中注意力學習10分鐘（FI10）才能得到該兒童想要的獎勵；一名公司職員工作每兩週（FI14）領一次薪水等。此強化程序的優點是個案和強化實施者都確切知道目標行為何時可得到強化。變動時距強化是依不規律的時間間距來增強目標行為，每次強化物的給予皆不以固定時距為準，強化物會依不同的時距隨著目標行為呈現。譬如在上面的過動兒例子中，強化物可以每隔3分鐘、15分鐘或9分鐘不定時地伴隨目標行為呈現，對其進行不規律強化，快慢之間無一定規律可循。變動時距強化的另外一個使用方式是，先依個案評估的結果決定適當的時距變動平均值（例如：5分鐘，VI5），然後依此平均值對強化歷程中的時間間距隨機變動（例如：3分鐘、6分鐘、4分鐘、2分鐘、7分鐘等），總體來講，平均每隔5分鐘，個案所呈現的目標行為可以得到一次增強。另外，有時固定時距強化和變動時距強化也可配合使用，以達到更好的效果。譬如，教師可以使用月考（固定時距）加上抽考（變動時距）來強化學生持續地努力學習。

　　比率強化時制或反應比率強化時制，是依目標行為發生的次數來設定強化的比率，此一程序適用於以次數或數量為衡量單位的行為，它又可以區分為固定比率強化（fixed ratio reinforcement, FR）和變動比率強化（variable ratio reinforcement, VR）兩種用法。固定比率強化是指當目標行為發生達到一定的數量或次數時便會得到強化，譬如，顧客在百貨公司購物每滿100元（FR100）公司即給予某種優惠，不限次

數，多買多得，就是商家以固定比率強化購物行為的一種方法。顯而易見，當目標行為和強化物呈現比率為1：1時，此程序便等同連續強化時制。至於變動比率強化程序，是指強化物以不規則的次數或比率呈現，從而使目標行為產生並保持持續出現的狀態。在此種強化程序中，個體並不知道目標行為要出現多少次才能獲得想要的獎賞，也就是無法預知強化物何時將會出現，因此往往會持續及加強行為的頻率，以求達到目的，獲得自己想要的獎賞。在日常生活中，許多人常會對玩吃角子老虎、買樂透、彩券等產生著迷的行為，樂此不疲，其中原因之一就是受到變動比率強化的制約。

第六節　影響行為強化的要素

行為強化的原理並不複雜，但要成功地規劃和執行一項行為強化方案則不簡單，因為必須針對個案的需求對目標行為、如何強化、何時強化等做適當安排。以下是幾項必須考慮的要素，以確保強化達到預期的效果。

第一，強化物的種類。強化物的選定與強化干預的成效有密切關係，干預者應針對個案的需求選擇適當的強化物，對目標行為進行強化，並且採取必要措施，確保個案在干預方案以外不會得到方案所使用的強化物。同時，為增加強化效果，可以使用一種以上的強化物，或將實體強化物和社會性強化物配合使用，並以後者逐漸取代前者。

第二，強化物的質量和數量。在強化物的質量和數量上做合理的安排，使它具有吸引力。假如個案對強化物有很深的匱乏度，那麼少許的

數量便可產生效果。反之，過多的數量反而會減弱強化物的吸引力，產生「飽足效果」（satiation effect），降低對目標行為增強的能力。所謂飽足效果是指，當強化物超過一定的數量時，過多的強化物反而會引起個案的飽足感，對強化物失去興趣，因而無法保證行為發生的頻率能繼續維持。另外，在決定強化物的數量時也應考慮費用是否適當和貯存及發給是否方便等實質性因素。

　　第三，強化物呈現的時間。強化物呈現可以是立即性的，稱為立即強化（immediate reinforcement），也可以是延遲性的，稱為延遲強化（delayed reinforcement）。使用立即強化程序時，在目標行為發生後強化物立即隨同呈現。在延遲強化程序中，強化物在目標行為發生後若干時間才會呈現，其作用是訓練個體的忍耐力和目標行為的持久力，同時藉由延遲時距逐漸地加長，最終使目標行為在無強化物伴隨的情況下仍繼續出現於自然情境之中，達到行為干預的最終目的，也就是個案不需任何強化物即可表現目標行為。

　　第四，強化時制。每種強化時制有其各自不同的用途，干預方案應依個案的目標行為和干預目標選擇適合的強化時制使用。

　　第五，強化的新奇性（novelty of reinforcement）。個體具有好奇心的本能，新奇的事物常會引起個體的興趣，具有更多的吸引力。當強化物逐漸失去新奇或新鮮感時，它的增強功能亦會隨之降低。在強化過程中，適度地變換強化物、強化活動或強化時制，可以提高個案的新奇感，增加強化的功能。

第七節　行為塑造和連鎖化

一、行為塑造

　　塑造或行為塑造（behavior shaping）亦稱逐步養成，是個體學習和強化新行為的一個歷程，它以操作條件原理和連續漸近法（successive approximation method）來訓練和增強個體對目標行為的學習。個體所需要學習的新行為不全是簡單易學的，許多較為複雜的目標行為並非一蹴可就。例如：有的兒童每天用來讀書的時間過於短暫，有的兒童說話的聲音太過微弱，令人聽不清楚，還有的兒童對大人的指令總是慢吞吞地拖延反應，舉凡此類行為皆可以塑造法加以改進。實施塑造法時，首先將目標行為（例如：連續讀書一小時）分成若干小段成分行為（component behavior）（例如：10分鐘、20分鐘等），並把這些成分行為依它們與目標行為的相似或相近度由低而高串聯起來。在開始訓練個體學習時，從最基本的成分行為開始，當個體的表現合乎標準時即施予獎勵強化，接著再進行下一成分行為的學習和強化。如此依序連續進行，逐漸接近目標行為，直到整個學習歷程成功完成。再如，要求兒童一次完成九九乘法表的學習對大多數的學生來說可能不是一件容易的事。但是，如果將整個乘法表分成若干小段，供學生分段學習，並對每段的學習給予獎勵強化，逐一連續進行，便會容易達成目標。

　　塑造方案的策劃和執行可分為五個步驟。第一，決定行為目標，也就是方案所欲達成的目標行為，干預方案應明確指出個案所需養成的終點或期望行為（terminal or desired behavior）。第二，決定達成目標行

為的連續漸近步驟。將目標行為分成若干成分，並依它們各自與目標行為的相近度串聯成若干階梯步驟。步驟的訂定應考慮目標行為的要求、個案的能力及強化物的力度等因素。每一步驟的要求不宜訂得太高，應以個案容易達成為準，以使個案獲得成功的經驗，提高學習的興趣和動機。同時，每一步驟的大小要適當，步驟太小會耗費時間而失去效率，步驟太大則使個案的行為不易得到強化而趨向消失，而且在某一步驟上停留過久也可能造成個案對提示（prompting）的依賴，減低學習的效果（Alberto & Troutman, 2013）。如果訂定達成目標行為的步驟有時難以準確預知，則可在方案開始執行之後，依個案的表現進展對方案中的步驟做適度修正。第三，選擇適當的強化物。行為塑造需要使用有效的強化物，而且對個案的表現進行立即強化才能產生效果，常用的強化物包括代幣或點數（見下節）、社會性強化物及其他次級強化物等。第四，選定起點行為（starting behavior）。選定學習開始的第一步驟，起點行為應是個案有能力且容易表現的行為，決定起點行為需要對個案的行為水準有適當了解。第五，開始並進行逐步塑造。行為塑造的目的就是將起點行為與終點行為一步步地加以連接。在每一步驟上，干預者對符合預期的行為表現施予強化，並取消前一步驟的強化，避免強化不在步驟內的行為，以當下步驟的行為表現取代前一步驟的反應。另外，在步驟間逐步移動時，應確保每一步學習熟練之後才能推進到下一步驟。第六，確立行為塑造結果。確定個案已成功完成目標行為的學習，達到標準。

二、連鎖化

連鎖化或行為連鎖化（behavior chaining）是另一種學習新行為的歷程，它的基本原理與行為塑造相同。兩者間的不同之處是，連鎖化所處理的是比較複雜的多個行為，個案在連鎖的過程中去學習一系列的行為，而不是某單一行為。在執行連鎖化時，應先將個案所需呈現的目標行為或終點行為分成若干小段或反應單位，稱之為聯結（links），並把它們依先後次序串聯成一個行為鎖鏈（behavior chain）。鎖鏈中的每一個行為聯結，除起始行為和終點行為外，皆具有一雙重刺激功能（dual stimulus function）（Copper, Heron, & Heward, 2007）。個案所習得的每一個行為聯結一方面成為次一聯結的辨別刺激（discrimina-tive stimulus），引發次一行為聯結，另一方面也成為前一聯結的條件刺激（conditioned stimulus），具有增強前一聯結的功能。至於起始行為的功能則為引發次一聯結，而終點行為的功能則在強化前一個聯結。在實施連鎖化時，個案在干預者指導下對鎖鏈中每一聯結依次漸近學習，將每一行為與強化刺激加以聯結，成為一個連鎖強化的歷程，如此逐步推進，增強聯結間的學習，直到完成鎖鏈中所有的行為。表7-1顯示連鎖化聯結的雙重刺激功能。連鎖化的實施包括下面五個步驟。

第一，選定目標行為，並加以明確的定義。

第二，對目標行為進行工作分析（task analysis），將目標行為細分為一系列的聯結或步驟，並依先後順序加以排列串聯，成為一行為鎖鏈。

第三，從行為鎖鏈的起始行為開始，教導個案學習該行為，並對其合乎標準的表現以次級強化物或社會強化物予以增強。

表7-1　連鎖化聯結的雙重刺激功能

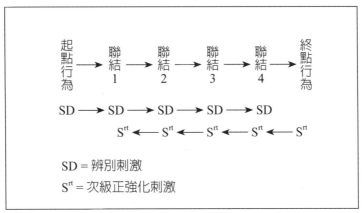

資料來源：Copper, Heron, & Heward, (2007)

　　第四，起始行為的成功學得為次一聯結（亦即第二步驟）的學習奠立基礎，個案開始學習第二聯結，第二聯結成為第一聯結的條件強化物，因為只有當個案完成第一聯結後才能開始第二聯結的學習。個案在第二聯結的表現符合標準時，干預者即予以強化。

　　第五，第二聯結的成功學習成為第三聯結的辨別刺激，第三聯結的成功學習又成為第四聯結的辨別刺激，依此類推，直至完成鎖鏈中終點行為的學習。

　　行為連鎖化又可分為順向連鎖化（forward chaining）和反向連鎖化（backward chaining）兩種程序。在順向連鎖化中，干預者從教導個案學習和強化鎖鏈中的第一個聯結（亦即起點行為）開始，當此一學習完成後再進行鎖鏈中第二個行為的學習和強化，如此繼續依順向推進到以次的各行為，直到個案可以成功地依序完成鎖鏈中的終點行為為止。例如：一般人初學開車時都要學習發動汽車前的連串基本動作，包括：

第一步，用鑰匙打開車門；第二步，坐進駕駛座；第三步，繫好安全帶；第四步，調整後視鏡及兩側鏡；第五步，用鑰匙發動汽車。實施順向連鎖化時，訓練者（如汽車場教練）會教導初學者依順序學好每一步驟的動作，並對合乎要求的動作加以強化，然後接著進行下一步的訓練，逐步進行，直至初學駕駛者可以順利將車子發動爲止。順向連鎖化亦可以不同的方式進行，例如：訓練者可以同時教導包含鎖鏈中一個以上行爲的聯結，稱之爲「同時工作連鎖化」（concurrent task chaining），以增加個案的學習興趣和動機。如果整個鎖鏈中的系列行爲並不過於複雜，也可以一次同時教導和強化鎖鏈中所有的行爲，此一程序即是所謂的「全部或整個工作連鎖化」（total or whole task chaining）。反向連鎖化則與順向連鎖化相反，它從行爲鎖鏈中的最後一個聯結（亦即終點目標行爲）的學習開始，反向逐一訓練每一個步驟的行爲，當個案成功學到終點行爲並得到強化後，再繼續進行鎖鏈中倒數第二個行爲的學習和強化，如此逐步以反向次序教導行爲鎖鏈中的所有行爲，直到習得最後一個步驟中的起點行爲爲止。譬如，在前面所舉的例子中，訓練者先以順向說明和演示所有的五個步驟的動作，然後開始教導個案學習鎖鏈中第五步驟的動作「用鑰匙發動汽車」，並予以強化。其次，訓練者教導個案學習鎖鏈中第四步驟（亦即倒數第二步驟）的動作「調整後視鏡及兩側鏡」，使個案能夠無需協助就完成第四及第五個行爲。再其次，個案學習第三步驟的行爲「繫好安全帶」，並得到強化，個案學得第三、第四及第五步驟的行爲。如此依序繼續反向學習和強化鎖鏈中的第二（坐進駕駛座）和第一個行爲（用鑰匙打開車門），直到個案能夠獨自呈現整個鎖鏈中的所有行爲。

三、行為塑造和連鎖化的優勢和限制

　　行為塑造和連鎖化是根據刺激—反應聯結原理塑造和改變個體行為的程序。人們生活中的知識和技能大多都是經由這些歷程學到的。塑造和連鎖化也適於用來培養智能不足兒童、情緒困擾兒童或是具有身體缺陷兒童的技能或習慣（陳榮華，2009）。將目標行為細分為小段或成分行為，使學習變得更容易，增加個案成功的機會，減少學習上的挫折，是這兩項行為干預程序的特色和優點。但在另一方面，如果執行不當，塑造和連鎖化便難以達到預期的效果。譬如，決定起始行為到終點行為間步驟的數量和大小，需要干預者在這方面具有適當的知識和經驗才能使干預順利進行。另外，有研究者指出行為塑造和連鎖化如與其他行為改變程序配合使用，可擴大個案在不同環境的行為技能系統（Alberto & Troutman, 2013）。

第八節　代幣制度

一、代幣制度的原理

　　代幣制度（token system）或代幣獎勵法（token economy）是一種象徵性強化系統（Kazdin, 1977）。代幣一詞來自經濟學上的物品交易概念，意指一種替代性物品可以用來交換個人所需要和喜愛的事物。譬如金錢便是最常用的代幣，人們用工作獲得金錢作為報酬，然後再用金錢去購買食物、衣服和其他物品，以滿足個人生活上的需求。行為心理學者將代幣的概念應用於行為強化理論，發展出以代幣作為一種仲介強

化物來塑造和改變個體行為的方法。當個體出現良好的行為時，便會得到若干代幣作為獎賞，然後這些代幣可用來換取個體所需要或喜歡的事物或活動。代幣可以是任何具有象徵意義且可以用來強化個體行為的物品，例如：假紙鈔、籌碼、點數、積分、貼紙、贈票券等。另外，學校成績的分數或家庭自行定義的積分制（point system）也具有代幣的性質（馬信行，1990）。在學校裡，學生憑好成績或高分數得到獎狀或獎品。在家庭裡，孩子日常的正向行為表現可以為自己獲得不同的點數（例如：早晨準時起床可得10分、保持房間整潔可得20分、飯前先洗手可得5分、溫習功課每小時可得15分等），父母在週末依據孩子一週來累積的點數給予孩子所希望的事物作為獎勵。用來作為代幣的物品（例如：點數、籌碼）原本不具有增強力，但是當代幣可以用來換得個案自己所喜愛的事物後，代幣便成為一種制約強化物或次級強化物，具備與原強化物一樣的增強個體行為的功能。在代幣制度裡，代幣可用來兌換的事物或活動稱為後援強化物（back-up reinforcer）。後援強化物可以是原級增強物（例如：食物、飲料等），也可以是次級增強物（例如：玩具、書籍、娛樂活動等），或社會性強化物（例如：他人的讚美、表揚等），它們是個案所希求和歡迎的。代幣因可以兌換這些增強物而產生價值，成為一種制約增強物，正如金錢因可用來購買許多不同的事物而產生價值一樣。

代幣制度可用來塑造和改變個人的行為，也適用於人數不等的大、小團體，在各級學校有頗多的使用（Gottfredson & Gottfredson, 2001）。同時它已被成功地應用到不同年齡層的群體，包括學齡前兒童（Conyers, Miltenberger, Romaniuk, Kopp, & Himle, 2003）、學習

障礙學生（Higgins, Williams, McLaughlin, 2001）、聽障學生（Buisson, Murdock, Reynolds, & Cronin, 1995）、心理失調患者（Corrigan, 1995；黃正仁，1983）和行為問題學生（Lucker & Molloy, 1995; Musser, Bray, Kehle, & Jenson, 2001）等。

二、代幣制度的實施

代幣制度是一種具有結構性的行為改變程序，可以以個人法或團體法實施，使用廣泛。代幣制的另一種形式是積分制，二者的不同主要在於實施時所使用的仲介強化物有別，前者使用代幣，後者使用積分或點數。除此之外，兩者的實施都包括下面幾個步驟。有時代幣制和積分制也可以一起混合使用。

第一步，設定所欲塑造或增強的目標行為，例如：整理自己的房間、完成數學作業、每天準時到校等。干預者應確定目標行為在個案能力所及的範圍內，並對目標行為加以明確的定義。

第二步，選擇後援強化物。後援強化物應為個案所喜歡且對其有吸引力的事物或活動，方案中應包括不同種類和數量的後援強化物供個案選擇，以維持其從事目標行為的動機。選擇後援強化物時，也應考慮強化物增強力量的大小及後勤因素（例如：費用不會太貴、發放及貯存方便等）。另外，干預者應確定個案無法在代幣制方案外獲得這些後援強化物，以免降低它們的強化力量。

第三步，選擇適當的代幣和記錄方法。對仲介交換物的選擇應以符合個案喜好和使用方便為原則，例如：點數、籌碼、印有分數的彩色貼紙都是常用的仲介交換物。記分卡的設計應簡明易用，使個案清楚地了

解代幣取得和兌換的規則，而且可以很方便地記錄每天所得到的代幣。

第四步，建立代幣使用和發放的規則，包括訂定每個目標行為的標準、個案呈現目標行為時可賺得代幣的數量（例如：小華在做完數學作業後，老師會在他的記分卡上記下10分的點數），以及如何領取代幣等。為了增加個案的參與動機，目標行為的標準在開始時不宜訂得太高，最好讓個案每天都可賺得至少一枚代幣。

第五步，訂定代幣兌換後援強化物的機制規則，包括兌換每一項後援強化物所需代幣的數量（例如：10點積分可兌換半小時打電子遊戲的時間、20點積分可兌換一杯珍珠奶茶等），交換後援強化物的時間、地點和兌換執行者等（例如：小華可在每星期六早上在自家客廳向媽媽兌換強化物）。這些資訊應清楚地條列於一記分卡中，個案也應對這些資訊有充分的了解。同時，為了增加個案的參與動機，應安排個案在每次兌換交易時段內（例如：每星期一至六為一時段，每星期六為兌換日），即使個案只賺到很少的代幣，甚至僅是一枚代幣，也可以用它兌換少許後援強化物，作為對個案向好行為努力的獎勵。至於個案每天可賺到代幣的數量則不要設置上限，個案呈現目標行為的數量和頻率愈高，便可賺到愈多的代幣，用來兌換愈多且價值愈高的後援強化物，這是強化個案行為的關鍵。在兌換過程中，個案也可以選擇將代幣貯存起來，累積到一定數量的代幣後再來換取自己最想要的強化物或活動。干預者應尊重個案在使用代幣兌換後援強化物時所做的選擇，不宜加以干涉。尤其在實施團體代幣制干預時，不同的個案對如何花費他們的代幣會有不同的選擇，這是很自然的。

第六步，強化程序的淡化。當代幣強化產生成效後，干預者可將強

化程序漸次加以淡化，以逐漸達到個案在無強化物的情形下仍能維持目標行為。適合的淡化方法包括延長代幣和後援強化物兌換的時制、增加兌換後援強化物所需代幣的數量、提高個案賺得代幣的要求、以間歇時制分發代幣等。

三、使用代幣制度的重要考慮

　　就像所有的行為干預方案一樣，代幣制的設計應具有個人化的特色，針對每一個案的問題行為和情境量身制定。一個基本理念是幫助個案逐漸地向正向、適當的行為改變。在制定干預方案時應鼓勵個案的參與、聽取並納入其意見。方案中的條款，包括對目標行為的要求、代幣和後援強化物的選擇、二者間的兌換比例，以及強化物的發放等，都應經過細心的安排，並得到個案的同意，實施時才能順利執行。代幣制的成效與後援強化物種類和數量的多寡及增強力量的大小有密切的關係（陳榮華，2009；陳政見，2008），干預方案中宜有多種不同的後援強化物，各具不同的價值，供個案選擇。強化程序的安排應圍繞一個中心原則，那就是：目標行為的產生在個案的控制之內，目標行為呈現的數量愈多（例如：工作愈努力），個案所能獲得的代幣愈多，所能兌換的強化物也愈多，也愈有更高的價值（例如：高數額的零用錢、電動玩具），並且將此訊息傳達給個案認知。另外，干預者可鼓勵個案將代幣累積起來，以換取更高價值的強化物，藉以強化個案較為長期的正向行為。在適當及可能的情形下，干預者也可在方案中引進社會性強化物，期使最終可以由社會性強化物取代代幣及後援強化物，在自然情境中維

持和增強個案的良好行為。最後，干預者除了應幫助個案對方案中代幣制的機制和安排有充分的了解外，也應提供個案在代幣制的實際操作方面（例如：領取和貯存代幣、用代幣兌換後援強化物）充分的練習，以利整個程序的順利執行，這一點對年幼的個案尤為重要。

四、代幣制度的優勢和限制

代幣制度是一種具有系統性和組織性的行為強化方法，可依循一定邏輯順序進行，干預者和個案可容易進入狀況（陳政見，2008）。以代幣作為一種單一性強化物，可以滿足特定個體對不同後援強化物的需求，亦可滿足不同個案對不同後援強化物的需求，增加實施上的方便。此一優點使代幣制度適合以個人法及團體法在各種設施中（例如：學校、家庭、工作場所等）採用（Lloyd, Eberhardt, & Drake, 1996），尤其簡化了以團體法實施行為干預時的程序。例如：代幣制度可以在課堂上由教師實施，比較不會影響到課堂上的教學活動。還有，由於代幣制度可以容納多種個案喜愛的強化物，所以有利於保持個案呈現目標行為的興趣和動機，而不會產生強化物飽足現象（reinforcer satiation）。同時，代幣制度的執行延後個案得到後援強化物的時間，訓練個案習慣在等一段時間後才得到自己想得到的事物，符合延後強化（delayed reinforcement）的概念，有助於維持強化的效果。

代幣制度主要的限制在於它需要細心的規劃，執行時也需要保持一致性和適當的監控，否則容易流於形式，不易產生預期的效果。代幣制對年齡幼小的兒童和重度障礙的個案也可能不易實施。有關代幣制在

學校應用的研究顯示，在班級中實施代幣制會對學生的行為產生顯著的效果，但這些效果在代幣制終止後即會隨之消失，也不會跟隨學生轉移到另外未實施代幣制的課堂（Cooper, Heron, & Heward, 2007; Sulzer-Azaroff & Mayer, 1991）。這些結果被解讀為，干預效果的維持和類化是代幣制需要改善的一個局限。最後，有的研究者認為代幣制度的實施對有些自然情境（如教室）可能具有干擾性，不適合所有的班級或教學風格，因此建議干預者在採用代幣制度前應考慮使用其他較不具侵入性（intrusive）的干預方法（Schloss & Smith, 1994）。

第九節 行為契約法

行為契約法（behavior contracting），又稱後效契約法（contingency contracting），也是一種利用正強化原理以增強或改變行為的方法（Cooper, Heron, & Heward, 2007）。行為契約就像任何其他契約一樣，是個案和契約執行者（例如：行為干預者、老師、家長等）間的一種書面協議，在此協議中，雙方明確訂出當事人所同意的條款。簡約而言，行為契約的原理來自斯金納的操作行為論，以書面協議訂出經雙方同意個案所須呈現或改變的行為，以及這些行為可為其帶來的後果，並建立一種「如果—那麼」的關係，亦即「如果個案呈現所預期的行為，那麼便可得到應得的後果」（Downing, 2002）。行為契約可以多種不同的形式呈現，由與個案有關的人士和個案共同制定執行，例如：在學校裡使用的「老師—學生契約」、在家庭裡使用的「家長—子女契約」、在臨床上使用的「治療師—患者契約」、在婚姻中使用的「夫妻

契約」、在個人管理方面使用的「自我契約」等。行為契約的目的是經由系統性增強物的安排，幫助個案產生良好的行為或改變不良的行為。行為契約可以個人法或團體法實施，在學校實施時是一種很容易在班級中執行的正向行為支持系統（positive behavior support system）。已知的研究顯示，行為契約可以成功地改進學生的出席率（Din, Isack, & Rietveld, 2003）、教室內的一般行為（Flood & Wilder, 2002; Roberts, White, & McLaughlin, 1997）、專心行為（Allen, Howard, Sweeney, & McLaughlin, 1993; Miller & Kelly, 1994）、家庭作業表現（Miller & Kelly, 1994）、減少擾亂行為（Gurrad, Weber, & McLauglin, 2002; Wilkinson, 2003）、改變梳洗衛生行為（Allen & Kramer, 1990），以及戒菸和減肥等行為（Molteni & Garske, 1983）。

一、行為契約的內容

如上所述，行為契約或後效契約法的原理是，當個體的行為可以導致對其有利或其所欲得的後果時，該行為便會受到強化而增加它再發生的機率。基於此原理，在制定行為契約時，其內容應包括下面幾個要項。

第一，契約的有效日期。包括契約何時開始執行（例如：20XX年9月1日起）、何時終止（例如：20XX年9月21日止），及參與人為何。

第二，建立目標行為。也就是期望個案呈現或需要改變的行為，目標行為應是可直接加以觀察的，例如：準時交作業、不說謊等，並且加

以明確定義。另外，如果對目標行為有特殊的要求，也應在契約中列明（例如：一星期中最少有五天準時到校）。

第三，目標行為的後效強化物。亦即明訂個案呈現目標行為後可得到的強化物，它們應是個案喜好和歡迎的事、物或活動（如零用錢、玩具、看球賽、自由活動等）。

第四，契約執行規則。清楚指出契約當事人的各自責任，個案呈現目標行為後可得到的後果獎賞（或懲罰），以及由誰來發給後果獎賞，在何時何地發給。

第五，當事人的認可簽字，作為雙方對契約內容的正式承諾。

表7-2和7-3顯示兩種行為契約的樣本。

表7-2　行為契約樣本之一

行為契約
本契約為＿＿＿＿＿＿和＿＿＿＿＿＿共同制定。
學生姓名　　　老師姓名
契約開始日期：＿＿＿＿＿　終止日期：＿＿＿＿＿
契約的條款如下：
如果學生呈現＿＿＿＿＿＿＿＿＿＿＿＿＿＿＿＿＿＿＿＿＿
＿＿＿＿＿＿＿＿＿＿＿＿＿＿＿＿＿＿＿＿＿＿＿＿＿＿＿
老師將＿＿＿＿＿＿＿＿＿＿＿＿＿＿＿＿＿＿＿＿＿＿＿＿
如果學生完成契約中應呈現的行為，老師應依契約中的規定給予學生上列的強化物。如果學生沒有完成應呈現的行為，老師將不施予強化物。
＿＿＿＿＿＿＿＿＿＿＿＿　＿＿＿＿＿＿＿＿＿＿＿＿
學生簽名　　　　　　　　　　　老師簽名
契約訂立日期：＿＿＿＿＿＿＿

表7-3　行為契約樣本之二

行為契約

簽訂日期：　　　　　　　　　　　　　有效日期：

我（學生姓名）同意每天將定時在晚上7點鐘到8點鐘做家庭作業和溫習功課1小時。依照我的表現，我將得到下列的獎賞。如果我達不到每項中的要求，就無法得到獎賞。

我（家長姓名）同意如果（學生姓名）

1. 每天在晚上7點鐘到8點鐘做家庭作業和溫習功課1小時，將可以在晚上8點鐘到9點鐘間看他所喜愛的電視節目。

2. 從星期一至星期五每天都在晚上7點鐘到8點鐘做家庭作業和溫習功課1小時，將可以在週末出去看一場電影。

3. 從星期一至星期五每天都完成應做的家庭作業，將可以得到10元的零用金。

_____　　　　　　　　　_____
　（學生簽名）　　　　　　　　　　　　　　（家長簽名）

行為記錄

	星期一	星期二	星期三	星期四	星期五
做家庭作業					
溫習功課					

二、行為契約實施的重要考慮

　　有研究者認為，一項良好的行為契約應具有明確且客觀的目標行為、能引起個案行為動機的增強物，以及雙方當事人對契約中條款的同意（Rhode, Jenson, & Reavis, 1993）。在制定及實施行為契約方案時

應注意下列幾個要項。

第一，在擬定行為契約時，應尊重及納入個案的意見，最後的內容也應得到個案的同意。這樣在方案執行時才能得到個案的積極參與及合作，促進方案的效果。

第二，行為契約以書面方式呈現是它的一項特徵，契約使用的文字應簡明易懂，適合個案的年齡和閱讀程度。當個案為幼年的兒童時，內容也可以圖畫或文字配合圖畫的方式呈現。

第三，審慎選擇目標行為的後效強化物，所選的強化物應為個案所希求的，而且除了在方案外個案無法在日常生活中得到。

第四，契約的書寫宜簡單、明確，如此才不會產生混淆，而且對其執行可作客觀評估。

第五，對強化物實施的規則應合理安排，如目標行為與強化物的比率和強化程序的選擇，以及其他安排，都應對兩方當事人具公正性和適當性，並為雙方接受。除雙方當事人外，亦可以由一位熟悉行為契約程序的第三者（例如：心理師、行為分析師）作為協調人，幫助雙方當事人解決對契約內容上的分歧看法（例如：對於目標行為的要求、後果的獎賞法等），進行協調以達成雙方當事人都能接受的規則。

第六，使用「自我契約」時，目標行為和強化物數量皆由個案自己決定。

第七，在執行方案時，對個案所呈現的目標行為依內容陳述的條款給予一致性的強化，不宜擅自加以變更。

第八，在方案執行的過程中，應對個案的表現和增強物的分發加以記錄，對方案的成效也加以適當的監控。如果方案未能產生預期的成

效，可以對契約的內容做必要的修改。所做的修改應徵得雙方當事人的同意，並簽字爲證。

三、行為契約法的優勢和限制

行爲契約法是一種有系統的發展良好行爲或改變不良行爲的方法，可以個人法或團體法實施。此法很容易在自然環境中使用，而且不會影響到個案對正常活動的參與（Kerr & Nelson, 1989）。當它在學校實施時，教師和個案學生的各自責任都載明於行爲契約中，可供隨時參照，避免實施時產生不一致甚至錯誤。在適當的情形下，父母─子女契約常用來配合學校的要求，改進個案學生的學習困難或問題行爲。在契約中納入父母的角色，有助於家庭與學校的協同合作，更容易達到干預的效果（Hall & Hall, 1998）。行爲契約方案容許個案提供意見並參與策劃，也有助於訓練兒童和青少年學習管控自己的行爲。行爲契約法的一個局限是，兒童個案在方案開始實施時常呈現高度的興趣，但之後興趣便會逐漸降低，尤其當成人當事人（例如：老師、家長）因某些因素（例如：工作忙碌）無法執行自己在契約中的義務時，更會引起兒童或青少年個案失望，而失去改變的動力。

第八章

行為消減策略

　　個體在日常學習、工作或生活環境中有時會產生不適當的偏差行為，這些行為有違一般特定情境的規範和期待（如學校、機關、社會的規則等），當這些行為過度發生（excessive）時，便會造成個體適應和運作上的困難。所謂過度發生，是指不適當行為發生的次數、時長、強度或嚴重性，以個案年齡和社會期待來說，都超過一般正常人的水準，而且這些違規行為具有持久性，會造成對自己和他人的困擾。常見的過度行為包括活動過度、亂發脾氣、吸吮手指、咬指甲、擾亂、攻擊、破壞、過度懼怕、極端焦慮、說謊成習、酗酒、吸毒、自殘等。行為消減策略可對這些問題行為的消減和改變提供所需的原理和方法。與第七章行為增強策略所不同的是，本章所討論的行為消減方法和技術大多具有不同程度的懲罰性和厭惡性（aversive），為個案所不喜。研究者依它們所具有的懲罰性將這些方法分為四個層級（Alberto & Troutman, 2013）（見表8-1）。第一級所包括的幾種區別強化程序是屬於較溫和性的方法，第二、三、四級從消弱法到反應代價和暫時隔離，到體罰和過度矯正，則具有逐漸增高的懲罰成分，對行為者而言屬於厭惡性，而且有時還會產生不良的副作用。因此，干預者在使用這些具厭惡性的程序時，應特別注意有關倫理上的考慮，避免造成對個案的

不當傷害。一般而言，使用行為消減策略的一個基本準則是所謂的最低侵擾原則（least intrusive principle）或最少限制原則（least restrictive principle），也就是首先盡量選用較具溫和性或嫌惡性較低的方法來消除非適應行為，當這些方法無法在短時間內產生效果時，才考慮選擇由低而高具嫌惡性的消減方法。表8-1中以強化為基礎的方法應為最優先的選擇，而厭惡性最高的第四層次的方法則應被視為最後的必要措施。同時，在使用這些方法或技術時，對所可能產生的副作用應加以合理的評估，在對個案的效益大於可能的傷害時才選擇使用。下面幾節將對這些行為消減方法分別加以介紹。

表8-1　行為消減法的不同程序和所具厭惡層次

第一層級	以強化為基礎的方祛 區別強化其他行為、區別強化替代行為、區別強化不兼容行為 區別強化高頻率行為、區別強化低頻率行為
第二層級	消弱法（終止增強）
第三層級	移除所想要的刺激 反應代價 暫時隔離
第四層級	呈現厭惡刺激 體罰 過度矯正

（資料來源：Alberto & Troutman, 2013）

第一節　區別強化

區別強化，或稱差別強化（differential reinforcement），是一種正向且溫和的行為消減方法，它以強化原理為基礎。在強化原理中，個案的行為與強化物產生聯結關係，行為因得到獎賞而增強。同理推斷，當維持個案非適當或問題行為的強化物被移除後，經過一段時間，該行為便會逐漸減少或消失，亦即所稱的消弱現象。要言之，在區別強化的過程中，中止或切斷個案在呈現不適當行為時所得到的獎賞，藉以減弱或消除該非適當行為。同時，當個案呈現符合期望的行為時便給予獎賞，並經由此一過程幫助個案形成良好的行為。區別強化在教育和臨床方面都有很廣泛的使用，被用來處理注意不集中、躁動、破壞、語言重複（repetitive speech）、咬指甲、自殘、嘔吐（vomiting）和吐口水（spitting）等行為（例如：Gresham, Van, Cook, 2006; Hegel & Ferguson, 2000; Repp, Barton, & Brulle, 1983; Waters, Lerman, & Hovanetz, 2009; Wilder, Harris, Reagan, & Rasey, 2007）。

一、區別強化的方式

區別強化可以下列五種方式使用（Alberto & Troutman, 2013）。

第一，區別強化其他行為（differential reinforcement of other behavior）。是指在一預先設定的時距內（如3分鐘、1小時、1天等），只要個案沒有呈現計畫中擬去除的不適當目標行為，其所從事的其他行為，都可得到增強物。此法適於用來去除較難改變的過度行為。

第二，區別強化替代行為（differential reinforcement of alternative behavior）。比區別強化其他行為更進一步，區別強化替代行為規定，在一預先設定的時距內，個案不僅不可從事應去除的非適應行為，而且還需要呈現事先設定的替代行為，才會得到獎賞。所謂替代行為是指可被接受的適當行為，可以用來取代非適應目標行為。例如：干預者可以此方法訓練兒童學習在上課時先舉手並等老師認可後再發言，經過一段時間，此一合宜的行為便可取代該生原先任意說話擾亂秩序的不良習慣。

第三，區別強化不相容行為（differential reinforcement of incompatible behavior）。此一程序與區別強化替代行為近似，其主要不同是個案所需呈現的替代行為與所欲消除的目標行為應具有不相容性。不相容行為是生理和形態上與目標行為相排斥的行為，二者無法同時發生。在執行區別強化不相容行為時，如果個案在一預先設定的時距內呈現與非適應目標行為不相容的行為，便會得到增強物。例如：坐在座位上和擅自離開座位即為兩個不相容的行為，對兩者加以區別強化，便會對坐在座位上的行為產生增強和對離開座位的行為產生消弱的結果。

第四，區別強化高頻率行為（differential reinforcement of high rate behavior）。此一程序的目的是增強特定行為的發生率，它可以包括次數、時長、強度等。在使用區別強化高頻率行為時，當目標行為呈現高發生率時即加以獎賞，相對的，當目標行為呈現低發生率時則不給予獎賞，經由此一區別強化過程，可以訓練個案去除低發生率行為（例如：學生不做作業、工作速度太慢等），並加強目標行為的高發生率（例如：增強工作效率、提高產量等）。

　　第五，區別強化低頻率行為（differential reinforcement of low rate behavior）。此一程序與區別強化高頻率行為相反，其目的是經由區別強化的過程來減少不適應行為發生的頻率，亦即行為在以低頻率出現時才會受到強化。例如：訓練個案在公共場所減低音量說話，幫助個案減少衝動、酗酒等行為，如果行為者的行為表現低於某一頻率，便會得到增強物。

二、區別強化時制

　　區別強化時制（differential reinforcement schedule）乃指在實施區別強化時強化物呈現的頻率。一般常用的有下列三種不同的時制，這些時制可依個案非適應行為的性質，與前述的各種區別強化方式配合使用。

　　1.區別強化間距時制（differential reinforcement interval schedule）。在使用此時制時，可將整節時間（session）分成若干同等的間距或時距（interval），依每一時距中目標行為的消失和其他設定的良好行為的呈現（如高頻率行為）實施區別強化。區別強化時距時制又可分為固定或全部時距程序（fixed or whole interval schedule）和瞬間程序（momentary schedule）兩種。前者是指，如不適應目標行為在整個時距中未曾發生，而時距中呈現的是其他設定的良好目標行為，個案便會得到增強物。後者則指，干預者可在時距中選擇一特定時間點，依其在該時間點所觀察到的個案表現給予區別強化。

　　2.區別強化：時距增加或增強弱化時制（differential reinforcement-increasing interval or reinforcement fading schedule）。在時距增加時制中，當個案的目標問題行為消失後，干預者可將強化時距逐漸延長，例如：從30秒增加到1分鐘，然後再增加到3分鐘、5分鐘、10分鐘、1小時等，以此來延長目標行為消失的時間。在增強弱化時制中，干預者可以用漸次減少強化物的給予，來消減目標問題呈現的次數、時長或強度。另外，時距增加和增強弱化時制兩者也可以聯同使用，在強化物逐漸減少出現甚至未出現的情況下，使行為改變亦能繼續在長時間內維持下去。

3.整節區別強化時制（full session differential reinforcement schedule）。此一方式是以整節學習（如整節課50分鐘）或治療時間為單位，在此時間範圍內對非適應行為和默認替代或其他行為實施區別強化，使前者逐漸消失，後者逐漸增強。例如：某生如果在整節課的50分鐘內沒有隨便說話，而且保持專注，便可得到3個代幣的獎勵。

三、區別強化使用的重要考慮

區別強化主要的優勢是，它是一項不具厭惡性的行為改變方法，無須使用任何厭惡刺激，因此沒有副作用的顧慮。它的另一個優勢是容易實施，可用來減少許多不同種類的非適應或問題行為，而且可以很快見到效果。由於原有的不適當目標行為被經由區別強化而產生的良好行為所取代，因此，區別強化成為一項能產生長久性和可類化的行為消減技術。

在實施區別強化時，應注意避免無意中對本應消減的目標行為做任

何強化。同時，也不應對其他非適應行為加以強化，這是在施行區別強化其他行為時應特別注意的，避免在無意中增強了另外的不適當行為，以免在去除了一個非適應目標行為的同時又增加了另一個或數個不良行為。另外，在使用區別強化時，應盡可能教導個案學習一個新的行為來取代被消除的不良行為，這樣所產生的干預效果才能持久，而且具有行為改變的真正意義。

第二節　消弱法

消弱法（extinction）也是行為消減策略中嫌惡度低的一種方法。在操作制約理論中，個體的行為因後效強化物而形成或得到增強，如果將強化物予以終止或移除，也就是將行為和後效獎賞的關聯加以切除，那麼該行為便會逐漸減弱而終致消失。在經典制約原理中，當條件反應形成之後，如果只出現條件刺激而停止出現無條件刺激時，該條件反應便會逐漸減弱或終止。消弱便是依據這些原理所發展出來的行為干預方法。人們在日常生活中的行為基本上都受到消弱原理的支配。比如說，一個公司的員工為爭取獎金而加倍努力工作，但當公司取消獎金後，該員工的表現會回復到原先的水準，因為加倍的努力並不會給該員工帶來獎金的酬賞。同樣，個體的許多不良行為也是因受到某種酬賞而得以維持，最常見的例子是，有些學生在課堂上的隨便說話或擾亂行為都是因為受到老師或同儕的注意而產生和強化，當老師或同儕對這些行為不再給予注意時，這些行為便會逐漸減弱並進而消失。

有效使用消弱來減少過度不良行為的關鍵是，要能正確地找出這

些行為的增強來源，以及功能性行為評鑑中（見第二章）所謂的行為功能。如果某生在課堂上的擾亂行為並不是要吸引老師的注意，那麼即使老師對該行為視而不見，不予理睬，也不會降低該行為的發生，這是因為增強該行為的強化物並未消失。因此，在無法正確找出不良行為的增強來源時，消弱並不是降低該行為的正確方法。使用消弱法時應注意的一個重要現象是所謂消弱爆發（extinction burst），意指在消弱的過程中，不適應行為會在次數或強度上產生爆發性的增加。這是由於當個案的行為無法繼續得到預期的酬賞時，消弱對個案而言產生厭惡性負作用，促使個案加大力度來爭取所希望的酬賞。在這種情形下，消弱爆發代表干預已經產生效果，顯示它是正確的干預選擇。此時，如果消弱爆發並不對個案本身或他人構成危險，消弱便應當繼續執行。重要的是，干預者應能容忍消弱爆發的發生，不會受到其滋擾而提早中止消弱程序，因為如果這樣做，便等於對個案的爆發給予酬賞，增加其再次發生的機率。如此無異於給予個案一個資訊：當別人採取我不喜歡的動作來改變我的行為時，我只要繼續加大自己行為的頻率或強度，便可以打消他／她們的動作。因此，當干預者或干預情境預知對個案可能產生的消弱爆發無法容忍時，便應當考慮這些副作用，避免使用消弱法作為降低不適應行為的方法。另外一個在使用消弱程序時常見的現象是自然恢復（spontaneous recovery）。此一現象是指，當消弱產生效果，非適應過度行為在減少或降低之後，有時會出乎意外地重新出現（Cooper, Heron, & Heward, 2007）。自然恢復可能在不同的時間點呈現，當它發生時，干預者應繼續執行原來的消弱程序，任何程序上的改變皆可能無意中增強了問題行為的重現。自然恢復有時是出於個案對干預程序的

一種試探，消弱程序的繼續實施可將非適應行為再次降低，當下一次自然恢復再現時，它會以比前次較低的水準發生，也可用較短的時間加以消減。消弱法可以有效減少許多非適應行為，包括擾亂（Richman, Wacker, Asmus, Casey, & Andelman, 1999）、哭鬧（Carr & Newsom, 1985）、講髒話（Salend & Meddaugh, 1985）、拒食（Reed, 2004）及侵略和自殘（Cote, Thompson, & McKerchar, 2005）等。最後，消弱法的一個限制是，消弱僅能減少或消除過度的不良行為，但並不教導個案良好的行為。因此在實施消弱方案時，應同時納入干預者希望個案應具有的良好正向行為，並教導個案習得該行為，取代原先的不良行為。

第三節　反應代價法

反應代價（response cost）顧名思義，是指個體須為其行為負責，為自己所做出的違規或問題行為付出代價。從一般概念而言，這是人們在日常生活中所習慣的一項規律，例如：借書逾期不還要付罰款、違規停車會被開罰單等，都是常見的行為後果。反應代價法作為行為改變技術是基於增強原理，通過切斷個體反應和其原來擁有增強物之間的聯結降低或去除個體非適應行為的頻率。在應用行為分析的架構中，反應代價被視為負面處罰（negative punishment）的一種方式，使個體失去所喜愛的事物，作為非適應反應的代價，以減少不良行為的發生。

反應代價法與第二節所討論的消弱法都是藉由移除個體所喜愛的事物來減少或消除個體的不適應或問題行為，但二者有重要的不同之處。消弱法所移除的強化物，是經過對問題行為分析之後所發現的該行為產

生的原因。例如：某兒童哭鬧的原因是想得到父母的注意，所以當父母不再對該行為給予注意時，該兒童哭鬧的行為便會逐漸減少或停止。相對的，在反應代價法中所移除的增強物與特定的不適應或問題行為並無一定的關係，也不是該行為發生的原因。例如：超速飆車會被罰款，罰款屬於一種反應代價，可以減少或阻止飆車行為的再度發生。但是很顯然的，被罰款並不是駕駛人飆車的原因（真實的原因大多是尋求刺激）。是以，在反應代價程序中所移除的可以是任何非特定的、對個案重要或受其喜愛的事物，這是反應代價法與消弱法主要的不同之處。在前例中，反應代價法是以罰款來減少或終止超速飆車的行為。如果使用消弱法，則會尋求移除個案所期望的刺激感，當該駕駛者對飆車不再感到刺激時，便會改變或停止飆車行為。

一、反應代價法的實施

實施反應代價法時，需要依據個案問題行為的性質做適當策劃才能得到預期的效果。在反應代價程序中，個體所失去的可以是其所喜愛的物品或活動，也可以是其原來所能夠享受的某些權利（例如：零用金、打電動遊戲等）。干預者應考慮個案和問題行為發生的環境，來選擇有效的行為後果作為反應代價。反應代價的一個先決條件是，當個案因出現不適當行為被罰時，其本身應擁有某些可被罰的事物。為了操作上的便利，代幣是一種在反應代價規劃中常見的仲介物，也就是說，反應代價法在實施上常與代幣制同時使用（Bierman, Miller, & Stabb, 1987; Kazdin, 1994）。

　　反應代價法可以兩種方式進行。第一種是在計畫開始時由干預者無條件給予個案若干數量的代幣、點數、籌碼或其他形式的強化物，當個案呈現特定的非適當行為時，便會被罰，必須歸還若干數量的代幣作為代價。例如：老師先給小華15枚代幣，並要求他做15個數學題，小華每答錯一題，便會被罰1枚代幣，這一方法的目的是讓小華盡量減少答錯的題數，才能保有最多的代幣。有些研究者並不認同這樣的做法，認為它將干預的重心完全放在不良行為上，沒有給予個案學習良好行為的機會（Alberto & Troutman, 2013）。第二種方法是將反應代價與代幣制的增強功能連同使用，當個案呈現問題行為時便會被罰而失去若干數量的代幣，作為對其所呈現不適當行為的代價或「罰款」。但在同一方案中，如果個案展現良好的行為，也可「賺」得代幣作為獎勵，以此鼓勵個案學習並強化其良好的行為。例如：小雄如果任意離開教室，會被老師罰3枚代幣，但是如果他先徵求老師的同意才離開教室去洗手間，則會得到5枚代幣作為良好行為的獎勵。如此以系統方式持續進行，個案便會一方面逐漸減少問題行為的發生，另一方面也增強良好的行為。這也是反應代價法最常見的使用方式。已知的研究顯示，反應代價法可有效減少違反規章、不專注、亂丟東西、搗亂、侵犯等行為（Conyers, et al., 2004）。有的研究則報告反應代價法可用來改進數學課的學習表現（Iwata & Bailey, 1974），以及學校和家庭的協調互動（Kelly & McCain, 1995）。

二、反應代價法實施的重要考慮

在執行反應代價方案時，應注意下面幾個要點，以確保干預的效果。第一，明確訂出所希望減少或消除的學習、社交或工作方面的不適當行為，並給予可觀察和測量的操作性定義。第二，選擇並設計反應代價法的使用及所涉及的代幣制程序。第三，將對個案行為的期望（behavior expectation）和反應代價法的執行內容和程序，對個案清楚說明並取得其同意。同時，在執行過程中須保持規則執行的一致性。第四，目標行為和反應代價應具有合理的關係，也就是說，個案因不適應行為被罰而需付出代幣的數量應與該行為的數量和嚴重性相當，干預者應與個案共商合理且公平的安排。如果個案所需付出或失去的代幣太少，將難以有效地減少或阻止問題行為的發生；如果被罰的代幣太多，將使個案難以累積足夠的代幣去換取其所希望的後援增強物，因而失去行為改變的動力。經驗較淺的干預者有時會把罰則訂得太高，迫使個案付出過多的代幣，有時更使個案不但失去其所持有的所有代幣，甚至在代幣持有上產生負數或赤字的情況，這樣過於嚴格的要求事實上違背了反應代價的基本精神，被罰過多往往使干預難以見效，有時更會加劇非適應行為的發生。原則上，個案應被給予賺得代幣比被罰代幣更多的機會。第五，確定反應代價法實施的時間和地點，並向個案清楚說明。關於賺得或被罰代幣的規則，也應對個案加以解釋和對相關程序進行示範演練。個案對這些規則有充分的了解至關重要，才能避免後續執行上的混淆和誤解。第六，當個案違規而呈現不當行為時，應立即沒收適當數量的代幣或相關強化物。此時干預者可平靜且簡短地描述個案所呈現的行為，

但應避免與個案爭執該行為是否發生，或處罰對其是否公平等，以免打斷整個干預程序的進行。第七，當個案的目標問題行為逐漸減少時，強化其他替代行為來取代原有的不良行為，朝正向改進。第八，在干預過程中對個案的表現加以記錄和監控。依個案問題行為的消減及所被罰的代幣數據繪成圖表，定期評估計畫執行的效果，並依結果對干預程序做必要的調整。

三、反應代價法的優勢和限制

　　反應代價法的優點是，它是一個具有較低厭惡性的行為消減方法，正確使用時可以有效減少非適應行為發生的次數、時長和強度。尤其當個案的行為妨礙到其他人的學習，或對他人或其自身產生危害時，反應代價法可作為一種快速消減措施，而且沒有太多副作用上的顧慮。另外，反應代價法的實施並不牽涉到許多複雜的程序，而且可以個人法或團體法實施，用來改變各年齡層個人或團體（如班級、家庭、治療小組等）的行為。對團體實施時，依團體中每一成員的行為給予或沒收代幣或點數。如果方案中分成幾個小組時，亦可依相同的方法以每一小組為單位實施，最後持有最多代幣的小組除賺到應得的代幣和獎酬外，干預者還可給予額外的獎勵。

　　反應代價法需要細心且完整的規劃才能產生預期的成效，尤其目標行為和增強物及行為代價的比率應有合理的安排，有時還需做必要的調整，才能激發個案去除其非適應行為和習慣的動力。在以團體法實施時，應注意不會因某個人行為違規使整個團體被罰而令其他成員產生不

公平的感覺。反應代價法的另外一個限制是，它將重心放在不適應行為
的降低和消除上。因此，在實務上如能與其他行為干預策略（例如：區
別強化）配合使用，協助個案習得良好的行為，取代原有的不良行為，
則能產生更大且可持久的效果。

第四節　暫時隔離

　　暫時隔離（time-out）代表與正強化暫時隔離（time-out from posi-
tive reinforcement），簡稱隔離法或暫停法，也是一種矯正不適當行為
的方法。這些行為一般具有某些程度上的嚴重性，會對行為發生的情境
造成困擾，例如：擾亂教室秩序、破壞團體紀律等。隔離強化的要點
是，當個體呈現不適當行為時，將個案和所有強化來源加以短暫的時間
隔離或空間隔離。它的目的是立即終止該行為的持續發生，讓個案學
習到行為的後果，以降低同樣行為未來再度發生的機率。有研究者認
為，暫時隔離作為一種行為消減程序應具有三個元素（Cooper, Heron,
& Heward, 1987）。第一，暫時隔離情境和非暫時隔離情境，在可否得
到強化物方面有顯著的區別，區別愈大，暫時隔離的效果也會愈大。如
果非隔離情境中的強化物，個案在隔離情境中也可以得到，隔離便難以
收到改善問題行為的效果。第二，暫時隔離應當是問題行為導致的直接
後果。也就是說，問題行為和隔離之間具有直接的關聯，而且應將這一
關聯明確告知個案，使其認知：每一次問題行為的呈現，便會產生隔離
的後果。第三，隔離應當有降低問題行為的效果，否則它便僅是一種
將個案加以孤立的動作，無法稱之為行為矯正意義上的隔離（Kazdin,

1989）。暫時隔離適合在較溫和的干預方法無法有效消除問題行為時使用。相對於有些將身體上的痛苦加之於個案的消滅技術（例如：體罰、電擊），暫時隔離有較少的厭惡性，但有時仍會產生一些對個案不利的副作用（例如：影響學習和同儕互動），這是干預者使用此矯正法時應加以注意的。已知的研究顯示，暫時隔離可有效消除兒童的不適當的語言和社會行為，例如：哭鬧、叫喊、講髒話、破壞、不服從、霸凌、攻擊等（Costenbader, & Reading-Brown, 1995; Luiselli, 1996; Reitman & Drabman, 1999; Roberts, 1988; Twyman, Johnson, Buie, & Nelson, 1994; Vegas, Jenson, & Kircher, 2007）。

一、暫時隔離的種類

　　一般來說，暫時隔離的方法可依其對行為者限制的程度以及隔離空間與增強情境間的距離，分為非排除性暫時隔離或非排除性暫停（non-exclusionary time-out）、排除性暫時隔離或排除性暫停（exclusionary time-out）和隱蔽性暫時隔離或隱蔽性暫停（seclusionary time-out）三個種類或等級。前兩種方法適於用來消減較輕微的不良行為，如不聽話、擾亂他人等。第三種則是用來處理情節較嚴重的問題行為，例如：破壞、攻擊等。第一級的非排除性暫停亦稱現場暫時隔離，在行為發生的同一場所實施隔離。此法對行為者施加較少的限制，它不需將行為者與行為場所加以完全隔離，而是當行為者呈現不適當行為時將行為者和與其行為有直接關聯的強化物或強化刺激（例如：食物、玩具、玩伴互動等）加以短暫分開，使其行為無法得到酬賞而逐漸消減，以此來抑制

它們所引起的不良行為。此法可有效消減較輕微的不良行為（Cooper, Heron, & Heward, 2007）。非排除性隔離或暫停和第二節所討論的消弱法不同之處是，消弱法的重點在取消原導致個案不適當行為的特定強化物（例如：老師或同儕的注意），隔離則是在一段短時間內將所有對個案有增強作用的事物完全加以移除。

第二級的排除性暫時隔離亦稱現場排除性隔離或現場排除性暫停，是將行為者從強化情境或活動中移出，進行短時間的隔離，以減弱或抑制其不良行為。例如：當行為者呈現非適當行為時，將其從所進行的活動或情境中分開，使其無法繼續參與。又如，當學生違反團體紀律時，被要求暫時停止參與團體的活動。排除性暫時隔離又可分兩種方式執行，一種是在隔離後仍准許行為者在現場旁邊觀察活動的進行。比如在球賽進行中，犯規的球員會被罰退出比賽，但仍可坐在場邊觀看比賽的進行。又如，在做化學實驗時，如果某生擾亂別人且不聽勸阻，老師將其移到教室後面，使其僅可觀察，但無法繼續參與實驗的進行。另一種方式是將行為者移置於教室某一隔開的角落，與教室內的情境完全分開，行為者也無法對教室中進行的活動做任何觀察。在球賽中，如果有球員發生打架或嚴重犯規，會被罰出場、回到球員休息室，也屬於一種排除性暫停。

第三級的隱蔽性暫時隔離亦稱遠離暫停，它是隔離法中最嚴格、也是對行為者限制最大的一種隔離法，適用於情節較嚴重或具頑強性的問題行為。此法實施時是將行為者從原來發生問題行為的情境中隔離到另外一個封閉且無增強刺激的場所，此一場所稱為隔離室，目的是使個案的行為不再繼續得到強化，而受到抑制。在家庭裡，幼小的兒童哭鬧

不休時，常會被父母送到浴室或寢室做短暫隔離，便屬於一種隱蔽性暫時隔離，在這些隔離情境中，隔離時間不宜太長，一般而言，對於介於2-8歲間的兒童，隔離的時間長度可以按每1歲1分鐘進行，並可以定時器計時。時間加長並不會增加隔離的效果（Gast & Nelson, 1977）。隔離的實施應在平靜而堅定的氛圍中進行，家長應避免與孩童做不必要的語言互動。隔離結束後，家長應告訴孩子其行為不當之處，以及教導孩子學習可以取代原來行為的適當做法。在學校裡，學生出現較嚴重的違規行為時會被送到隔離室做暫時隔離，情節重大的個案更會受到停學若干天數的處分，這些也都是執行隱蔽或遠離暫停法的例子。學校或心理輔導設施在實施隱蔽性暫時隔離時最重要的考慮是選擇適當的隔離場所，一般常用的場所，如走廊、校長室、樂器室、貯物室等並不適合，因為它們可能在不經意中對個案產生強化作用。對某些個案而言，暫時隔離可能正是其所希望的。例如：對於一位厭倦在教室聽課的學生，被隔離到教室外的場所可能正是該生求之不得的，在這種情形下，暫時隔離反而會對其所呈現的不適當的行為產生增強作用。理想的隔離室應當是一個經過設計的、使個案獨處的空間，室內除有簡單的桌椅外不應有任何傢俱和語音或視覺方面的設備，使個案無法得到任何增強刺激。隱蔽性暫時隔離的目的是為行為者提供一個安全平靜的空間，讓個案可以平復自己的情緒，並反思自己的行為。個案留在隔離室的時間依其不當行為的嚴重性以及其所引發情緒的強度而定。在其情緒逐漸平復且對自己的不當行為產生理解後，便可結束隔離。另外，干預者在隔離期間對個案在隔離室的情況也應做適當的監控，並對突發情況做妥善的因應處理。

二、暫時隔離法的優勢和限制

　　暫時隔離是一種容易實施而且可以快速消減不良行為、降低同樣行為在未來發生機率的矯正方法。隔離為個案提供了一個反思並重新掌控自己行為的機會。如果能與正向增強程序配合使用，更可以幫助個案發展良好的行為，取代原有的問題行為。非排除性暫時隔離或暫停是一種較不具侵入性的行為消減方法，在執行上不需要將個案從當下情境中（例如：教室）移出，執行者也不需要與個案有肢體上的接觸，同時，對個案的學習也不會有太大的影響。隱蔽性暫時隔離或遠離暫停法則比較複雜，干預者對它的實施應具有正確的了解和訓練，避免因對此法的誤用而產生不良的副作用。概括地說，隔離法的正確使用應具有教育性，也就是說，它應與正向強化程序或社會技巧訓練配合使用，教導個案如何以良好的行為來取代原有的不適當行為。在此一教育性的干預程序中，如果個案不良行為的起因是由於缺乏適當的行為技巧，那麼干預者應教導個案學習這些行為技巧，而非立即予以隔離。如果個案具有正確的行為技巧，但卻不使用，反而產生違規、不服管教等不良行為且經勸告無效時，那麼便可選擇隔離作為干預的方法。

　　暫時隔離是一種對個案具有限制性的矯正法。依照最少限制原則，它應當在其他較溫和的矯治法（例如：消弱、區別強化、反應代價法等）無效後才被考慮使用。在使用上應先選擇厭惡性較低的程序（例如：非排除性暫時隔離、現場排除性暫時隔離）來減少個案的不良行為，如果這些程序無法見效，才考慮實施限制性高的程序。新近的研究指出，限制性最高的隱蔽性暫時隔離近年來已被減少使用。暫時隔離法

實施時應明確訂定行為的規則，並告知個案：當個案的行為違犯規則時，便會得到隔離的後果。隔離的一個缺點是它很容易被誤用或過度使用。譬如說，有些老師會使用隔離將有問題行為的學生或自己不喜歡的學生「送」出教室，減少自己必須面對的麻煩。隔離的不當使用也會產生一些不良的副作用（例如：剝奪個案學習和與同儕互動的機會、引發個案的抗拒反應等）。暫時隔離有時也會被濫用，兩種常見的濫用包括隔離的時間過長和隔離的場所不夠安全，這方面的案例時有發生。另外，隱蔽性暫時隔離常被用來處理行為或情緒失調學生的問題行為，有時它對這些學生造成的傷害多於益處。在特教界，此一情況受到許多特教學生家長的關切和批評。因此，如需使用隱蔽性暫時隔離，應事先知會並取得學生家長的同意，然後依正確的方法實施，以獲得預期的效果，並避免可能產生的副作用（Alberto & Troutman, 2013）。

第五節　體罰

體罰（corporal punishment）是教育上和家庭裡用來管教學生或子女的一種措施，它的使用有長久的歷史，也受到許多的非議。贊同者認為它是維持行為紀律的重要做法，有些老師和家長認為，體罰可以使學生得到教訓而改正他們的錯誤行為。中、英文用語中也都有「不打不成器」（"spare the rod and spoil the child"）的說法，意謂它的使用有其必要。反對者則認為體罰弊多於利，而且常被濫用，違反了學生的受教權，當體罰被過度使用時，甚至會違反受體罰者的人權，應被禁止使用。從行為改變的原理而言，體罰是指當個體呈現不良行為時，將厭

惡刺激（aversive stimuli）加之於其身體上，使個體受到痛苦，因而減低或去除該行為，同時阻止同樣行為在未來再次重現（Gelfend & Hartman, 1984）。體罰與前兩節所討論的反應代價法和暫時隔離法不同的是，反應代價和暫時隔離都是藉由移除個體所喜愛的強化物或情境來消除不良行為，體罰則是將個體所厭惡的刺激加之於其身體上，以達到消除問題行為的目的。所謂厭惡刺激，可以分為一級厭惡刺激（primary aversive stimuli）和次級厭惡刺激（secondary aversive stimuli）兩種。一級厭惡刺激又稱無條件厭惡刺激（unconditioned aversive stimuli），是指會對身體造成傷痛或折磨的刺激，包括一般常見的體罰措施，如用手掌、木板、棍子、皮帶抽打身體部位；用刺鼻難聞的氣味（例如：難聞的氣味、辣椒噴霧等）噴向受罰者，要求受罰者做出使身體不舒服的動作（例如：長時間罰站、罰跪）；對受罰者加以不合理的過度操練（例如：罰跑操場、做半蹲跳、伏地挺身）；或束縛受罰者的身體（physical restraint）等。次級厭惡刺激又稱條件厭惡刺激（conditioned aversive stimuli），則是指原來屬於中性的刺激經過與無條件厭惡刺激配對的條件作用而帶有嫌惡性。條件厭惡刺激最常見的形式有語言譴責（如大聲訓斥、批評、怒吼、叫罵、警告等）和動作示意（如揚手恐嚇、握拳作勢等）兩種。使用條件厭惡刺激的目的是使受罰者認知它們與嫌惡後果的聯結，產生行為嚇阻和消減的效果。從基本定義而言，體罰是指無條件厭惡刺激加之於個體身上，並不包括條件厭惡刺激。但行為干預的研習者對條件厭惡刺激亦宜有所認知，條件厭惡刺激適當的使用，可有效達成改變行為的目的，例如：以輕聲訓誡代替體罰，而使個案免受身體上的折磨。相對的，條件厭惡刺激的濫用（如當

眾大聲辱罵），常會給受罰者帶來心理和社會性的痛苦或不適，比如感到羞辱、難為情、失面子、焦慮、氣惱等後果。這也是教師和家長在教導和養育兒童和青少年方面應有所了解的（Alberto & Troutman, 2013; Gelfnad & Hartman, 1984）。

一、體罰利弊的論辯

關於體罰利弊的爭辯由來已久。迄至目前的研究顯示，體罰的效果多是短期性的，主要包括可以快速抑制違規的行為，可以教導兒童辨別安全和危險的行為（例如：不可隨便碰觸爐火、不可在馬路上亂跑），避免兒童因從事危險動作而受到傷害。另外，體罰也可以教導受罰者辨別適當和不適當的行為，例如：隨地吐痰是不適當的、在公共場所不可大聲說話、打架並不是解決問題的方法等，進而養成兒童守規則的習慣（Gershoff, 2002；2013）。還有，體罰作為不適應行為的後果，對在旁觀察的同儕具有警示作用，可以減少他們因模仿不適應行為而犯同樣的過錯（Bandura, 1965; Marshell, 1965）。但在另一方面，反對者則指出，體罰的結果僅是將不良行為做暫時性的抑制，研究上並未發現它具有長期的功效（Gershoff, 2010; Owen, 2005; Society for Adolescent Medicine & Ad Hoc Corporal Punishment Committee, 2003; Turner & Muller, 2004）。而且，體罰僅將干預的焦點放在負面行為上，告訴受罰者不可呈現其所從事的問題行為，但它並不教導個案在同樣情境下什麼行為是適當、可被接受的，因此，被體罰者無法學習新的正面行為來替代原有的不良行為（Alberto & Troutman, 2013）。另外，體罰還會產生下面幾個副作用，值得採用者注意（Ferguson, 2013; Gershoff,

2010; Paolucci & Violato, 2004）。首先，體罰對兒童或青少年而言是一項不愉快的經驗，使其對體罰者和體罰情境產生畏懼或逃避的行為，例如：避免和老師接觸、曠課、缺席、甚至逃學等，嚴重時甚至可能導致退學的結果。有時體罰也會引起被體罰者對體罰者或體罰情境的敵意，產生侵犯性反應，例如：反抗、爭辯、摔東西等。此外，體罰也會造成被體罰者難堪、焦慮、情緒不安等反應，嚴重者更可產生沮喪或創傷後症候群失調等症狀（Ferguson, 2013; Griffin, Robinson, & Carpenter, 2000; Turner & Muller, 2004）。當以上這些情形發生時，被體罰學生的受教機會、學習表現、自我觀念和社交運作無疑也會受到負面的影響。還有，體罰在本質上是一種攻擊性的行為，它為被體罰者提供的是一個不恰當的行為模式，使他們誤認為這種行為是可被接受的，因而在與他人互動時（例如：同儕或比自己幼小的兒童）也容易加以模仿產生同樣的行為（Gershoff, 2010; Sobsey, 1990）。還有的研究者發現，體罰的立即抑制效果對它的使用者（例如：老師、家長）具有負強化作用，會增強體罰者對它的使用。久而久之，經常使用體罰的人往往會變成條件性長期體罰者（conditioned chronic punisher），體罰成為他們回應和解決問題的習慣措施。許多體罰孩子的家長回憶，他們自己小時候曾受到父母的體罰，當他們有了自己的孩子後，也以同樣的方式教育子女，這些人的子女成人後，很可能也會變成體罰孩子的家長，成為一種錯誤「傳承」。

　　基於以上利弊的考慮，行為干預者一般並不主張使用體罰來達到改變行為的目的，此一觀點並且得到多數教育和心理專業團體的認同。例如：美國兒童暨青少年精神醫學會（American Academy of Child and

Youth Psychiatry）、美國學校心理師協會（National Association of School Psychologists）、美國社會工作師學會（American Association of Social Workers）等也發出定位聲明（position statement），呼籲老師和家長不要使用體罰作為管教學生或子女的方法，更不要濫用體罰，以免構成對兒童的傷害，甚至造成虐待兒童（child abuse）的後果。其他的研究也顯示，近年來體罰的使用在世界各地都有降低的跡象。迄至2013年為止，世界上已有39個國家立法禁止體罰，包括阿爾及利亞、德國、法國、西班牙、義大利、阿根廷、巴西、哥斯大黎加、丹麥、委內瑞拉等（Global Initiative to End All Corporal Punishment of Children, 2012; Inter-American Commission on Human Rights, Rapporteurship on the Rights of the Child, & Organization of American States, 2009; Nobody's Children Foundation, 2013）。在美國的50個州中，則有31個州立法禁止在學校體罰學生。然而，毋庸置疑，體罰在世界許多角落仍然有相當數量的支持者，過度或不當體罰仍然在學校、家庭和相關教育設施中大量存在（Little & Akin-Little, 2008; Straus, 2001）。

二、使用體罰的基本考慮

如上所言，體罰是一種具嫌惡性且具有不良副作用的行為消滅方法。行為干預者、教師、家長、負責兒童和青少年管教的人員都應當盡量避免體罰的使用。教師和父母不應因為無法克制自己的憤怒而出手打孩子，尤其在孩子年紀尚小、缺乏理解和容易受到傷害時，更是如此。一般而言，只有在個案呈現不尋常的違規行為、可能對他人或其本身造

成傷害時，才考慮使用合理的、不構成虐待的體罰。一般不嚴重且無爆發性的非適應行為，例如：上課不專心、作業未完成、考試成績不好等，不應以體罰作為解決問題的手段。相對的，其他較溫和的行為消減方法（例如：區別強化、暫時隔離、訓誡、給予學習上的協助等）可能更具良好的效果（Gershoff, 2010; Sugai & Horner, 2006）。以下為有關在體罰實施方面應遵守的一些準則。第一，每一學校或相關教育設施基本上應避免使用體罰，而以採用非暴力的方法教導學生遵守紀律、養成自律的習慣。第二，如無法避免使用體罰，則應事先制訂有關體罰的實施指針，明確規定哪些違規的行為會受到體罰的後果。第三，在執行體罰前，應先行嘗試其他的行為矯正方法，將體罰作為最後不得已採用的手段，避免濫用體罰。第四，在使用體罰前，應先得到學生家長或監護人的同意。第五，體罰應具有適當的強度才能產生一定的效果（Carr & Lovaas, 1983; Gardner, 1977），但不可過度，而且應注意安全度，在個案學生和家長可接受的範圍內。過度或不當的體罰可能造成被體罰者身體或心理上的傷害，而且違反道德、甚至法律上的規範，應當避免。第六，體罰應在個案呈現不當行為後立即實施，避免給予受罰者規避或逃脫的機會，使受罰者充分認知到體罰的嚴肅性。第七，體罰應配合正強化程序共同使用，安排受體罰者學習良好的替代行為。第八，受體罰者從體罰獲得的益處應超出體罰可能為其帶來的不良副作用。

第六節 過度矯正

一、過度矯正的性質和步驟

　　過度矯正（overcorrection）包括一系列以社會學習理論為基礎的行為矯正方法，它的適用對象為對環境或實物造成破壞的不良行為，這些行為並非意外發生，而是行為者故意造成的。研究者將過度矯正定義為一種懲罰性的措施，當個案的不當行為對環境造成破壞時，過度矯正程序要求行為者將被破壞的環境改正過來，使其恢復原狀或改進到更好的狀況。在此一程序中，個案也學習良好的新行為，並用它來取代原先的不良行為（Azrin & Besalel, 1980）。從此一觀點而言，過度矯正也是一種含有教育性的行為消滅方法，它教導個案一方面必須為自己的行為負責，另一方面還要學習可被接受的替代行為，防止同樣的不當行為再次發生。

　　過度矯正程序可以分成兩個不同的部分或步驟：還原過度矯正（restitutional overcorrection）和積極練習過度矯正（positive practice overcorrection）（Foxx & Azrin, 1972; Foxx & Bechtel, 1983; Milten-berger & Fuqua, 1981）。還原過度矯正又可依不良行為的嚴重程度和對行為者的要求分為兩個層級，第一級為簡單還原（simple restitu-tion），第二級為還原過度矯正。簡單還原要求行為者僅需將被破壞的環境還原即可，例如：某生在憤怒中踢翻自己座位的桌椅，該生便必須把踢翻的桌椅恢復原狀。還原過度矯正則更進一步，要求行為者不僅需將被破壞的環境加以恢復，而且要把環境改正到比原先更好的狀態。譬

如說，在上例中該生不但要把踢翻的桌椅復原，還必須把整個教室的桌椅都排列整齊，作爲補償。又如，某人在地鐵站的牆上塗鴉，被發現後被要求不但將自己畫的擦掉，也要將整面牆的其他塗鴉也都加以清除，使它比原來更乾淨。簡單還原和還原過度矯正兩者的一個共同要件是，個案所產生的破壞行爲必須是故意的，而不是無意中發生的。另外，如果個案所產生的不當行爲並未對當下的情境造成破壞或負面的後果，則過度矯正並不是干預的適當選擇。

與還原過度矯正不同，積極練習過度矯正的目的是讓個案加倍練習正當的良好行爲，並以此一新習得的良好行爲取代個案原先所呈現的不當行爲。積極練習過度矯正也具有兩個不同的等級，分別爲積極練習和積極練習過度矯正。積極練習是指個案學習可以取代原不當行爲的正面功能行爲（positive functional behavior），並加以練習。積極練習過度矯正則不但要求個案能正確做出替代行爲，更要求個案對此替代行爲做大量重複練習，干預者並同時給予適度增強。例如：某一籃球隊員在運球時總是違規撞倒別人，教練乃要求他將正確的帶球過人步法重複演練100次，以改進他的球技。積極練習過度矯正在學校裡常被老師用來增強學生的學習技能，例如：某生在抄寫課文時字跡潦草、錯誤百出，老師罰該生將同一課文工整地重抄60遍，以改進其正確抄寫的能力。已知的研究顯示，過度矯正可以快速減少有精神失常症和智慧障礙兒童的自我刺激行爲（self-stimulation）（Azrin, Gottlieb, Hughart, We-solowski, & Rahn, 1975; Denny, 1980; Marholin, Luiselli, & Townsend, 1980, Miltenberger & Fuqua, 1981），也可以控制這類兒童的攻擊和破壞性行爲（Adams & Kelly, 1992）。另外，過度矯正還可以有效幫

助一般兒童培養適當的學習和社會技能（Azrin & Besalel, 1980; Lenz, Singh, & Hewett, 1991）。

二、過度矯正實施的重要考慮

　　過度矯正與反應代價和暫時隔離的一個重要不同之處在於，它是針對個案所呈現的問題行為而設計，亦即目標問題行為和矯正方法間具有直接的關聯。因此，過度矯正的實施應先對個案具破壞性的目標行為加以分析，並考慮用其他懲罰性較低的方法來矯正個案的行為，當這些方法都無法產生效果時，才採用過度矯正的程序。如上所述，此一程序應包含兩個部分。第一部分是還原過度矯正，幫助個案去除其問題行為。第二部分則為積極練習過度矯正，亦即教導個案學習正面行為，用來取代原先的問題行為。在使用還原過度矯正時，干預者先向個案說明其所呈現問題行為的不當或違規之處，並指出個案應該表現的適當行為。此適當行為應與原呈現的問題行為具有同樣功能，但在形態上則與問題行為互不相容，也就是說個案無法同時呈現問題行為與適當行為。例如：某生以搗亂的態度從遠距離向字紙簍投擲香蕉皮，因失準掉在教室的走道上。在進行干預時，干預者可教導個案安靜地走到字紙簍旁，近距離直接將香蕉皮放入字紙簍中。從遠距離投擲和從近距離放入香蕉皮，兩者具有同樣的功能，會達成同樣的目的，但在行動上二者是不相容的，僅可擇一發生。在教導個案認知和執行替代行為的過程中，除了向個案加以說明外，干預者也可用演示、角色扮演等方法，同時給予個案充分練習的機會。基於最少限制原則，在執行過度矯正時，應先選用簡單還

原和積極練習程序，只有當因爲某些原因（例如：問題行爲積習已久、個案無改變動機等）無法達成預期效果的情況下，才採用還原過度矯正和積極練習過度矯正等頻率或強度較高的步驟，例如：個案被罰做伏地挺身200次，或獨自打掃5間教室等。在決定行爲過度矯正的幅度時，應以個案能力可達成的範圍爲度，不可太過，而對其造成傷害或產生無助感，失去改變的動力。在整個矯正過程中，干預者應對個案在每一步驟的成功表現或行爲改進都給予適當的獎勵增強。在實施積極練習過度矯正程序時，宜採用區別強化的程序，增強個案學習替代行爲或不相容行爲。在此過程中，應注意避免在無意中強化個案的問題行爲，阻礙干預的順利進行。另外，干預計畫也應有後備干預方案，以便在個案產生抗拒反應或矯正未能生效時採用。

三、過度矯正的優勢和局限

過度矯正的主要優勢是，它可以快速地減少許多非尋常行爲，例如：刻板性自我刺激和自我傷害等，也可以改善兒童的學習、適應和社會技能。與體罰相較，過度矯正在適當且正確實施下不會造成個案身體上的傷害。另外，過度矯正具有教育性，可以幫助個案習得正面的良好行爲，增加干預的效果。相對地，過度矯正亦有其局限，包括：第一，它並非爲矯治未對環境造成破壞的一般問題行爲而設計；第二，干預者在策劃矯正步驟時不容易制訂恰當的過度矯正罰則或要求（例如：罰抄寫課文500遍明顯是太過度且不合理的要求）；第三，矯正方案實際執行時需有專人持續監控個案依規定完成所有的工作或動作要求；第四，

過度矯正有時也會產生不良的副作用，例如：對個案造成身體或健康上
的傷害。有時個案也可能對過度矯正的要求覺得過分或不滿，產生抗拒
或逃避的反應，此時干預者可給予做法上的提示或動作上的引導，但應
避免強制執行，以免引發語言甚或肢體上的衝突，將問題惡化。當此類
情況發生時，如果整個過度矯正方案無法順利完全執行，干預者便可依
照事先規劃的後備方案進行不同的干預處理。

第七節　正面行為支持

一、正面行為支持的模式

　　正面行為支持（positive behavioral support），又稱正面行為干預
和支持（positive behavioral intervention and support），是一種綜合性
的行為改變和管理系統，適合在學校和相關設施中推行。它的主旨是利
用行為干預的原理在校園中建立一個安全、正面和富支持性的環境和氛
圍，培養學生良好的行為和自律技能，同時消除不適應的問題行為，以
使校中所有的學生都能獲得健康的行為發展和成功的學習效果。正面行
為支持的發展受到過去二、三十年來有關行為干預成效研究的影響，它
強調在處理學生問題行為時，應了解產生和維持這些行為的決定性因
素，包括個體、環境、強化等。已知的研究發現，一般學校所使用的管
教方法，比如體罰、隔離、記過、停學等，大多是負面的，這些措施在
短時間內或可收到暫時的效果，但並不能達到消除問題行為的長期目
的，因為它們並不教導受罰的學生如何去改變不良行為和學習適當的

行為（Costenbader & Markson, 1998; Skiba & Peterson, 2000）。相對的，正強化策略和較溫和的行為消減方法對行為改變具有高度的效果，然而它們在一般學校中卻沒有被充分使用（Maag, 2001）。如果教師能多認可並獎勵學生的良好行為，那麼不但可以強化學生對良好行為的學習和表現，而且可以進一步融洽師生關係、影響學校內的氛圍，促進學生學業、行為及社會技能的發展（Lehr & Christienson, 2002）。目前已知的研究證實，正面行為支持策略可用來處理學校常見的一些問題，比如霸凌、暴力、違反校規、社交技能缺陷、管教問題等，而且其效果也優於傳統具有懲罰性的管教方法（Bohanon, Fenning, Carney, Minnis-Kim, Anderson-Harriss, Moroz, Pigott, 2006; Dee & Boyle, 2006; Luiselli, Putnam, Handler, & Feinberg, 2005）。

　　正面行為支持系統的結構包含三個不同的層面：初級干預（primary intervention）、二級干預（secondary intervention）和三級干預（tertiary intervention）。每一層面的干預皆聚焦於問題學生的識別，以及提供這些學生所需要的干預服務。三個不同層面所提供的干預處理並不相同，但它們都是針對每一層面的特殊問題行為所設計的，而且所提供干預策略和技術的效果是已經得到研究證實的。隨著第一到第三層面的遞升，所提供的干預的性質也變得更深入和複雜。初級干預可以在全校範圍內實施，以全校的學生為對象，所以亦稱為全校正面行為支持（school-wide positive behavioral support）。它具有廣泛的預防功能，通過正面行為的教導和支持，防止非適應問題的發生。一般來講，全校大多數的學生（約占80-85%）會對此一層面的干預作出良好反應，達成預防具風險性負面行為發生的目的。二級干預的對象是那些未對

全校性正面行爲持受益和做出正面反應的學生，這些學生呈現少量的問題行爲，但性質不太嚴重，不需要接受個別化的行爲干預，這部分的學生大約占全校學生數的10-15%。對這些學生的干預可以較小的團體爲單位實施（例如：年級、班級），稱爲團體正面行爲支持（group positive behavioral support），除年級或班級外，團體也可由少數具有同樣或相似問題行爲的學生組成，共同接受矯治或訓練，以達成團體中學生共同的干預目標。最後，三級干預的對象是那些少數在二級干預之後仍持續呈現違反紀律和行爲規範的學生，這些學生數約在全校學生1-7%之間，他們具有較嚴重問題行爲、需要接受高強度和個別化的正面行爲干預。在此層面爲這些學生所設計和提供的是密集性和個人化干預。這些干預和行爲支持的性質也比初級和二級干預更爲廣泛和複雜。

原則上，這三種不同層面的正面行爲支持設計在同一學校加以系統性規劃和執行，將可收到最大的效果。全校正面行爲支持和團體正面行爲支持，涉及的學生人數很多，在組織和執行上比較複雜。但是它們的優點是兼具預防和干預的功能，可以及早發現學生不符合期望的行爲並加以處理，無論這些問題行爲以何種型態出現，或在何時何地發生，正面行爲支持都可降低問題行爲擴增和惡化的機率（Bohanon et al., 2006; Duda, Dunlap, Fox, Lentini, & Clarke, 2004; Todd, Haugen, Anderson, & Spriggs, 2002）。同時，學生行爲的改進，可以節省教師用來處理問題行爲的時間和精力，而使教師更能專注於教學和相關工作（Scott & Barrett, 2004）。是以，正面行爲支持是一種對學生和教師皆有利的行爲干預系統（Cartwright & Boyle, 2006）。

二、正面行為支持的實施

　　以下對全校性正面行為支持、團體正面行為支持和個人化行為干預的實施，分別做進一步的說明。

(一)全校性正面行為支持

　　全校性正面行為支持包括涵蓋較廣泛的行為干預策略和技術，用來創造一個可促進和維持全體學生良好行為的校內環境。在此環境內，學生在老師指導下，習得學校所期望的行為，並明確知道自己所應呈現和不應呈現的行為，在實施全校性正面行為支持時，學校教師和員工在見到任何學生呈現符合期望的良好行為時，會立即予以認可，同理，見到違規的不良行為時也會立即做出回應。如此在全校範圍內有系統且一致性的實施正面行為支持程序。下面說明一般全校性正面行為支持應包含的要點（Office of Special Education Programs Center on Positive Behavioral Interventions and Supports, 2004）。

　　第一，全校性正面行為支持涉及到全校範圍的運作，應由有關人員組成一團隊負責策劃、實施和評估它的效果。團隊的成員可包括各類教職員工的代表若干人，組成一正面行為支持小組或委員會，成員應包括行政部門代表（如校長、副校長、訓導主任）、教師代表（包括各科教師、特教老師）、專業支持代表（學校心理師、應用行為分析師、輔導師、社會工作師、語言治療師等），職員代表、家長代表等。全校性正面行為支持的設計和實施，可由在這方面有專業背景的學校心理師、應用行為分析師和教師負主導責任。

　　第二，設立全校性共同行為期望（behavioral expectations）。行為期望應明確設定對學生所期望的行為以及相關規則，包括什麼可以做、什麼不可以做。爲了有效在全校推行特定行爲期望，每次可設定少量數目的行爲期望，並將這些行爲期望傳達給所有學生。每一行爲期望皆應有清晰的定義，且以正面的語句加以表述，避免模糊不清的用詞。已知的研究顯示，許多學生的違規或反社會行爲，都與學校在紀律方面的規定不夠清晰有關（Sulzer-Azaroff & Mayer, 1991）。很明顯的，全校性行爲期望也應符合學校的文化、政策以及學生的年齡發展，這些行爲期望應爲全校學生所共同遵守，也就是所有學生在校內無分時地都應展現被期望的行爲。

　　第三，由全校性正面行爲支持小組或委員會動員全校教職員以身作則，遵行所訂立的行爲期望，並協助老師們和相關人員學習使用正面行爲支持系統的概念和方法。

　　第四，教導學生學習學校所期望的行爲，包括在不同時間和地點應有的表現。教導要點可包括對每一行爲期望的理解和實施規則。使用講解、舉例、示範、獎勵、角色扮演和改正反饋等來增進學生的學習效果。另外也應將行爲期望張貼在校內各顯著場所，提醒學生注意，引導他們呈現符合期望的行爲。有關這方面的研究指出，對行爲期望有效的教導，可以增加中學生的良好行爲（例如：尊敬師長）和減少不良行爲（例如：擾亂秩序）（Langland, Lewis-Palmer, and Sugal, 1998; Cushing, 2000）。

　　第五，訂定行爲期望的認可和獎勵規則是全面行爲支持的重要部分。過去幾十年的研究顯示適當的獎勵是增進良好行爲的主要方法（例

如：Brophy & Good, 1986、Lohrmann and Talerico, 2004）。當學生呈現符合期望的行為時，應立即給予認可和記錄，並且在個別學生達到預設的標準時給予獎勵。全校行為支持援系統中應包含系列性正強化程序、明列可使用增強物的種類（如口頭認可、象徵性獎勵或實物獎勵等）和數量、增強時制、增強物給予的方式等。此一增強系統的設計應考慮到可行性和實施上的便利。完善的認可和獎勵系統可增加學生符合期望的行為，也會增進校內正面健康的氛圍和文化。

第六，設立行為後果系統，作為改正不適當行為的程序。已知的研究顯示，後果管理（consequential management）是對問題行為的有效回應。依學生所呈現違規行為的嚴重程度，決定個人為自己行為應承擔的後果或付出的代價。這些後果可以是輕度的，也可以是較重度的。例如：學生向圖書館借書，對損壞或遺失的書籍，應加以修復或賠償。此一系統應注重對受罰學生的公平性，也應具有教育涵義，教導違規學生認知自己行為錯誤的地方及如何加以改進。還有，行為後果程序的執行應具有針對性和一致性，使違規學生明確了解到其行為和後果的關聯，對違規行為不一致或不適當的回應，會造成學生認知上的混淆，導致學校紀律鬆弛，產生更多問題行為的後果。

第七，設立持續性數據蒐集系統，並使用這些數據監控正面行為支持的實施以及評估其成效。從以上的說明不難看出，全校性正面行為支持是一個複雜的行為干預系統，牽涉到為數眾多的學生和變項，有必要蒐集系統性的數據，用來評量實施的效果。因此，全校性正面行為支持也應包含一客觀評定系統，用來評量兩個不同的目的：1.正面行為支持是否全面依設計中的內容、程序和步驟忠實地執行；2.正面行為支持是

否達成它預期的效果。評定干預效果的方法有形成性評量和總結性評量兩種。前者是指在正面行為支持實施過程中對其進行分段式評估，藉以了解其在各階段的短期成效，以及全面行為支持在執行上是否有需要改進之處；後者則是指在整個行為支持方案結束時所做的評估，用來評定整個行為支持方案是否產生了實質的效果。在進行這兩項評量時，學校一般使用行為觀察，每天將學生們呈現的符合期望的行為和違規行為隨時加以記錄，同時也常用行為量表、行為面談等方法定期蒐集其他的資料，如此很快會蒐集到大量的數據，然後便可定期對這些數據進行圖形和統計分析，獲得客觀的評定結果和有用資訊，例如：正面行為支持是否在各步驟皆按照事先的規劃實施、學生們所呈現的良好行為或不良行為是否呈現某種型態、這些型態是否與特定場所或時間有關、哪些學生最常呈現違規行為等。如果數據顯示，某些學生在午休時間上下樓梯時經常互相推擠嬉鬧，那麼便可採取適當干預步驟，減少這些行為。同樣的，所蒐集的數據亦可以用來在每學期結束時進行總結性評量，決定全校正面行為支持實施後學生的行為是否產生顯著和具體的改善（良好行為顯著增加、問題行為明顯減少）。如果全校正面行為支持每年都常態性實施，也可將各年度的數據進行比較，將所得的資訊作為規劃未來方案的參考。此外，全校性正面行為支持的數據也可以用來檢視正面行為支持是否對學生成果（student outcomes，例如：出席率、學習成就、社會發展等）產生連帶正向影響。

(二)團體性正面行為支持

　　正面行爲支持除在全校全面實施外，也可以縮小範圍，在特定的場所實施。例如：在全校正面行爲支持實施後，所蒐集的數據顯示呈現不適當行爲的學生集中在某年級的少數幾個班級，或者不適當行爲大多發生在某一個場所（例如：走廊、操場），那麼團體正面行爲支持便可以這些班級或場所爲單位實施。實施的要點基本上與全校正面行爲支持一樣，應包括定義行爲期望、教導行爲期望、獎勵符合期望的行爲、安排違規行爲後果、設計數據蒐集系統、評定干預效果等。以班級爲單位的正面行爲支持所牽涉的學生人數遠比全校性正面行爲支持爲少，任課教師可以將這些要點配合自己的教學方法和教室管理風格實施，更自然且有效的改善學生的行爲。團體性正面行爲支持實施的另一種方式是將有相同或近似問題行爲的學生組成一個或數個群體或小組，給予加強性的行爲支持，教導小組中的成員學習學校對學生們期望的行爲，也就是以小組中的學生作爲正面行爲支持的實施對象。這些學生接受每週一次或兩次的訓練，訓練全程一般可持續8到12週，培養小組成員所久缺的行爲，或減少成員的非適應行爲。譬如說，對社會技能欠缺的學生施以社會技能訓練。又如，使用自我調適訓練來減少小組中患有過動症學生的衝動傾向。使小組中學生的問題行爲在接受團體正面行爲支持後得到改善，符合團體和學校的期望。最後，在以小組訓練方式實施團體性正面行爲支持時，也應當持續蒐集客觀數據，用來監控學生行爲改善的程度，及決定所實施的正面行爲支持是否產生預期的效果。如果有些學生在接受團體性正面行爲支持後，其違規或偏差行爲仍然存在，那麼這些

學生便需要接受更進一步的個別化行為干預。

(三)個人化正面行為支持

　　個人化正面行為支持亦即個別化行為干預，顧名思義，是指為個案問題學生所設計和執行的一對一單獨行為干預方案。這種行為干預具有高度的針對性，對象是在全校性（初級）和團體性（二級）正面行為支持後，仍未能達到行為期望的學生，或呈現較嚴重且不常見行為問題的學生，這些行為具有危險性和破壞性（例如：暴力、破壞公物、攜帶武器等），需要次數較密集、時間上也較長的干預，目的是為個案學生提供高強度的正面行為支持。個人化正面行為支持的實施，應明確個案學生特殊需求，並包括進行密集性干預的機制。實施個別行為干預可以先進行功能性行為評估（functional behavior assessment），分析個案問題行為的功能或目的，找出影響個案問題行為的情境和前導因素，然後設計並執行行為干預計畫（behavior intervention plan），減少和消除個案的問題行為，同時並教導個案學習新的良好行為去取代原有的問題行為。干預者亦可利用本章前面幾節所討論的行為消減方法，配合第七章的正強化策略、第九及第十章的認知行為干預和自我調節的方法選擇使用，進行深入性的行為矯正或認知行為治療，再輔以家人和同儕的支持，以收到最大的效果。這些都是近年來使用很多的個別化干預策略。就像全校性和團體性正面行為干預一樣，個別化行為干預也需要蒐集系統性數據，用來評定干預處理的完整性和對改變個案學生行為的效果。總括而言，正面行為支持系統的最終目的是，所有學生在接受全校性、團體性，或個別化干預後，都能符合校內所訂定的行為期望。

第九章 認知行為策略

第一節　認知行為策略的基礎和特性

　　第七章和第八章分別討論了以傳統行為理論為基礎的行為增強和消減方法。本章將介紹另外一類不同導向（orientation）的干預或治療策略，亦即認知行為治療。認知行為治療的發展始於1960年代，主要貢獻者是米切鮑姆，其主旨是教導個案經由認知過程的調節（regulation）或重組（restructuring）來改變和管理自己的行為。認知過程包括思維、想法、信念、知覺、感受或態度等因素，治療師或干預者和患者本人可經由對這些因素的共同處理，改變個案的心理和行為障礙。認知行為策略具有三個基本假設。第一，個體的認知過程在情境刺激和行為反應間具有仲介作用，亦即個人的行為受到認知因素的調節。第二，認知仲介歷程的改變會導致個體實際行為的改變。第三，個體在干預過程中是積極參與者，對改變自己行為扮演主動的角色，而不是僅受制於環境影響的被動反應者（Hughes, 1988）。

　　「認知行為策略」一詞，並非僅指某一項特定的治療技術，事實上，它涵蓋許多種具有共同理論基礎的認知和行為改變方法和程序。與

傳統的行為干預相比較，認知行為治療策略將重心從前行事件和伴隨後果的操縱，轉移到對仲介認知變項的干預。也就是說，仲介認知變項的改變是這些改變程序的基本共同特性。認知行為治療的發展受到下列幾個方面的主要影響。第一，認知治療。認知治療的研究者認為，傳統的行為改變技術過分強調對環境事件的操縱，而忽略了認知因素在行為改變過程中的重要性。他們主張，個體的行為不單是受到環境的支配，也同時受到個體內在認知和情感因素的影響，個體對環境的認識和理解、對自己或他人的看法、對事物的見解和評價等都會影響個體的情緒和行為反應。認知治療的先驅者艾理斯（A. Ellis）和貝克（A. Beck）認為，個體的情緒困擾來自對情境的錯誤看法或非理性思維，他們二人在認知治療方面的貢獻（見第一章）對後來認知行為干預策略的發展產生了重要的影響。第二，社會學習理論。認知行為策略的重要特性是它脫離了激進行為主義的架構，而採用班圖拉所主張的交互決定論（reciprocal determination）（Bandura, 1977a）認為個體的特定表現取決於環境、認知和行為三種變項的交互作用。班圖拉的模仿學習和自我調節（self-regulation）原理在認知行為策略中也占有重要地位。模仿學習闡明個體經由觀察楷模（model）的表現，可習得新的行為或改變原有的行為。自我調節理論認為個體可以觀察、監控自己的行為，並加以調節和改進，以達成某些特定的目標。二者皆強調個體在行為改變歷程中的自主性和對環境認知的重要性。第三，私人語言（private speech）方面的研究。認知行為策略發展上另一個重大影響來自於私人語言和行為關係的研究。前蘇聯心理學家維果茨基（Vygotsky, 1962）和魯利亞（Luria, 1961）的研究顯示，個體在私下對自己使用的語言，也就是對

自己所說的話，無論是內隱的（covert）或外顯的（overt），都會直接影響其行為。基於此一理論，米切鮑姆和他同期的研究者發展出不同形式的自我對話（self-talk）或言語調節（verbal mediation）程序，用來影響個體的認知歷程，在各種認知行為治療技術中有頗多的使用。例如：有的認知行為治療技術教導個案使用自我陳述語句去提醒自己解決問題的步驟，有的策略教導個案使用自我陳述語句去監控和評估自己的想法、態度、行為等。第四，行為改變技術。對認知行為治療的完整討論不應忽略行為改變技術在治療過程中所占的地位，認知行為干預的目的不僅在改變個體被扭曲的認知，也同時要改變和消減個體的行為困擾。行為改變技術與認知治療程序結合使用，才能有效地達到改變個案認知和行為的目的。

　　從干預或治療實施的層面而言，不同於行為改變技術在自然情境中進行，認知行為治療以談話取向為主，可以個人談話或以小組方式進行，但有別於其他談話式治療（譬如心理分析），認知行為干預具有較高的結構性，此一結構性來自它的問題聚焦和目標取向，以及在治療中使用系統化的步驟和程序（Braswell & Bloomquist, 1991）。認知行為治療的另一特徵是，它強調干預應採用基於證據的治療方法，也就是說，所採用治療方法的效果已經得到研究的證實。治療師依個案所呈現症狀的診斷和性質，選擇特定基於證據的治療方法，幫助個案識別其扭曲的認知（例如：思維、想法、信念、態度、價值觀等），破解已陷入不良循環的困擾情緒和行為反應，並且教導個案學習新的正向適應策略和技巧，並將它們應用於日常生活中。在整個治療過程中，治療師和個案兩者之間是合作關係，治療師鼓勵個案積極參與治療，兩人共同協力

（例如：共同制定治療目標、會談主題、布置家庭作業、評價個案表現等）去達成消除個案心理失調和行為障礙的目標。認知行為治療通常會包括下面幾個步驟：1.治療師幫助個案患者識別困擾個案的情境（包括人、事、物、活動）；2.治療師引導個案察知到自己的認知、情緒、態度等內在歷程；3.在治療師指導下，個案評估自己非理性或不實際的思維，找出自己認知上的扭曲之處；4.治療師使用特定策略幫助個案重塑歪曲的不健康思維（例如：建立邏輯思考、信心訓練、為抑鬱症患者提供愉悅性的活動、進行鬆弛訓練等）；5.治療師引導個案學習新的訊息處理方法和行為因應技能（例如：衝動控制、社會技能），並加以充分練習；6.治療師和個案共同評估個案在思維和行為改變上的表現，並給予反饋。如果個案表現良好，便加以獎勵強化。否則即找出失敗的原因，並修正處理方案，重新繼續治療。在此應指出的是，認知行為治療在過程中，也會採用其他適當的行為改變方法作為輔助，例如：教導、講解、演練、觀察學習、角色扮演、強化和消減程序等。治療師還常在治療過程中加入「家庭作業」，要求個案在治療時間之外，執行特定任務，例如：記錄自己的情緒波動和行為反應、在家練習治療中所習得的思考和因應技巧，並且在日常生活中加以實踐等，以增加治療的效果。另外應指出的是，就像任何行為或心理干預一樣，治療師和個案間融洽的合作關係在認知行為治療上尤具有重要性，個案對治療師的信賴與合作態度是兩者共同解決問題，以及個案成功習得認知和行為改變策略的關鍵因素。一般在認知行為治療的初始階段，治療師會先向個案患者講解認知行為治療的基本概念，讓個案了解個體的情緒和行為會受到個體本身對特定情境思維的影響。在個案同意這一治療方式後，才會開始治

療的程序。總體而言，認知行為干預屬於一種較短期的治療模式，它的實施不像傳統心理治療那樣需要太長的時間，一般可利用數週到幾個月時間完成。

本章和第十章將分別介紹兩個不同系列的認知行為干預策略。本章在下面幾節將說明自我指導訓練、問題解決訓練、生氣管理訓練、歸因再訓練和焦慮管理訓練等幾種常用認知行為治療的原理和實施。第十章將討論自我監控、自我評價和自我強化等有關自我調節的幾種策略。

第二節　自我指導訓練

一、自我指導訓練的原理

自我指導訓練（self-instructional training）是米切鮑姆所創立的一種教導個案當遭遇困難或面對問題時，使用自我對話去改進自己思維和行為的干預方法。所謂「自我對話」乃指由個案對自己陳述或說出某些特定語句。自我指導訓練的基本原理是，個體對自己所說的話，會影響個體的行為，如果個體對自己所說的話是正向的，便會引導個體產生有正面意義的良好行為。反之，負面的自我對話則會導致個體的非適應和問題行為。自我對話可以是內在的，也可以是外顯的。外顯語言是發出聲音、顯露於外，可為其他人聽到的，內在語言則是由個案在內心默念，並不發出聲音。自我對話是認知行為干預中的一個重要概念，它來自前蘇聯心理學家維果茨基和魯利亞在人類認知發展方面的研究。維果茨基的重大貢獻之一是建立了語言和認知功能關聯的理論，他認為語言

是兒童適應環境和解決問題的工具，有調節兒童思想和行為並促進其認知發展的功能。他的研究顯示，兒童在解決困難問題時常會使用內在語言，以對自己說話的方式幫助自己去思考，尋求解決問題。這表示兒童是藉由自我對話啓發自己解決問題的方法。當兒童在內在語言方面有所欠缺時，便失去對其認知進行適當調節的功能，而連帶影響到本身的行為。魯利亞也認為，自我對話，無論是內在的或外顯的，皆可影響一個人的行為，他並提出自我調節的理論，認為個體可以學習使用外顯和內在語言來調節其認知過程，達成所希望的行為改變。歸納以上所述，自我指導訓練的主旨即在幫助有心理困擾和行為障礙的個案，設計和使用正向的自我對話，來改變個案的認知和情緒，達成消除或改變心理和行為問題的目的。

二、自我指導訓練對行為問題的治療

認知行為治療者在1970年代發展出幾種自我指導訓練的方案，來協助兒童和成人個案解決行為或學習上的困難。米切鮑姆和他的共同研究者（Meichenbaum & Goodman, 1971; Meichenbaum & Asanow, 1979）使用自我指導訓練幫助患有過動症和衝動行為的兒童去控制自己的衝動傾向，他們發現這些兒童所顯現的異常行為並不是由於錯誤或非適應性認知，而是與缺少內在語言的調節功能和充分的內控有關，這些兒童不知道如何運用自己的思維去控制自己的行為。米切鮑姆和古德曼（Meichenbaum & Goodman, 1971）在他們的研究中，教導接受干預兒童執行自我對話，使用專門設計的內在語句或問句來控制他們的衝動

行為。結果顯示，自我對話語句或問句的使用，成功的增加了這些兒童內在的自控及引導正確行為的能力，從而達到抑制衝動行為和改善注意力的效果。基於此項研究，米切鮑姆和古德曼建議，一般自我指導訓練方案應包括下列幾種內在語句或問句，教導個案使用自我對話來引導自己的行為，一步一步達成所要求的目標。第一，問題定義語句或問句：干預者幫助個案面對問題或困難時先確定問題的所在，並加以清楚定義。例如：個案問自己「我所面對的情況或問題是什麼？」以用來明確自己應進行的任務。第二，問題解決語句或問句：亦即個案思考如何解決問題。例如：個案問自己「我應當怎麼做才能解決這個問題？」或「我應當怎麼做才能避免衝突的發生？」第三，注意聚焦和反應指導語句或問句：個案告訴自己要專注於解決問題的關鍵點，使用例如：「我應該把正確的答案仔細想好才作答」、「我是否是在使用正確的方法？」等內在自我指導語。第四，自我強化語句或問句：例如：個案對自己說「我做的很好」、「很高興我做到了」、「我對自己的做法感到滿意和自豪」等，來獎勵和強化自己的良好表現。第五，自我評價和錯誤修正語句或問句：個案在治療師的幫助下，設計自我指導語句對自己的表現加以評價，例如：「我做對了嗎？」、「我做得好不好？」。如發現錯誤，可用自我對話告訴自己說「我這次沒做對。不過沒關係，我下次會改正」，或「我做得不夠好，但我知道問題在哪裡，我可以重新來過，加以改進」。

　　自我指導訓練包括一系列的連續步驟，上面所說明的五種內在語言分別適用於系列中的不同步驟。在進行自我指導訓練時，干預者並應使用講解、演示、模仿、強化等方法教導個案如何有效使用自我指

導語句，在面對問題時逐步進行自我引導，完成個案所期望的任務或行為目標。為了加強訓練效果，干預者在過程中有時也會指定「家庭作業」，要求個案回家後繼續練習，增加對改變方案中各步驟的熟悉度，並在現實生活中實踐。另外，米切鮑姆建議自我指導訓練方案亦可用於對其他行為問題的矯治上（Meichenbaum & Goodman, 1971; Meichenbaum, 1977）。例如：坎普和她的共同研究者，便依自我指導訓練模式發展出名為「出聲思考」（"think aloud"）的治療方案，教導具攻擊性兒童在面對挑釁時，使用內在語言進行自我指導，對挑釁做正確回應（例如：告訴自己保持冷靜、避免動氣並理智地離開現場、不要以暴力相對等），達到控制負面情緒和降低攻擊性行為的結果（Camp, Blom, Herbert, & Van Doornick, 1977）。後續的研究進一步證實，自我指導訓練對ADHD兒童（Barkely, 1990；周台傑、林玉華，1996；曾嬋嬋、吳佑佑、邱彥南、劉瓊瑛、宋維村，1997）、有攻擊問題的孩童（Meichenbaum, 1977; Meichenbaum & Asarnow, 1979）和腦性麻痺癱患者（O'Callaghan & Couvadelli, 1998；黃允香，2009）具有正向且顯著的效果。

三、自我指導訓練和學習問題的改進

除行為問題的治療之外，自我指導訓練亦可以用來改善兒童學習上的表現（Lloyd, 1980b）。兒童在學習上遭遇困難，往往是由於他們缺少完成學習任務（例如：解答數學題、寫閱讀摘要等）所需要的認知策略，因此，如果要改進這些兒童的學習，應教導他們去了解完成特定

學習任務的認知策略，以及使用它們來克服學習上的困難、增進學習的
效果。自我指導訓練是教導學童習得認知策略的有效方法。在實施時，
首先由干預者對預定的學習任務加以作業分析（task analysis），找出
它所牽涉到的認知策略，然後再教導個案學生使用這些策略，一步一步
進行有效的學習。此類自我指導訓練一般包括下列五個步驟。第一步，
認知模仿：由干預者向個案學生大聲講解完成學習任務的步驟，並加以
正確示範，個案在旁觀察學習。第二步，明顯的外部指導：干預者大聲
依次說出完成學習任務的步驟，個案依外部指導語操作，逐步執行學習
任務。第三步，外顯的自我指導：個案對自己說出完成學習任務的步
驟，並按照指導語操作，逐步完成學習任務，干預者在旁觀察並給予必
要的協助。第四步，淡化外顯自我指導：個案降低音量、輕聲地對自己
說出作業指導語，並逐步依照完成任務，干預者在旁觀察和給予必要的
指導。第五步，內在的自我指導：個案自己在心中默念指導語，並逐步
完成學習任務（Meichenbaum, 1977）。從以上的步驟可知，自我指導
訓練是經由外顯和內在指導語的運用和楷模示範，使學習者由干預者
外顯語言的教導漸進至內在語言的自我引導，影響其認知仲介過程，
達成預期的學習目標（周豐宜、羅萬達，2011）。柏克爾、史耐德、
和普萊斯里（Burkell, Schneider, & Pressley, 1990）利用此一方法，有
效改善學童在數學學習上的表現。葛蘭姆和哈利斯（Graham & Harris,
1988），也成功教導有學習障礙的學童，經由自我指導訓練增進個案
學童的寫作技巧。

四、自我指導訓練的實施

最後，將執行自我指導訓練應注意的要點條列如下。

・在決定使用自我指導技術時，應考慮個案的認知能力，亦即個案應具有執行目標行為和理解及使用自我指導語的能力。

・干預者向個案說明自我指導訓練的概念。以個案所呈現的問題，向個案說明治療的目標行為和治療程序，並且確定個案得到充分的了解。

・干預者向個案示範如何使用自我指導語去改變認知和行為障礙，並給予個案充分練習的機會和必要的反饋指導。

・個案在干預者的幫助下，設計自我指導使用的內在語句或問句。

・個案練習自我指導語言的使用，並在實際學習情境中應用。

・在實施自我指導訓練時，必須依照預定的步驟逐步加以訓練，當個案對前一步驟可充分掌握後，才能進行次一步驟的學習。

・當個案完成每一步驟認知策略的學習時，干預者應給予反饋意見，對個案良好的表現給予獎勵，以強化學習效果。

・在治療過程中，干預者對個案的表現進行持續的觀察和監控，確保個案正確使用自我指導語和認知策略。

・當個案學會使用自我指導語後，逐漸淡化干預者在治療過程中的角色。

・在治療完成及產生成效後，干預者和個案共同回顧自我指導訓練的正確方法，並鼓勵個案在日後的生活中應用。

第三節 問題解決訓練

一、問題解決訓練的目的

人們在日常生活中與他人互動常需面對各種問題，諸如爭執、霸凌、衝突、敵視等。有效而合理地解決這些問題，關係到個人的正常運作和社會適應。但是有些兒童或成人因為缺乏解決人際互動問題的能力，不知如何對問題情境做出適當的反應，常會受到困擾並產生負面情緒（例如：焦慮、氣憤、悔恨等），進而導致異常行為（例如：攻擊、破壞）的出現，造成社會及心理適應上的困難。問題解決訓練（problem solving training）是針對這類問題所設計的認知行為干預技術，它的目的是協助個案學習解決問題旳正確思維和途徑，減少其在人際關係上的非理性行為及不良後果（例如：吵架、動武、逃課等）。問題解決訓練可以實施於個人或小組，一般包含一系列的課程，教導個案以系統性的程序去處理其所面對的人際問題，避免急切做出不適當的判斷或錯誤的選擇，紓緩情緒上的困擾，降低與他人的衝突，以及增進人際間的良好互動。個案在經過培訓後可改善其對原問題情境的認知和反應，也可增強他們未來解決類似問題的能力。

二、問題解決訓練的內容

最早提出問題解決訓練策略的是德祖瑞拉和戈德弗萊德（D'Zurrilla & Goldfried, 1971），其後又有研究者發展出其他幾種方案（如Goldstein, 1999; Spivak & Shure, 1974；廖鳳池、鈕文英，

1990）。一般而言，不同的問題解決訓練方案在重點上具有許多共同性，它們皆包括下列幾個德祖瑞拉和戈德弗萊德所建議的基本步驟（D'Zurrilla & Goldfried, 1971），並藉助自我指導程序教導個案學習一系列解決問題的技能，達到解決問題的結果。

第一步，識別問題。干預者或訓練者幫助個案認識問題的發生，並激發其正向積極的態度，尋求問題解決的動機。

第二步，對問題加以定義。干預者或訓練者幫助個案清楚地了解問題的性質、不適當性癥結所在，並確定治療目標。

第三步，產生問題解決途徑和方案。訓練者用腦力激盪方式幫助個案想出大量可用來解決問題的策略和方法。

第四步，選擇和決定干預方案。個案考慮所有可能的問題解決方案，評估它們的利弊及可行性，並從其中選出一項方案，作為解決問題最適當的方法。

第五步，執行和驗證。個案將所選擇的問題解決方案付諸實施，並對執行成效加以評估。

斯比維克和舒爾（Spivak & Shure, 1974）是問題解決訓練技術的另外兩位重要貢獻者，他們提出了人際認知問題解決方案（interpersonal cognitive problem solving, ICPS），指出問題解決訓練的重點不在教導個案思考什麼，而是如何去思考。也就是說，干預者應幫助個案了解問題解決的過程，以及思考產生問題解決方法的途徑，這些要比為個案提供解決問題的方法更重要，因為這樣可以增強個案當前和未來解決問題的能力。他們建議可以從六個思考方式去教導個案如何思考，培養其解決問題的技巧和能力，例如：讓個案了解問題的癥結、別人的感

受以及對問題情境可以有不同的反應方式等。這六個思考方式如下。第一，另類解決方法思考（alternative solution thinking）：認知解決問題的方法不止一種，應思考其他解決問題的方法和可能性。第二，結果思考（consequential thinking）：考慮行為可能產生的後果，增加思考行為結果的能力，有助於抑制不適當的反應和行為。第三，因果思考（causal thinking）：思考兩種或多種事件發生之先後次序和因果關係，了解何以某一事件會導致特定的後果。第四，人際敏感度（inter-personal sensitivity）：了解問題牽涉到人與人之間的關係和互動，增加在這方面的敏感度以及與他人和睦互動的社會技能。第五，手段一目的思考（means-ends thinking）：認識手段和目的間的關聯，知道以階梯式計畫採用適當的方法逐步進行，才能達到目的。第六，觀點採取（perspective taking）：了解別人對問題具有不同的動機和看法，才會採取與自己不同的行動。斯比維克和舒爾認為，個案在成功學習到這六種思考能力後，會更容易見到思考過程與結果之間的關聯，與人相處時會更能為他人著想，對問題情境做出更合乎情理的反應，進而減少摩擦和衝突，降低挫折感，同時也可以增進他們的正向行為和社會技能，維持健康的人際關係。

三、問題解決訓練的實施

如前所言，問題解決訓練的對象為在人際互動方面能力欠缺的個案。訓練可以個人或小組法實施，採用小組法時，小組中的成員應呈現相似的人際關係方面的問題。訓練過程一般包括一系列每週一次共

約8-10週的課程，在實施時，干預者應清楚講解關於問題解決的基本概念，並以日常生活中的眞實事件舉例說明，而且對重要步驟加以演示，例如：向個案示範如何使用自我指導語句等。干預者或訓練者也應提出各種人際問題案例作爲討論的材料，要求個案提出各種可能的解決方法，對它們的優、缺點加以比較。在訓練過程中也應鼓勵個案以自身的經驗參與討論或作角色扮演，增加其對所關切問題的解決步驟和技能的熟練度。最後，問題解決訓練可與社會技能訓練（social skills train-ing）聯同實施，擴大干預效果（D'Zurrilla & Goldfried, 1971; Gold-stein, 1999; Spivak & Shure, 1974）。

第四節　生氣管理訓練

一、生氣管理訓練的原理和目的

生氣管理訓練（anger management training）又稱憤怒管理訓練。生氣和憤怒是日常生活中常見的情緒反應，它的起因是由於個體受到內在或外來的刺激，這些刺激一般具心理社會性（psychosocial），它可能是外來的挑釁或攻擊，也可能是個體內心的想法，這些刺激對個體造成威脅、壓力或傷害，因而啓動了個體的憤怒激發（anger arousal）。如果對憤怒情緒無法減緩和紓解，便會導致異常、負面反應和行爲的結果。研究顯示，生氣情緒具有正面和負面的功能。合理的生氣情緒可視爲對負面刺激的正常反應，它讓個體意識到問題的存在並產生解決問題的動力（Averill, 1983; Tavris, 1989）。然而，過度或強烈憤怒情緒會

導致個體在生理和行為兩方面的改變。前者如面顯怒氣、呼吸急迫、心跳加速、肌肉緊張等。後者包括失去自我控制能力，阻礙理性思考，呈現攻擊、破壞、暴力等激烈的非適當行為，進而造成個案在家庭、學校或工作場所中人際關係或社會互動上的問題，甚至也會影響到個案的健康狀態（如高血壓、抑鬱症狀等）。

從認知的觀點而言，生氣或憤怒情緒反應主要來自於個體對外界刺激（包括情境、事件、人、物等）或內在想法的認知，個體經由認知過程對刺激加以評估，並預期刺激可能帶來的衝擊，對刺激的錯誤或負面認知能使個體經歷煩躁、氣憤、憎恨、敵意等難以抑制的精神狀態。因此，個體認知被視為刺激和生氣反應間的仲介變項，這是生氣管理訓練作為認知行為療法的基礎。基於此，生氣管理訓練的主旨是教導個案了解並改變自己對刺激的錯誤認知（例如：將負向認知改變為正向認知），並學習緩和及控制憤怒情緒的技巧，減少非理性行為，並增加適當反應的能力。簡要而言，訓練個案在面對內在或外在負面刺激時以所學到的生氣或憤怒管理方法去回應，而不再呈現非理性的反應和行為。

二、生氣管理訓練的內容

以認知行為原理為基礎的生氣管理訓練策略很多，其中最主要的有三種，分別為諾瓦克（Novaco, 1975）、芬德勒和弗里莫（Feindler & Fremouw, 1983）、戈德斯坦和克利克（Goldstein & Click, 1987）所提出。它們皆採用米切鮑姆的自我指導程序，再加上新添技術，作為訓練內容，教導個案在受到內在或外在憤怒激發時使用自我陳述語句去管理

自己的憤怒情緒，例如：教導個案使用建設性思考策略，將原先使用的負向自我陳述改變為正向自我陳述，去引導他們思考的方向，正向認知外界的刺激，中斷憤怒升起的念頭，提升自我控制負向情緒的能力，避免做出粗暴的非適當反應。

諾瓦克認為憤怒激發受到評價（appraisal）和預期（expectation）兩項認知歷程的影響，評價是指個案對刺激威脅的評估，預期則指個案判斷刺激對自己的可能影響。諾瓦克所設計的訓練內容重視加強個案對壓力事件進行適當反應的能力。訓練目的包括：1.避免非適應性憤怒的發生；2.培養個案在壓力下或被激怒時調節憤怒情緒的能力；3.提供個案應付挑釁情境的有效技巧。針對這些目的，諾瓦克的憤怒管理訓練共包括下面三個階段。第一，認知準備階段（cognitive preparation stage）。在此階段，干預者教導個案什麼是憤怒激發及其決定因素，協助個案察覺引起憤怒的扳機（trigger），了解憤怒的正向和負向功能以及控制憤怒的技巧等。第二，技巧習得階段（skills acquisition stage）。在此階段，個案學習面對挑釁時控制憤怒情緒的適應技巧，降低個體情緒上的緊張狀態，包括放鬆技巧、問題解決技巧、社交技能等。此階段特別強調個案使用自我陳述語句的訓練。第三，應用訓練階段（application training stage）。個案在此階段以角色扮演和家庭作業方式在日常生活中練習第二階段中所習得的適應技巧。在此訓練內的自我指導部分包括教導個案在四個不同情況下使用自我陳述語句來引導自己的思維和反應，這四個情況分別為：情況一，對挑釁做好準備 —— 在此情況下，個案可使用自我指導語提醒自己做好準備，例如：對自己說，「情況有些棘手，但是我知道如何應付」；情況二，了解對抗和影

響——例如：個案可告訴自己，「我不需要動氣，也不必往壞處想，應思考該怎麼辦」；情況三，因應激發——例如：個案可提醒自己，「暫停、放鬆、深呼吸，讓自己冷靜下來」和情況四，事後自我反思——如事件得到圓滿解決，個案可使用自我陳述語句進行反思，例如：對自己說，「在整個事件中我保持了冷靜，做得很好。」相對的，如果事件未得到圓滿解決，個案可對自己說「事件未得到良好解決，但我不需太失望，結果總比爆發肢體衝突好」等。

芬德勒和共同研究者（Feindler & Fremouw, 1983; Feindler, Marriott, & Iwata, 1984）在1980年代將諾瓦克的模式進一步修改，將訓練分爲如下五個連續的階段：第一，識別線索階段（identify cue）：干預者教導個案認出挑起自己憤怒的線索，例如：呼吸加速、肌肉緊繃等生理訊號；第二，識別刺激源或扳機階段（identify trigger）：個案在干預者指導下找出激發憤怒情緒的外在事件（如人、事、物、時間等）或內在想法；第三，使用提醒語階段（reminder）：干預者教導個案利用自我陳述語句提醒自己緩和情緒，例如：「暫停」、「冷靜」、「別意氣用事」等；第四，利用減壓法階段（reducer）：個案學習使用深呼吸、肌肉放鬆、想像令人愉快的事件等方法去降低壓力及紓解負面情緒；第五，進行自我評價階段（self-evaluation）：干預者教導個案對自己的表現加以評定，如果表現良好即可做自我獎勵及強化，如表現不夠理想，便協助個案做自我修正。

戈德斯坦和克利克（Goldstein & Click, 1987）認同諾瓦克和芬德勒等人所發展出的憤怒管理訓練策略。同時，他們也認爲，兒童和青少年的憤怒反應和行爲是由於他們以爲攻擊是唯一的選擇，不知道還有其

他的方法可用來回應挑釁。因此，戈德斯坦和克利克主張，應教導有憤怒控制困難的個案有關合理回應挑釁的技巧，並在他們所設計的一套名為「憤怒控制訓練」（Anger Control Training）課程中加入此一元素。此課程可分10週實施，教導兒童和青少年去了解什麼事物會激怒他們，令他們做出攻擊、破壞或其他非理性行為，以及可使用的降低憤怒的方法。例如：個案在培訓課程中學習如何針對攻擊行為做ABC分析，在此分析中，A代表導致攻擊行為的事或物；B代表如何去辨識線索和激發源，以及使用降低憤怒的方法；C代表整個事件的後果。經由ABC分析，個案可習得如何識別發怒線索和扳機，如何使用提醒事項及減壓方法，以及在行動之前應有充分思考的重要性（例如：考慮到行為的可能結果），並且了解憤怒或攻擊行為的易重複性等。最後，他們的研究顯示，經過憤怒管理課程培訓的青少年與控制組受試相比較，在憤怒和攻擊行為方面有顯著的減少（Goldstein & Click, 1987）。另有一項研究發現，憤怒管理訓練有效地增加了行為失調兒童的自我控制能力以及減少了他們的攻擊行為（Etscheidt, 1991）。還有的研究顯示，行為失調兒童可以經由憤怒控制訓練，習得憤怒管理的技能，進而減少他們的憤怒情緒和攻擊行為，而且這些效果在短期內具有持續性（Smith, Siegel, O'Conner, & Thomas, 1994）。此外，簡瑞良和張美華（2004）的研究亦報告他們所設計的憤怒控制策略可教導情緒障礙學生控制自己的憤怒情緒。

三、生氣管理訓練的實施

　　生氣管理訓練可以個人或小組方式實施。就像所有的認知治療策略一樣，生氣管理訓練的實施，首先應建立治療者和個案間的融洽專業關係，維持雙方間的尊重和信賴感，這樣才會使個案對訓練的程序和內容認眞學習。爲達到預期的效果，干預者應對憤怒控制的觀念以及訓練內容做明確的講解和示範，並舉出日常生活中有關發怒和失控事例加以說明。在訓練課程中，還可以使用模仿、討論、角色扮演、表現反饋（performance feedback）、強化等方法加強個案的學習效果。另外，治療者也會指定認知家庭作業，讓個案課後在家繼續練習。戈德斯坦和克利克的訓練課程還要求個案填寫憤怒事件記錄簿（hassle log），記錄個案在課外所經歷的生氣或憤怒事件，並帶回課堂加以檢視和討論，將訓練課程內學到的觀念和技巧與實際生活連接起來，增加訓練效果（Goldstein & Click, 1987）。同時，干預者在訓練課程內外皆應該以身作則，顯示以理性管理憤怒思維和反應，作爲個案觀察學習的楷模。

第五節　歸因再訓練

一、歸因再訓練的原理和目的

　　歸因再訓練（attribution retraining）是以歸因理論爲基礎的認知行爲干預方法。歸因理論是一種解釋事項（包括人、事、物等）發生起因的理論。最早提出歸因概念的學者爲社會心理學家海德（Heider, 1958），後來又有學者維納（Weinner, 1974; 1985）、凱利（Kelly,

1967）等人發展出多種歸因理論模式，闡釋人們分析活動因果關係的心理歷程，用來說明日常生活中事件或行為（包括自己或他人行為）發生的原因。海德認為，個體對自己或他人行為起因的認知可歸為兩種。一種是內在或性格歸因（internal or dispositional attribution），亦即將行為的起因歸之於個案的內在因素，例如：能力、性格、決心、努力等。另一種為外在或情境歸因（external or situational attribution），將行為發生解釋為由外在或情境因素（例如：工作難度、運氣、壓力、時間等）所造成。這兩種歸因常被用來解釋個體自己或他人行為原因的內在心理歷程，如果歸因於內在因素，行為者須對其行為結果負責，相對的，如果歸因於外在因素，行為者則對其行為結果不負什麼責任。海德的內在和外在歸因理論成為後來歸因研究發展的基礎。

維納在1970年代提出了成敗歸因理論（attribution of success or failure），用來解釋人們從事一項工作後對其成功或失敗行為後果的歸因，此一理論在教育上有廣泛的應用。維納認為，一般人將成敗經驗歸因於能力、努力、工作難度和運氣四種因素。他又將這四種因素納入下列三個維度。第一，來源點，意指成敗因素可能是內在的，也可能是外在的。第二，穩定性，成敗的因素可能是穩定的，也可能是不穩定的。第三，控制性，意指成敗因素可能是個體可以控制的，也可能是個體無法控制的。以上四種因素和三種維度的不同組合，形成對個體成敗經驗歸因的各種解釋。維納認為，個體的性格和實際成敗經驗會影響其成敗歸因，而不同的成敗歸因會產生不同的期望、認知和情緒反應，進而影響個案對後續行為的態度和表現。維納的研究進一步顯示，個體對前次成就的歸因會影響其對下一次行為的期望和努力程度。比如一位學生數

學考試不及格，如果該生將之歸因於自己不夠聰明，缺少數學方面的天分，便會降低其學習動機，而不會想要做出更多的努力去改善自己的數學成就。反之，如果該個案認為自己的低分數是由外在因素所造成（例如：考前準備時間不夠、試題超出預定範圍等），便會做出很不同的反應，在下次考試前，會更加努力做充分準備，以求能得到較好的成績。除了前次學習表現，個案學習表現的歷史也會影響成敗歸因。有些學者曾對重複性失敗經驗對學習動機和成就行為的影響進行研究，發現具有正向歸因的學生會將成功歸因於努力和能力，將失敗歸因於努力不夠。然而，當他們經歷多次失敗之後，則會將失敗歸因於能力不足，將成功歸因於好運氣（Palmer & Stowe, 1989）。概括而言，維納認為，個體成敗歸因的形成受到其性格和成敗經驗的影響，不同的成敗歸因風格（attribution style）會影響學習行為和成就上的差異，而個體對自身行為成敗的歸因會影響該個體的後續行為，可以作為預測未來行為的依據。

　　在歸因理論中，成敗歸因被視為實際成敗經驗與後續行為表現之間的一個仲介歷程。歸因再訓練的目的，即在通過對此一仲介歷程的干預去改變個案對行為表現的歸因，激勵個案的動機和努力程度，進一步改善其行為表現和成就。在過去三、四十年間，已產生了多種歸因再訓練策略，有的策略鼓勵個案使用努力歸因而非能力歸因來解釋失敗的經驗，有的策略鼓勵個案在面對失敗使用能力歸因時，將能力視為可變動性而非一成不變的，有的策略則教導個案增加可控制性歸因來詮釋負面的經驗，各有不同。已知的研究顯示，歸因再訓練可用來改進學習、工作或運動表現等（Dieser & Ruddell, 2002; Dweck, 1975; Perry,

2003; Perry, Hechter, Menec, & Weinberg, 1993; Schunk, 1983; Szabo, 2006），還有，歸因再訓練也可有效改善行為問題（Hudley, Britsch, Wakefield, Smith, Demorat, & Cho, 1998; Lapointe & Legault, 2004; Ziegler & Stoeger, 2004）。

二、歸因再訓練的內容

　　歸因再訓練的主要重點是教導個案使用自我陳述語句改變自己的成敗歸因，將非適應性負向歸因（negative attribution）轉化為適應性正向歸因（positive attribution）。負向歸因使當事人失去信心，不會努力去堅持學習，進而導致失敗的結果。正向歸因則以努力為導向，具建設性，鼓勵個案將成敗當成自己的責任，因而提高學習或工作表現上的動機，經由不斷努力去達成目標。正向歸因一旦建立，個案便會以正面的態度及信心去改進自身的表現、解決問題（例如：個案變得更用功、成績更進步等）。歸因再訓練一般包括以下幾項內容。第一，干預者先了解個案的歸因導向，並幫助個案了解其自己的歸因導向。第二，干預者與個案討論行為的因果關係，解釋成敗與努力程度間有密切關係，並使個案認知其失敗是由於自己努力不夠或方法不對，而非能力不足。第三，教導個案學習正向「歸因聲明」（attribution statement）的使用，這些語句是以努力為導向的自我陳述語句，作用是提高個案的學習動機和努力程度，例如：「我在考前沒有好好準備，所以沒有得到好分數」、「只要我努力，一定可以得到更好的成績」等。這些歸因語句在重複練習且內化之後，可以鼓勵個案更加努力，也更自信地達到所期望

的結果。第四，如果個案的困難歸因是不正確策略的使用，那麼干預者應教導個案學習正確的策略或方法，並使用自我陳述語句提醒自己使用正確策略去完成工作，例如：個案告訴自己「考試時在做選擇題時，要把試題想清楚後才作答，並在交卷前將答案再檢查一遍，減少不必要的失誤」等。第五，安排個案在眞實生活中使用這些歸因語句，並獲得成功經驗，使這些歸因語句對他們更具意義，且可以在未來應用。

三、歸因再訓練的實施

歸因再訓練可以個人或團體法實施。個人法可實施於兒童及成人，團體法則較適用於成人。具有這方面培訓的學校心理師、教師、從事輔導和諮商的專業人員都可以使用歸因再訓練去幫助學生改善他們的學習或行爲表現。如上節所述，歸因再訓練的重心是幫助個案將原有的非適應或負向歸因轉變爲適應或正向歸因，使個案能夠達成自己的行爲目標。歸因再訓練的實施一般可以分兩個階段。在第一階段，干預者爲個案講解歸因的概念以及它與行爲的關係，並以事先設計的生活經驗幫助個案學習做歸因判斷。例如：如果個案的問題是學習成績低落，干預者可以使用不同的案例和個案討論成績好壞與才能、努力和學習方法等因素的關係，同時鼓勵個案對自己的困難加以歸因，並與個案討論其思維是否屬於負向或不正確歸因。在第二階段，干預者教導個案學習並使用正向歸因聲明（例如：「我的數學能力並無問題，只要堅持努力學習，下次月考一定會得到好成績」）。經過訓練，個案逐漸以此正向歸因取代原先的負向歸因（例如：「我的數學成績不好是因爲我沒有數學

天分,數學並不是我的優勢」),相信自己的成績低落是可以改善的。同時,在訓練過程中,干預者還會與個案討論如何去堅持努力學習,幫助個案習得一些可用的策略和方法(例如:上課時專心聽講、有問題即尋求協助、課後多複習、準時做作業、考前充分準備等),而且監控個案對這些策略和方法的執行,並在個案表現良好時給予適度強化。從負向到正向的歸因轉變,為個案提供行為改變的動力,加上正確策略和方法的使用,持續努力,個案便可逐步達成所設定的最終目標。另外要說明的是,如果干預的最終目標對個案太過複雜或難度太高,亦可以採用工作分析(task analysis)的方法將最終目標分成幾個不同的次目標,逐一實施干預訓練,使個案能夠達成在其能力範圍內的各個次目標,使其努力得到適當的強化,漸次促進整個干預訓練的效果。

歸因再訓練的實施可採用下列幾種方法確保訓練順利進行,協助個案有效習得對所面對問題的正向歸因,並改善其行為表現。

1.講解和討論。干預者或訓練者使用上課、書面材料、影片等教導個案了解自己的學習或工作表現歸因,以及成敗是否在自己的控制之內,同時討論個案對問題知覺和看法的重要性。

2.角色扮演。訓練個案在事先設計的情節中扮演特定角色,協助他們對失敗進行不同的認知。

3.榜樣模仿。干預者或訓練者以自己的經驗為榜樣,教導學生如何去改變成敗歸因。

4.學生模仿。干預者或訓練者邀請有成功經驗的學生,分享他們如何改變成敗歸因,並達到改善表現的結果。

5.分析成功因素。幫助個案將焦點從失敗轉移到成功上,並認知成

功所需的要素。

6.教導策略。幫助個案學習達成目標可使用的策略，例如：如何加強考前準備、學習應試技巧等，並以練習增進個案對有效策略的掌握。

7.歸因回饋。干預者或訓練者依個案的實際表現給予獎勵或改進意見。

最後應指出的是，歸因再訓練的一個局限是訓練的目標行為必需在個案的能力之內，也就是說個案已具有目標行為所需要的知識或技能，否則歸因再訓練便難以達成預期的效果。例如很明顯的，當個案語文程度不足時，歸因再訓練無法讓個案在考試時寫出一篇優等的作文，同樣的，對於一位不具良好技巧的游泳選手，歸因再訓練也無法使該選手在比賽中獲勝。在這種情形下，除了歸因再訓練外，個案也應接受所需要的相關技能（如寫作、游泳技能等）或問題解決策略的訓練。

第六節　焦慮管理訓練

一、焦慮的性質和影響

焦慮是由緊張、不安、憂慮、擔心、恐懼等感受交織而成的複雜情緒狀態。人們從小到大都會經歷不同程度和形式的焦慮。幼年期的兒童常會對動物、超自然事物感到害怕；青少年期的學生會產生對學業和社交表現的焦慮；成年期的人士則會經歷關於工作、家庭和其他生活方面的焦慮。對大多數人來說，焦慮是正常成長和生活的一部分。

人們在面臨困難、挑戰、威脅或感覺到有潛在危險時時會產生不

同形式和程度的焦慮。一般而言，焦慮所呈現的反應可以是行為上的，例如：學生因害怕而逃避在課堂上做口頭報告、某人因怕失敗而不敢參加比賽、某人因害羞不敢與異性接觸等。焦慮也可以呈現在認知反應上，也就是伴隨焦慮的負面、非理性的思維，例如：凡事要求十全十美、擔心災難即將來臨、無法集中注意力、缺乏自信心、懷疑別人對自己不利、害怕被羞辱、恐慌不安等。還有，焦慮所呈現的反應可以是生理上的，包括呼吸急促、肌肉緊張、口乾舌燥、心跳加速、出汗增多、胸悶、手抖、暈眩、噁心、血壓增高、容易疲累、失眠等。焦慮反應的程度一般可分為輕度、中度和高度三種。輕度焦慮代表個體在對焦慮刺激或情境反應上產生微小的變化（例如：情緒不安、注意力減弱），個體在察覺這些變化時，如果加以適當因應，不使情況加劇，對個體的運作不會產生太大影響。中度焦慮也像輕度焦慮一樣，提供個體學習去因應焦慮刺激或情境的機會。已知的研究發現，中度焦慮會對個體產生驅力，促使個體表現有目的行為活動時，呈現最好的結果。相對的，高強度的焦慮對個體的行為和心理健康具有負面作用，阻礙個體的正常運作。這種高強度的焦慮件隨生理、認和和行為適應，一般稱之為焦慮症狀。

就性質而言，焦慮症可分為以下五個主要類型（APA, 2005）。1.廣泛性焦慮症：是以持久的緊張、憂慮和過分警覺為特徵的一種慢性焦慮障礙，也是最常見的一種焦慮障礙。2.恐慌症：是一種未有預期、無緣由發生的強烈恐懼情緒，雖然患者未曾經歷危險。此症多伴隨心跳加速、呼吸急促、胸悶、昏眩等生理反應。3.特定恐懼症：是指對某些事物（例如：狗、血，注射）或情境（例如：高處、電梯）會產生快速

發作的持續性恐懼與害怕。4.社交焦慮症：是指一種對任何社交場合和與人交往時覺得高度不自然、緊張甚至恐懼的情緒。患者對於在陌生人面前或可能被別人仔細觀察的社交或表演場合，有一種顯著且持久的恐懼，害怕自己的行為或緊張的表現會引起羞辱或難堪。5.懼空曠症：是指對空曠場所的畏懼；空曠場所目前已擴大適用範圍，而泛指患者對足以讓自己產生無法外逃與惶恐之任何場所，例如：人群擁擠的商店、戲院、大眾運輸工具等也都可能是讓患者覺得「無處逃」而畏懼的情境等。這五大類型的焦慮症狀，每一種都有其自身獨具的特徵，每一類患者也有共同的思考方式，其特徵是都是有關高強度、非理性的緊張、恐懼及擔憂。

　　前面指出焦慮對個體有正面也有負面的影響。值得重視的是，高強度的焦慮在許多方面都會干擾個體的日常運作，包括學習、工作、人際關係和互動、生活作息、身心健康等。例如：在學校裡，高度的焦慮（如學習焦慮、考試焦慮、上臺報告焦慮等）會干擾學生的學習歷程，導致學業表現低落，影響個案學生的成就表現和行為適應。在職場裡，高度的焦慮會干擾員工的工作動機和效率，降低工作表現，造成適任上的疑慮。過高的人際互動焦慮則會產生交友上的困難，使個體處於一種孤立的狀態。還有，過高的焦慮也會影響個體的正常作息，例如：食慾不振、缺少運動、睡眠失調等問題。在這些情形下，受影響的個案便應得到適切協助，以避免焦慮症狀擴大和加劇。從臨床的觀點來說，當個體不止呈現高度行為和認知症狀，並伴有生理症狀，而且這些症狀長時間持續，產生非適性行為障礙，造成不良的後果。個案便應當得到適當的專業幫助和治療（APA, 2013）。

二、焦慮的形成

　　如前面指出，焦慮是一種複雜的情緒狀態。關於它的形成有不同的理論和看法。行為主義者認為，焦慮是一種習得性行為，是遵循學習的規律並與某些情境形成聯繫的結果。古典制約原理為焦慮的產生提供了理論基礎：導致焦慮的刺激和中性刺激間的配對聯繫，使個體對中性刺激產生焦慮反應，再經由刺激泛化過程，對更多的中性刺激產生焦慮反應，形成廣泛的焦慮。莫爾洛（Mowrrer, 1960）將古典制約和操作制約理論加以結合，發展出二-因素學習理論，用來解釋焦慮的產生和維持。如上所述，焦慮是由古典制約作用產生的情緒反應。至於焦慮產生後為何會持續維繫，則可以用操作制約原理加以說明。個體在面臨引發焦慮刺激時會使用迴避和逃離兩種策略加以因應。迴避是指避免面對引發焦慮的刺激或情境，逃離是指快速離開引發焦慮的刺激或情境。因此，迴避或逃離成為一種酬賞和強化物，減低個體的焦慮情緒。例如：一位有社交焦慮的個案在決定不去參加一項重要社交聚會後，鬆了一口氣，大大減低了原可發生的社交焦慮。因此該個案的迴避行為得到強化，增加了未來再次呈現的機率。同樣的，從自己身處的社交場合中逃離也有將不愉快情緒移除的功能，具有強化作用。值得注意的是迴避和逃離都屬於非適應性行為，它們並不減低個案的焦慮，反而使焦慮情緒得到維繫。操作制約原理對焦慮的治療具有重大意義。如果干預可以將維持焦慮的非適應因應行為中止，那麼焦慮便會逐漸消弱。這一原理成為焦慮治療的重要基楚。

　　認知行為心理的研究者同意思維對個體的情緒和行為具有重要影

響，並將思維和外部情境、感覺和行為進行聯結。研究者認為非理性的思維或對現實錯誤的解讀都會產生焦慮，而焦慮依次再導致非適應性為。例如：一位準備考試的考生對自己沒有信心，覺得自己一定不會考得好分數，此一思維因而使該生擔心並產生焦慮感，在考前不能集中情神全力為考試作準備，加上焦慮也影響該生在考場上的專注和發揮，因而未能得到好成績。諷刺的是，此一失敗增強了該生對自己能力缺乏信心的想法，此一負面思維會再影響其下次考試的表現。因此，如欲降低或消除該生的焦慮和提升其考試成績，必須要將其失調的負面認知調整為具有建設性的正向思維。當該生對自己的能力更具信心時，焦慮的情緒和考試表現便會隨之改善。簡言之，當扭曲的認知和錯誤的信念得到改變後，行為的改變也會隨之發生。這是認知行為治療的基本理念。

三、焦慮管理的方法和內容

焦慮治療的目的是，幫助個案認識並導正其致焦慮的扭曲認知和對現實錯誤的解讀和判斷；同時也協助個案建立正確理性的思維和思考方式作為替代。認知行為治療已被證實為最有效的焦慮治療方法。但是由於焦慮有不同的性質、類型、呈現形式和強度、產生的原因等，在治療上並無一種特定的通用方法。相對的，干預者會針對個案的情況、從行為療法和認知療法中，選擇適當且經研究證實的方法採用。以下為幾種常用的療法。

暴露治療：暴露治療（exposure therapy）是認知行為治療中的一種，偏重於行為治療，是基於上面所說明的古典制約原理而設計的。暴

露療法是指使個案在干預者的指導下重複並長時間暴露於引起焦慮的刺激或情境中，並堅持到焦慮緩和爲止，其目的是逐漸增加個體對焦慮刺激的耐受力和適應程度，使個體對焦慮刺激習慣化。暴露治療是一種有效的焦慮療法，但是由於它具有強迫性和厭惡性，容易引發有些個案的抗拒。

系統脫敏法：系統脫敏法與暴露治療相比較，是一種較溫和的療法，可免除個案面對焦慮的痛苦，患者的接受度高，在行爲治療中使用很普遍。其治療方式是使用與誘發焦慮的刺激，通過有步驟地反覆暴露，取得個案的適應來消除其焦慮反應。例如：在治療兒童的學校恐懼症（school phobia）時，有步驟地幫助個案兒童暴露於距離學校由遠而近的地點或場所，而不會經歷恐慌的情緒。系統脫敏法一般分成三個階段；第一階段，個案接受適合其年齡的放鬆訓練；第二階段，干預者協助個案設計由輕而重的焦慮等級表，將引起個案焦慮反應的具體情景按焦慮層次順序排列，表上列出對個案會引發焦慮的不同情境，以及個案對每一情境焦慮反應的不同程度。第三階段，脫敏開始。首先，治療師鼓勵個案放鬆，其次，要求個案在放鬆的狀態下，想像焦慮等級表中最低層級的焦慮情境，如果個案感受到緊張或焦慮，治療師會指示個案想像更低一層級的焦慮情境，如果個案並不感受焦慮，並能保持放鬆狀態，治療師會指示個案想像高一層級的焦慮情境。如此依次類推，進行逐級「想像暴露訓練」，直至個案習慣不再對表中所有焦慮情境呈現敏感反應爲止。系統脫敏療法常以想像、圖片、視頻等媒介實施。一般說來，在模擬情景中能夠做到全身處於鬆弛狀態，不再出現焦慮情緒，大多數患者也能夠成功地在現實情境中做到。

　　反應預防治療：反應預防治療（response prevention therapy）也是以古典制約原理為基礎的一種療法。它的要點是設法預防不使個體在面臨焦慮時有機會呈現迴避或逃離反應，因此，個案必須面對焦慮刺激或情境，而逐漸產生習慣化和適應。反應預防治療也是治療焦慮的有效療法，有時被用來與想像暴露治療連同使用，由於它和暴露治療一樣具有較強的控制性，有些患者會對這種療法產生抗拒。應注意的是，反應預防治療和暴露治療的實施都應在專業治療師指導下進行。

　　放鬆訓練：放鬆訓練的目的是幫助個案克服焦慮的生理症狀，個案可經由有意識的放鬆肌肉和控制呼吸，釋放壓力，使身心平靜下來。它的作用是個案在習得此技術後，未來在面對引發焦慮的刺激或情境時拿來應用，將身心放鬆，不再感到焦慮。在焦慮情緒和恐懼症治療方面，一種被廣泛使用的放鬆訓練方法是漸進式肌肉放鬆（progressive muscle relaxation）（Maag, 1989）。在訓練時，患者在干預者指導下，首先學會體驗肌肉緊張與肌肉鬆弛間感覺上的差別，以便能主動掌握鬆弛過程，然後要求患者將注意力集中在身體某一部位的肌肉，並進行先緊張後鬆弛的訓練，放鬆該部位的肌肉，如此以漸進式逐一進行身體各部位肌肉的鬆弛訓練，直至患者能主動自如地放鬆全身的肌肉。消除原有的焦慮情緒。

　　另外，腹式呼吸或所謂的深呼吸亦是一種放鬆方法。當個體感到焦慮時，脈搏會加速、呼吸也加快，變得急促。深呼吸可以降低個體的呼吸頻率、減緩胸壁肌肉的收縮、使呼吸更順暢有效率，也會使個體的焦慮情緒平靜下來。正確腹式呼吸是，當個體一呼一吸時，腹部將隨之一起一伏。當個體感到焦慮或恐懼情緒發作時，如能進行3、4分鐘的腹

式呼吸，便會察覺到症狀開始減輕。對一般人來說，如果能每天持之以恆做5-10分鐘的腹式呼吸，對減少或預防與壓力有關的情緒困擾，如焦慮、恐懼、憂鬱等也是有助益的。

認知改變訓練：認知改變的研究者主張，個體的焦慮大多是錯誤認知所造成的結果，所以將治療的重心放在將個體的失功能思維（dysfunctional thoughts）轉變為功能性思維，以降低和消除個案的焦慮情緒和不適應行為反應。認知改變訓練一般包括下面幾個階段。第一階段，干預者首先會指導個案識別個案的焦慮感和其來源（例如：個案所擔心的是什麼、焦慮從哪裡來）；第二階段，決定個案的問題是否可以得到解決，以及解決問題的方法。在此階段，個案和干預者會討論不同的方法，而且共同評估每一方法的優缺點，以及它可能產生的後果。然後選出最適合解決問題的方法；第三階段，實施問題解決方法，並評估其結果。在認知改變過程中，自我教導技術是常用的一種方法，在干預者指導下，個案學習使用自我教導語句，改變認知上的扭曲，建立正確的思維，克服焦慮的困擾。

混合療法：混合療法是指認知行為治療因融入了新的理論，經過修訂後的治療方法。過去一、二十年來，對焦慮的認知行為治療產生了新的演變。那便是有的研究者認為，除了焦慮思維的內容外，也應當考慮思考過程在治療中扮演的角色。此一定向不認同傳統認知行為治療尋求改變個案於思維和情緒，相對的，它建議治療師將接納和正念（mindfulness）的概念加入傳統認知治療中。目前常用的兩種療法是：接納和承諾療法（acceptance and commitment therapy）和辨證行為療法（dialectical behavior therapy）。接納和承諾療法植基於佛教思想，它

的目的是接納而非消除負面思維，此一療法與認知行為治療不同在於，認知行為治療試圖教導個案使用一些方法去控制負面的想法、信念和感覺等。接納和承諾療法則主張接受、不對抗、正念訓練等方法，來增加個人的心理彈性。在被接納的情況下，治療師允許個案發洩焦慮情緒，以減少其內心痛苦，達到痊癒的目的。辨證行為療法將東方哲學裡的接納和正念冥想的概念加入認知行為治療之中，經由接納去達成減緩焦慮的情緒和症狀。此療法和接納和承諾療法一樣，也認為傳統認知行為治療強調改變的做法，無法得到有些個案的認同，因為它未對個案所經歷的痛苦給予應得的重視。相對的，辨證行為療法將治療重心放在幫助個案：1.在改變和接納之間致得平衡；2.能更好的調節自己的焦慮情緒；3.改善因應焦慮情緒危機的能力；4.減少對適應因應行為的依賴；5.學習正念、人際技巧、忍受苦難、調節情緒的技巧。

四、焦慮管理的實施

焦慮治療的實施應符合認知行為治療的兩個要件。第一，治療以結構性問題解決為定向，治療的目的是解決個案當下的焦慮問題或障礙，治療依具有結構性的步驟進行。例如：每週一次的治療歷程，都會包括回顧前一週的治療要點、檢查個案家庭作業的表現、討論本週的治療主題、回答個案的問題、指定本週的家庭作業、做總結，以及給予個案適當回饋等步驟。第二，治療師和個案之間應建立融洽的治療關係，兩人協同合作，將治療一步步向前推進，協助個案做出改變。另外，以下是治療實施上一些有用的要點。

• 治療師應具有同理心，並能給予個案適時適當的回饋。

• 在治療初始階段，治療師和個案共同制定治療目標，目標應具現實性。第一次的目標應當是容易做到的，以利於幫助個案建立治療信心。

• 焦慮治療的家庭作業，可指定個案將每天所經歷的焦慮寫成「焦慮日記」或「懼怕日記」。

• 幫助個案學習有效的應對負面思維的方法，教導個案不需要試著完全去除負面思維，而應更有效的加以管理。例如：個案可以用自我教導語句，把「我的好朋友在背後講我壞話」，改成「我的想法是，我的好朋友在講我壞話」。把想法和事實分開來。

• 幫助個案正確認識焦慮，了解自己的緊張、恐慌、畏懼是不合理的，也相信自己能加以克服。

• 教導個案在焦慮感出現時，不要逃避，也不要與之對抗，那樣會更加劇焦慮，如果個案已經處於焦慮或恐懼情境中，鼓勵個案堅持停留下去，焦慮感將會減輕。

• 幫助個案學習減低焦慮的方法（例如：放鬆訓練、社交技能訓練、正念訓練等），以教導、舉例、示範、演練等增進個案的學習效果，並給個案回饋，以及充分練習的機會。

• 幫助個案習得更多的適應性行為。

• 在整個治療歷程中，應蒐集客觀資料，對治療效果加以評估。

團體療法：焦慮治療可以個人法和團體法實施，一般團體法被用來輔助個人治療。團體治療的對象，為由患有同類焦慮的患者組成的小組。團體療法一般以三種方式實施。第一種方式是治療小組（therapeu-

tic group），此一小組由經過訓練的專業治療師領導，治療師扮演的主
要是推動的角色，而非直接教導。小組依成員的需要，決定一個治療主
題，例如：暴露治療、認知改變等。成員在治療師引導下，互相學習。
第二種方式稱為技能訓練小組（skills training group），此小組也是由
專業治療師領導。治療師扮演較直接的角色，教導小組成員學習特定的
技能，例如：社交技巧、放鬆訓練等。小組訓練有較高的結構性，訂有
特定的課程，每次課程都有要達成的目標，並且「按表操作」。第三種
方式稱為支援小組（support group）。此小組通常可由非專業的志願者
帶領，小組成員定期聚會，互相給予支持和鼓勵，成員間可以分享自身
的焦慮、困難或痛苦，也可以傾聽別人的焦慮故事，還可以互相交換關
於克服焦慮的資訊，例如：如何減壓、如何健康面對焦慮和相關問題
等。

第七節　認知行為治療的優勢和限制

　　認知行為治療是一種含結構性的治療方式，具有問題聚焦和目標
導向的特徵，注重以系統的程序經由認知過程的改變，消除個案的心理
和行為障礙。治療可以個人或團體課程方式進行，療程一般可從數週到
幾個月時間完成，屬於一種短期治療方法。已知的研究顯示，認知行為
策略可以有效治療許多心理和行為障礙，其中最主要的包括抑鬱症、焦
慮障礙、強迫症、創傷後心理壓力緊張症候群和神經性厭食症等。認知
行為策略的另一個優點是，它們可應用到家庭、學校或人際關係中，
去疏解或消除兒童和青少年的學習和行為問題（Braswell& Bloomquist,

1991; Meichenbaum& Goodman, 1971；白秀玲，1999；周台傑、林玉華，1996；莊慧美，2001）。同時，認知行為策略在教育、管理和其他多個領域（例如：健康管理、運動訓練、職場表現等）都有廣泛的應用。另外，認知行為治療是一種基於證據干預原則的治療方法，符合當今心理健康服務發展的趨勢，為大多數的行為干預研究者和治療者所接受。最後，有些研究者指出，由於認知行為治療具有結構性和系統化治療步驟，有些治療課程還備有治療手冊，使它適合透過線上或電腦互動方式進行，或是結合當面治療實施，對無法親身參與面對面治療的個案（例如：偏鄉地區的患者）提供服務。但是應注意的是，有些個案若沒有接受定期面對面治療的指導和支持，可能無法完成治療課程，對這類患者而言線上認知行為治療並不適合，認知行為治療也有它的限制，不是所有的人都適合認知行為治療。在認知行為治療的過程中，個案的角色是積極參與者，與干預者共同合作去改變自己喪失功能的思維和信念，為自己帶來正向的改變。對於認知能力受到損害的個案、心理問題較複雜的個案，或有較嚴重學習障礙的的個案來說，由於容易缺乏應有的邏輯思考和分析能力，以及在執行方面的能力有所欠缺（例如：動機、毅力、自我調節等），因此，認知行為治療並不是適合這些個案的干預模式（Wasmer-Andrews, 2009）。另外，也有批評者認為認知行為治療的焦點過於狹隘，以致忽略了家庭、學校、個人背景以及情感等因素，也不提供個案從許多不同角度檢視自身問題的機會（Kotler and Shepard, 2008; NHS Choices, 2010）。

第十章

自我調節

第一節　自我調節技術的發展背景

　　自我調節（self regulation），或稱自我管理（self manage-ment），是認知行為干預中的重要方法。它的主旨是由個案學習管理自己的認知和行為改變過程，以達成預設的目標，例如：增強良好行為或減少問題行為等（Abraham, Norman, & Conner, 2000）。自我調節的理論基礎來自班圖拉（Bandura, 1977b）的社會學習論，其發展也同時受到行為改變技術和認知行為治療的影響。自1970年代開始，行為改變技術的推行者便意識到自我調節的重要性。他們發現，在傳統的行為改變架構中，個體被動地受到環境變項的操縱，在這種情形下，容易養成個案對環境變項的依賴性，缺乏獨立行為的能力，因此，在行為改變方案終止後，干預所產生的效果往往難以持續。為了改善此一情況，使行為改變的成效得以維持甚至加以擴大，有些研究者便發展出自我調節程序，由干預者（例如：應用行為分析師、心理師、教師等）教導個案使用適合於管理其行為的方法，達成改變自身行為的目的。與此同一時期，班圖拉的社會學習理論也提出自我調節的概念，根據此一理論，

自我調節是個體爲自己設立目標並努力去達到目標的過程，人們有控制其內部思維和情緒、適應環境要求、改變自身行爲去完成目標的能力。在自我調節的過程中，個體是一個主動的決策者，而不是像傳統行爲主義所說的受環境變項操縱的被動反應者（見第一章）。自我調節或管理可被視爲一種行爲改變動機系統（motivational system），包括一系列自我規劃和調節步驟，例如：目標設定、策略規劃、監控進展、評估結果、修改目標及策略等。認知和情緒反應都是這一系統的重要元素，對個體的行爲有控制和調節作用。也就是說，成功的自我行爲管理需要個體對思維、感覺和行動加以策略性的調節，才能在變動的環境中達成行爲改變的目標（Zeidner, Boekaerts, & Pintrich, 2000）。個體在習得自我調節或管理的技能後，使用這些方法即能達成預設的目標，而不再需要依賴外在環境變項的操縱。此一模式將干預者主導的行爲改變方案轉變成由個案自己來執行，一方面減少干預者的參與，另一方面則能維持干預效果的延續和擴大。過去三十多年來，有關自我調節的原理和方法在相當程度上影響了自我調節或管理作爲一種認知行爲改變策略的發展。另外，自我調節程序在實施上也採用了許多來自行爲矯治和認知行爲改變的技術，例如：強化、消減、自我教導、楷模示範、模仿、反饋等。有關這方面的研究爲自我調節程序的發展提供了實證的基礎，也對有關行爲改變成效維持和擴大的研究產生了很大的影響。目前，自我調節或管理技術在教育、臨床、運動、醫學保健等方面都有廣泛的應用。自我調節的機制有不同的模式，但基本上個體在自我調節過程中首先決定自己所欲達成的目標，然後對自己的行爲及其決定因素（例如：情境、認知歷程等）進行觀察和監控，再以某種內在或外在標準加以評

價，判斷自己的行為是否達成預先設立的目標，並對自己的表現做出反應（例如：滿意或不滿意、自豪或失望等）。在此一架構下，一般自我調節或管理方案會包含下列幾種程序：目標設定、自我監控（self-monitoring）、自我評價（self-evaluation）、自我反應（包括獎賞和懲罰）等。在有些情況下，每一種程序亦可以依個案需要單獨使用。以下幾節將分別對這些程序加以說明。

第二節　目標設定

　　自我調節或管理的首要工作為設定干預的目標，也就是個案所期望達成的干預結果。班圖拉的社會學習理論認為，個體從事某種行為乃是為了要得到其所希望的結果（Bandura, 1977, 1986）。設定目標有激發個體動機和達成目標所需努力的功能，也有為個體指引努力方向的作用。目標設定有幾個重要考慮。首先所設定的目標應對個案具有意義和重要性，同時個案對目標行為的定義和要求應有明確的認知，並且個案自認為有能力去達成。當所設定的目標具有這些特性時，自我調節或管理便會容易產生干預成效（Mischel, Cantor, & Feldman, 1996）。

　　個案在自行設定干預目標前，應由在自我調節方面具有專業訓練的人員，教導個案有關目標設定的要點和方法，包括如何選擇自己要加強或改善的行為，如何為目標行為加以操作性定義，如何避免模糊不清的用詞造成對目標行為錯誤的解讀，如何選擇對自己富挑戰性但自信有能力可達成的目標，以及確定所選擇的目標是近期內可以達成的等。如前所言，目標設定應能激發個案改變的動機，為達到此一功能，所選擇

的干預目標對個案而言應具有實際上的可行性，而且在目標達成後會對
個案產生獎賞和強化作用。難度過高的目標無法達成，反而會對個案造
成徒勞無功的後果，甚至使個案產生挫折感，失去啟動改變的動力。已
知的研究顯示，在適當指導下，個案不難習得為自己設定行為目標的技
巧。在一項以韓國學童為樣本的研究中，研究者教導低學習成就兒童為
自己的數學表現設定目標，研究者以圖表向學童顯示他們在前次課堂的
表現，然後要受試寫下自己在下次課堂可以增加完成的題數以及可增加
答對的題數。結果發現，自我目標設定提高了受試學童在數學作業質
與量兩方面的表現，學童們完成的題數以及答對的題數都增加了（Lee
& Tindal, 1994）。另有研究者以美國過動症學童為研究樣本，發現自
我目標設定和自我選擇強化物的共同使用可有效減低這些學童的擾亂行
為，同時改進他們的專注力和學習表現（Barry & Messer, 2003）。另
外還有些研究比較由自己設定目標的學生和由他人指定目標的學生，
兩種受試間的學習表現，結果發現前者的表現較優於後者（Johnson &
Graham, 1990; Olympia、Sheridan, Jenson, & Andrews, 1994）。這些
研究顯示，適當的教導和強化，不但可以有效幫助受試設定正確的干預
目標，還能改進學生們學習上的表現。

第三節　自我監控

目標設定之後，便可以進行自我監控、自我評價、自我獎賞／懲罰
等一系列的干預步驟。這些步驟都需要以自我觀察的數據為依據。自我
監控為自我調節的重要基礎，它需要個案去觀察和記錄自己的行為及其

起因和後果，並對得到的結果加以檢視。自我監控可以分為三個步驟。第一，個案在干預者指導下學習對目標行為正確的觀察方法，例如：事件觀察、持續時間觀察、時距觀察或時間取樣等，干預者應對所選擇的觀察方法對個案加以清楚解說，並指導個案使用該方法對自己的目標行為及其發生情境進行觀察。第二，個案將自我觀察的結果做成記錄。為了記錄的方便，干預者可為個案設計適當且易於使用的記錄表格，並教導個案進行記錄的方法。例如：表10-1是一個可由個案用來對自己上課遲到次數的記錄表格。第三，個案依據所記錄的結果對自己的行為進行分析，包括目標行為發生的次數、時長、後果等。自我觀察和記錄可以分為「有提示」和「無提示」兩種程序。有提示自我記錄是指個案在某種聽覺或視覺訊號提示下對自己的行為加以記錄，例如：在課堂上，當老師對個案學生給出提示訊號或當學生聽到事先錄音的訊號時，立即在記錄表格上記下當時自己是否呈現目標行為。無提示自我記錄則是指個案在沒有任何提示下，自發地依觀察規則記錄目標行為是否發生。兩種程序皆可用來蒐集自我監控的資料。二者相較，有提示程序比無提示程序較有助於個案進行觀察和記錄的操作。

一、對照程序

個案能否對自己行為做成準確的觀察和記錄，值得關切。由於人們一般原本並不具有這方面的知識，無法期望個案不經訓練便可達成準確的觀察和記錄。為了確定自我觀察的準確度（accuracy），研究者提出使用對照程序（matching procedure），對個案的記錄加以檢視。此

表10-1　使用事件觀察的自我監控表格舉例

姓名：＿＿＿＿＿＿＿＿＿＿＿＿＿＿＿＿＿＿＿＿＿＿＿＿＿＿
日期：＿＿＿＿＿＿＿＿＿＿＿＿＿＿＿＿＿＿＿＿＿＿＿＿＿＿
目標行為：＿＿＿＿＿＿＿＿＿＿＿＿＿＿＿＿＿＿＿＿＿＿＿＿

說明上課每遲到1次，即在方格中畫一條斜線〔／〕

一程序要求，由干預者（或另外一受過訓練的觀察者）與個案同時對目
標行為進行觀察和記錄，然後將兩者的結果加以比較，如果兩項記錄呈
現相同的結果，便表示個案具有正確的自我觀察技能。大多數的研究發
現，經過適當的教導和練習，個案可自行觀察自己的行為，而且自我記
錄在準確度上僅會有小幅度的波動，因而對行為干預效果的評估不會產
生太大的影響（Marshall, Lloyd, & Hallahan, 1993; Reinecke, Newman,
& Meinberg, 1999）。另外，在使用對照程序時，如果個案記錄呈現準
確性，干預者即應給予獎勵；相對的，如果個案的記錄有缺失之處，則

應給予反饋和改進意見，指導個案加以改正。

二、反應效應

　　自我監控的一個值得注意的現象是反應效應（reactive effect）。有些研究發現，自我監控的過程會導致個案目標行為向干預所期望的方向改變，例如：正面的目標行為會有所增加，負面的目標行為則會有所減少，此一現象是自我監控的常見反應。對此現象的一個解釋是，個案在進行自我監控之前大多對自身的行為或問題缺乏清晰的認知，自我觀察和記錄給予他們一種現實性提示，意識到自己問題的存在（例如：數量、頻率、強度、嚴重性等），這種認知激發起個案尋求改變的動力，並連帶影響其行為表現（Hayes & Nelson, 1983）。坎費爾（Kanfer, 1975）認為，自我監控基本上含有自我獎勵或自我懲罰的意義。例如：當個案進行自我監控時，看到記錄表上顯示自己在過去一週內每天皆準時到校，很自然地會覺得自己做得很好，內心上受到獎勵，準時到校的行為便受到強化。在這種情形下，當自我監控引發個案目標行為向所期望的方向改變時，它本身便可被視為一種行為改變的程序（Rosenbaum & Drabman, 1979）。值得注意的是，反應效應一般出現在自我監控的初始階段，隨著時間的增長，反應效應便會逐漸消散，此時，必須在自我監控之外增加其他行為改變程序（例如：自我正強化），才能繼續維持行為改變的效果（Kanfer, 1975; McLaughlin, 1976）。

三、自我監控訓練的實施

在訓練個案學習自我監控過程中，干預者應將適當的行為觀察和記錄方法做清楚的說明，並提供個案實際練習的機會。在個案學習使用記錄表格時，可以使用對照程序檢查其記錄的準確性，並給予適當的反饋。在個案熟悉了自我觀察和記錄的使用後，便可開始執行自我觀察和記錄，並由干預者不定期予以反饋和適當強化。另外，干預者也可教導個案將記錄的數據以圖表方式呈現出來（見第五章），方便其對自己行為的監控，激發個案進行改變的動力（Workman, 1998）。大多數的研究顯示，干預者的意見反饋可有效增加個案自我記錄的技能和尋求改變的動機（例如：Freeman & Dexter-Mazza, 2004）。

第四節　自我評價

一、自我評價的性質

自我評價是指個案對自己的行為表現加以評斷。自我評價需要兩項必備資訊，一是有關個案行為表現的數據，另一是評價將採用的標準。因此，個案對自己的行為表現應有所掌控，如果個案在自我評價之前已先行實施自我監控，即可依據自我監控的數據來評價自己的行為表現。在進行自我評價時，個案將所蒐集的行為數據與所決定採用的標準加以比較，評定自己的表現是否符合或達到這些標準。標準可以有不同的種類和形式，例如：上課時不可喧鬧、室內不准吸菸、遲到不可超過三分鐘等，都代表一種行為標準。另外，數學考試的正確答案，英文詞彙的

正確使用、及格分數為60分等，則代表學習表現上的不同標準。另如老師在批改學生作業時所使用的標準答案，也屬於一種標準，在自我評價時，學生可以將自己在作業上的答案與老師所提供的標準答案加以比較，來判斷自己的答案是否正確，以及評價作業的整體表現（例如：答對的題數）是否符合標準，或是離標準尚有多少差距。如果評價結果顯示個案表現達到標準，便可進一步設定新的標準，進行下一階段的干預。如果未達到標準，則將自我調節的程序或評價標準適當修改，並重新實施。自我評價可依目標行為的性質每日或每週進行一次或數次。而且當自我評價得到正面結果時，個案的表現應得到適當的獎勵和強化。

自我評價的一個重要特徵是，評價採用的標準是由個案自行決定的，也就是說，個案根據自己的標準評判自己的行為表現。例如：一位長跑者決定自己每天至少練跑10公里，作為一種訓練標準；一位中學生決定在答選擇題時不因粗心選錯答案而被扣分，作為自己應試行為（test behavior）的標準。因此，個案自行決定的評價標準與外界所制定的標準有時會有所不同，它們對個案可能更具意義，更容易產生干預效果。

自我觀察和監控的資料有助於個案對自己行為表現的了解，是決定自我評價標準的一個重要考慮。已知的研究顯示，小學生和中學生皆可以學習如何使用自我評價的方法。在一項研究中，研究者教導患有過動症兒童對自己閱讀和數學作業上的錯誤加以更正，結果顯示，這些學生不但能自行批改作業，計算出自己的分數，並且學會將自己得到的分數以圖表呈現出來（Shimabukuro, Prater, Jenkins, & Edelen-Smith, 1999）。教導學童使用這種自我評價的一個優點是，他們不需

等待教師批改作業的結果，經由自我評價便可對自己的表現得到立即的反饋，有助於改善自己的學習。另有研究者教導一組中學生從形狀、大小、空隙、角度等方面去評價自己的書法，結果發現，經過訓練後，這些學生書法的潦草度有顯著減少，而可識別性則有顯著增加（Sweeney, Salvia, Cooper, & Talbert-Johnson, 1993）。

　　還有些研究證實，自我評價的適當運用是一項有效的干預程序。有一項研究訓練四個情緒失調的男性兒童，學習用自我評價來改善非專注違規行為，訓練分三階段進行。第一階段由教師講解教室規則，受試男童學習使用一項5分量表來評定自己在10分鐘時距中遵守教室規則的程度。5分代表在10分鐘內完全遵守教室規則；4分代表在大部分時間皆遵守教室規則；3分代表在10分鐘內並沒有嚴重違規、僅出現少數誤失，需要教師給予不多於2次的糾正；2分代表僅在一半的時間內遵守教室規則；1分代表僅在一半的時間內遵守規則，但產生重大違規；0分表示受試並未遵守教室規則，也未認真學習。同一時間內，教師也以同一5分量表對受試男童的行為加以評定。隨後將學童的評定結果與教師的結果相比較，如果學童的評定符合或接近符合教師的評定，呈現正確的自我評價，便可以得到一定的點數作為獎勵，這些點數可以用來交換個案所喜愛的獎賞物或獎勵活動。在第二和第三階段，則把自我評價的時距分別增長到15分鐘和30分鐘。研究者發現，在第一和第二階段，個案自我評價與教師評定大多一致，而且受試兒童的非專注違規行為也顯著地減少，但在第三階段，違規行為的減少則不如前兩階段明顯（Smith, Young, West, Morgan, & Rhode, 1988）。

　　另一項研究報告了有關訓練有行為問題學生做自我評價的結果。目

標是改善受試學生在下課時間的行為，例如：與成人或同儕良好互動、愛惜公物等。研究者在訓練時先行對這些行為準則向受試學生加以講解，然後教導他們使用一項4分量表（4分代表「優良的行為」，0分代表「不被接受的行為」等），對自己的行為進行評價。受試學生對這些行為規則和評分程序熟悉之後，便開始在下課時間內對自己的行為進行評價。另外，研究者也使用一位經過配對的同儕（match-paired peer）在同一時間內對每位受試學生的行為使用同一4分量表加以評定。下課時間結束時，受試學生統計自己在量表上的分數，並以它們換取自己喜歡的獎酬物或獎酬活動。結果顯示，自我評價對受試學生的目標行為（例如：與成人或同儕的社會互動、對公物的使用和愛護）產生了顯著性的改善（Nelson, Smith, & Colvin, 1995）。

二、自我評價訓練的實施

　　訓練個案學生學習自我評價，應先從教導個案如何去觀察和記錄自己的行為開始，個案對自己行為的正確記錄是自我評價的一個先決要件。另外一個重要工作是教導學生建立行為評價的標準，要考慮外在（例如：家庭、學校、社會）的行為準則、個案自己的能力、對自己的期望等因素，並讓個案知道所選擇的標準將用來與自己的行為表現相比較，判斷自己的行為是否達到所期盼的標準。這些都需要干預者將所牽涉的程序和步驟對個案清楚講解和說明。另外，干預者也可以設計一用來記錄個案自我評價結果的表格，並教導個案如何使用。這種表格中一般含有一簡單評分量表，（例如：1表示「完全不符合標準」、2表示

「小部分符合標準」、3表示「大部分符合標準」、4表示「完全符合標準」），由個案用來評價自己的表現是否符合標準及其程度如何。表10-2展示一種自我評價可使用的表格。自我評價表格的設計應依目標行為的性質和測量單位（例如：數量、頻率、強度等）而定。干預者除對個案說明使用方法之外，也應舉例說明，並提供個案實際使用表格進行記錄評價結果的練習。

表10-2　自我評價表格舉例

```
姓名：_____
班級：_____
日期：_____


第一次評定時間：_____

        不好          尚可          好          非常好
        1            2            3           4


第二次評定時間：_____

        不好          尚可          好          非常好
        1            2            3           4
```

　　楷模示範（model demonstration）和練習也是訓練自我評價的一種有用方法。

　　有研究者指出，在訓練學生評價自我的行為時，有時需要教導他們對適當行為和非適當行爲加以區別，以達成正確的評價。這一訓練可以用眞人楷模示範，或在影片上作楷模示範來進行。在一項研究中，研究

者使用楷模示範指導兩個有學習障礙的學生區分專注學習（on task）和非專注學習（off task），因為能否對這兩種行為作明確的區分，會直接影響自我觀察的正確性和自我評價的結果。研究者利用教師或學生同儕作為楷模，向受試說明並示範這兩種不同的行為，然後再對受試列舉若干行為範例，要求對它們進行區別和指認，結果發現此一訓練對增加受試的區別能力有顯著效果。另外，研究者也發現，利用影片由楷模示範適當和非適當行為，要求受試學習對這些行為加以區別，也同樣可以加強受試區別能力的形成（Dalton, Martella, & Marchand-Martella, 1999）。其他兩項研究也發現類似的結果，顯示在影片上觀察楷模做示範，可以有效改善個案區分適當和非適當行為，以及增加自我評價的能力（Embregts, 2000; Kern, Wacker, Mace, Falk, Dunlap, & Kromrey, 1995）。

第五節　自我強化及自我懲罰

自我強化（self-reinforcement）和自我懲罰（self-punishment）是指個案在自我評價後做出的反應。在大多數生活情境中（例如：學校、家庭），都是由成人制定行為規範，當兒童或青少年的行為表現符合規範時，會受到獎賞，如未能符合規範，則無法得到獎賞，甚至可能受到懲罰。此一賞罰原則也適用於自我強化和自我懲罰，所不同的是，由個體對自己適當的行為給予獎賞，對不適當行為則給予懲罰或付出某種代價。自我強化或自我懲罰的目的，是經由個案自己的安排來增強他們的適當行為，或消減其非適當行為。自我強化常用的技術包括正強化、強

化時制、代幣制、行為契約等。在實施自我強化時，目標行為的選擇、獎賞物的決定、行為評價的標準、獎賞給予的條件和安排等，都由個案在干預者的協助下自行規劃和執行，而非由他人決定。這樣做的優點是，一方面可以提升個案改變行為的動機，另一方面可以增加個案獨立改善自己行為的能力。由於有些技術，如代幣制和行為契約，對個案來說並不熟悉，為了自我強化程序的順利進行，研究者建議，可先由他人（例如：干預者、教師）啟動所需的干預程序（例如：代幣制），待個案對該程序有所了解及習慣之後，再逐漸轉移成個案主控的自我強化程序，達成自我控制或改變行為的目的。如前所言，此一從干預者主導轉化為個案主導的自我強化過程，應以漸進方式逐步完成。另外，自我強化也可以團體法實施。例如：有研究者建議，在課堂上先由老師控制獎賞物的選擇和發放，並執行一段時間，使學生對後效系統的操作有所熟悉之後，再教導學生做自我強化，使他們能更順利地自行使用此一干預方法（King-Sears, 1999）。有關自我強化的成效，多數研究認為自我強化和由教師主控的強化程序具有相同的效果，甚至比後者更有效（如：Hayes, Rosenfarb, Wulfert, Munt, Korn, & Zettle, 1985）。然而也有研究者指出自我強化的成效尚待更多實證研究的支持（Maag, 1989）。

　　與自我強化比較，自我懲罰在自我管理策略中較少使用，反應代價是一般常見的自我懲罰程序。一般干預方案常將反應代價和代幣制程序連同使用，以更大化干預效果。有研究者曾調查自我懲罰對行為改變的成效，他們以一個二年級班級的兒童為樣本，比較自我強化和自我懲罰對改進閱讀作業表現的效果。這些兒童被分成兩組，自我強化組的學生

檢查自己所完成的作業，對自己的正確答案以代幣制給予獎賞，然後以賺得的點數去換取自己喜歡的獎賞物或活動。自我懲罰組的學生則由教師發給每人一定數量的代幣，由學生檢查自己所完成的作業，如發現錯誤則需付出若干代幣作為懲罰。在兩種程序分別實施後，兩組學生的閱讀作業表現皆有改善，但自我強化的效果比自我懲罰較為顯著（Humphrey, Karoly, & Kirschenbaum, 1978）。

一、自我強化和自我懲罰訓練的實施

訓練個案自我強化或懲罰應有良好的規劃，並以適當的講解對個案說明執行的方法。干預者應明確教導個案如何使用自我強化及自我懲罰，並對所牽涉到的步驟逐一加以說明，建立必要的認知和操作技能，例如：強化的概念、目標行為和獎賞物的選擇、獎賞給予的標準、非適當行為的後果等。同時也要向個案解釋和示範在每一步驟應如何自行做成決定。干預者亦可以教導個案使用自我陳述語句，提示自己如何遵守這些步驟。研究上已多次證實，由個案自己決定的後效安排（contingency）與由教師決定的後效安排都可以產生有效的行為改變，有些時候自我選擇的行為標準和獎賞物比外部決定的獎賞更具效力（例如：Hayes et al., 1985; Lovitt & Curtiss, 1969）。另外，自我強化的一個重要考慮是設定適當的獎賞標準。有的研究發現，個案常會傾向選擇較寬鬆的獎賞標準，例如：學生自行選擇的贏得獎賞物所需的行為標準常比教師所選擇的標準寬鬆。但事實上，嚴格的獎賞標準比寬鬆的要求更能產生良好的學習或行為效果（例如：Bandura, 1968; Fredericksen

& Fredericksen, 1975）。因此，干預者在訓練時應鼓勵個案選擇較嚴格、具挑戰性的獎賞標準，而且當個案這樣做時給予適當的讚揚，強化個案在自我獎賞中選擇較嚴格的獎賞標準。

第六節　自我調節的重要考量和應用

綜合第一節至第五節的內容，在此將有關自我調節的重要考慮加以條列總結如下。

一、自我監控的重要考量

• 在自我監控之前，目標行為應在外部變項控制之下。

• 個案設定目標行為，並具有改變的動機。

• 對目標行為給予操作性定義，以便對它進行客觀的觀察和測量。

• 個案學習自我觀察和記錄的方法並練習使用，干預者給予指導和反饋。

• 干預者與個案同步進行觀察和記錄，並以對照程序確保個案觀察和記錄的準確性。

• 干預者對個案正確記錄給予獎勵。

• 自我觀察、記錄和監控應以系統的步驟進行。

• 當個案行為達到預期水準時，自我監控即可逐漸予以弱化。

二、自我評價的重要考量

- 個案對目標行為進行自我監控。

- 個案決定每日或每週用來評價目標行為的標準，亦即個案所應達到的水準。

- 個案將所監控的行為與事先選定的標準加以比較，並在評量表上進行評價。

- 干預者對個案自我評價的正確結果給予獎勵。

- 在個案自我評價的整個過程中，干預者給予適當的指導和反饋。

- 干預者在個案自我評價中的角色應隨時間逐漸淡化。

- 個案獨立執行自我評價。

三、自我強化或懲罰的重要考量

- 個案對目標行為進行準確的自我監控。

- 個案決定獎賞給予的標準，並認知較高的獎賞標準比低獎賞標準更有助於行為的改進。

- 個案選擇獎賞物，獎賞物可以是外在的（例如：實物、代幣、偏愛的活動等），也可以是內在的（例如：自我嘉許、滿足、成就感等）。原則上，盡量使用符合個案現實生活具有社會效度的強化物。

- 個案選擇獎賞物發給的時制。

- 代幣制和行為契約是自我強化常採用的程序。

- 反應代價是自我懲罰常採用的一種程序。

- 自我強化最終期望個案可僅藉助內在獎賞或標準去達成行為改

變。

•　干預者在個案自我強化過程中給予正確反饋及適時獎勵。

•　強調準確性在自我強化或懲罰執行中的重要性。

•　獎賞物的給予應有系統性，並在執行上保持一致性。

•　後效獎賞和獎賞物的給予應先由干預者主導，使個案熟悉強化的程序，然後逐漸弱化干預者的參與，同時增加個案的主導角色，直至個案可獨立實施完全的自我強化。

最後，自我調節程序有許多優點，例如：前面所提到的，能培養個案的獨立監控及調節自我行為的能力，以及有助於干預效果的維持和擴充等。另外，自我調節容易學習，且可以個人或團體法實施，具有經濟效益，例如：學生在教室內習得自我調節的方法後，便可不必藉由老師的干預，即可維持良好的學習秩序和行為。研究已證實，自我調節程序可以有效應用於正常和有障礙的兒童和青少年，包括學習障礙、智力障礙、情緒障礙、自閉症、注意力缺失症等患者（例如：Clemons, Mason, Garrison-Kans, & Wills, 2015; Coyle & Cole, 2004; Hughes & Boyle, 1991; King-Sears, 1999; Levendoski & Cartledge, 2000; Mitchem & Young, 2001; Mitchem, Young, West, & Benyo, 2001; Polsgrove & Smith, 2004; Webber, Scheuermann, McCall, & Coleman, 1993; Wood, Murdock, & Cronin, 2002）。同時，自我調節也可以增加正向行為、改善用功程度和學習表現、改進社會技能、降低擾亂行為、減少非適應行為等（例如：Cancio, West, & Young, 2004; Dalton, Martella, & Marchand-Martella, 1999; Harris, Graham, Reid, McElroy, & Hamby, 1994; Hughes & Boyle, 1991; Maag, Reid, & DiGangi, 1993; McDougal

& Brady, 1998; Mitchem, Young, West, & Benyo, 2001）。但值得注意
的是，對於情緒障礙學童和不願意改變自己行為的個案，自我調節則不
具顯著效果（Hughes & Lloyd, 1993; Hughes, Ruhl, & Misra, 1989）。

第七節　行為干預成效的維持

　　行為干預成效的維持（maintenance）和類化（generalization）是
行為干預理論和實務的重要課題。前面幾章討論了各種行為改變和認知
行為改變的原理、方法和技術，用來協助個案學習新的行為，增強良好
的行為，消除及改變不良的行為等。但是，如果行為干預的效果僅止於
在干預方案中呈現，而無法持續到干預方案結束之後，那麼便大大降低
了行為干預的意義。因為行為干預的主旨不僅是在干預方案中產生預期
的效果，而且要在行為改變方案完成之後，所產生的行為改變可以延續
下去，並可以進一步擴大到其他的行為上或情境中。譬如說，患有學習
障礙的個案經過干預後，在閱讀技巧上呈現明顯的進步，如果該個案能
將此技巧應用到其他課程的學習上，無疑會更擴大了矯治的功能和效
果。自1970年代以來，行為干預成效的維持和擴大即受到行為干預研
究者的關注，而且在近年來受到益愈的重視，許多晚近出版的應用行為
分析的個案研究在行為改變之外，也包括促進成效維持和類化的部分
（Alberto & Troutman, 2013）。

　　依上所述，行為干預成效的維持關乎到行為改變或認知行為改變效
果在時間上的延續性，即部分或全部干預完成後，其所產生效果的持久
性（Cooper, Heron, & Heward, 2007; Kazdin, 2001）。它可以驗證干預

所產生的行為改變是暫時性的還是長久性的。從行為分析者或干預者的觀點而言，顯然希望行為改變的效果可以在干預結束之後繼續維持並長期延續下去，不會隨時間的過去而消失。如此，干預所產生的良好的行為得以持續，經過矯治而消失的不良行為也不會再次復發，達到行為干預的最終目的。但是，在大多數的情形下，干預成效的維持並不會自動發生。行為干預也不應被視為一種永久性的程序。這方面的研究者大多同意，行為干預者應設計和採取適當的步驟去促進干預成效的維持。其中三個主要的方法如下。

第一，在干預程序中盡可能使用天然的後果（natural consequences）作為行為改變的增強物，也就是將個案所習得的新行為置於天然強化物的控制之下（Cooper, Heron, & Heward, 2007; Sulzer-Azaroff & Mayer, 1991）。天然強化物具有自然的增強價值，並已存在於個案的真實生活環境中，不像人為強化物（artificial reinforcer）需要另做特殊的安排（例如：代幣）。是以，使用天然強化物作為行為後果是維持行為改變延續的有效方法。如果在干預進行期間必須使用人為強化物才能達到強化目標行為的目的，那麼也應盡可能將人為強化物與天然強化物配合使用，並依增強弱化原理逐步減少人為強化物給予的數量，將人為強化物加以弱化（fading），代之以天然強化物（例如：得到師友的稱讚、考試得到高分、產生榮譽感等），最後使目標行為可以在自然強化物或無強化物伴隨的情況下仍可繼續呈現。此一轉化過程可以漸進的方式完成。雖然有少數個案可能需要長時間人為強化物的使用來維持行為干預的效果，但是大多數個案的行為改變，可藉由存在於真實生活中的天然強化物加以維持和延續。

　　第二，利用增強弱化或稀釋化（thinning）原理，在干預程序中將連續強化程序逐漸轉變成間斷強化程序，亦即將強時制逐漸弱化。個體在學習新行為時，應給予立即及連續強化，但在學習產生成效後，便適宜將連續強化轉變成間斷強化。同理，如果在干預初始階段必須使用連續增強時制對目標行為加以強化，那麼在干預成效產生之後可以藉由弱化程序將連續增強時制轉化為間歇增強時制，將增強物發給的時間加以不規則變化，並且逐漸增長行為反應和強化物呈現的時間間隔，最終使目標行為在長時期無增強物給予時仍可以維持。

　　同樣，干預者亦可將立即強化逐漸轉變為延遲強化（delayed rein-forcement），亦即對個案獎酬物的發給，從其目標行為呈現後立即給予，改為經過一段時間後才給予，如此逐步增長強化物給予的時間間隔，使目標行為在很少強化物或無強化物伴隨的情形下亦得以維持和延續。例如：使用代幣制時，可安排個案在初始階段每天都可用獲得的代幣兌換自己所選擇的增強物，然後逐漸延遲兌換的時間安排，從每天兌換一次延至每週一次，或每兩週一次，甚至每月一次，如此可以降低個案對強化物的依賴，使所習得的目標行為得以長期維持。同時也鼓勵個案盡量將得到的代幣儲存起來，在未來兌換對自己重要且有價值的強化物，有利於培養個案的耐力和毅力。

　　第三，對行為改變的維持予以強化，亦即當個案在干預方案完成之後仍能維持其習得的新行為或已改變的行為時給予適當的強化，由干預者或個案生活中的關係人士（例如：老師、家長、同儕、同事等）給予適當的獎勵。

第八節 行為干預成效的類化

行為干預成效的類化是指將行為改變的效果予以擴大或泛化，它可分成反應類化（response generalization）和刺激類化（stimulus generalization）兩種不同的形式（Carr, Robinson, Taylor, & Carlson, 1990）。反應類化或稱反應泛化，是指在行為干預方案中所產生的目標行為的改變會擴展到其他行為，也就是其他行為也隨之產生改變。例如：一項行為干預方案成功地減少了某少年個案與他人肢體衝突的行為（如打架），如果該個案因此也減少了與他人語言衝突的行為（如吵架），便代表一種反應類化的產生。此一類化效果對兩種行為（肢體衝突和語言衝突）都產生了同樣的作用，那就是降低或消除不良行為。相對的，有時干預在改善或增強良好行為的同時也會對另一不良行為產生消減的效果。譬如，一項研究發現，當老師成功地增加了某一學生做作業（on task）的行為後，該生的擾亂行為亦隨之減少（Kadzin, 1989）。也就是說，干預對目標行為和另一與其性質相反的行為都產生了改善的效果。這也屬於一種反應類化。又如，在行為矯治成功地減少了某個案的自殘行為（self-injurious behavior）之後，干預者發現該個案的親社會行為（prosocial behavior）亦有所增加。這些舉例說明反應類化可以增強其他的良好行為，也有減少不良行為的功能。

刺激類化是指，個案在干預方案中習得的目標行為或產生的行為改變擴大到其他的非干預情境中，也就是能夠在其他新的刺激情境中呈現相同的目標行為或行為改變。所以，刺激類化可被視為行為干預的效果在跨情境中的呈現。例如：一位患有注意力缺失過動症的學童在接受行

爲干預之後，增強了其在語文課上的專注力，之後老師發現該生在數學課上的專注力也產生了類似的改善，此即代表干預成效從原矯治情境中類化到一個新的刺激情境中。又如，在自助技能（self-help skill）訓練中，患有認知障礙的個案在習得了洗漱技能後亦可以在非訓練情境的日常生活中完成同樣的洗漱行爲，也屬於一種刺激類化。

　　不難理解，行爲改變成效的類化擴大了行爲干預的效果和用途，是任何行爲干預程序的最終目的。然而，一般的行爲干預方案對行爲改變效果的類化鮮少作事先的規劃，而僅是企望其能夠發生。這方面的研究指出，所謂自發性類化的概念是指未經事先規劃而自動產生的類化效果，當行爲改變的結果對個案產生有益的用途時，可能會產生自動類化，但此種類化並不常見，尤其對具有重度障礙的患者而言，極少出現（Stokes & Baer, 1977）。研究者也發現，就像干預成效的維持一樣，行爲干預成效的類化也很少自動產生，而需要在規劃行爲改變方案時納入成效類化的部分，並採取適當的步驟促成它的發生（例如：Haring, 1988, 1989; Snell & Zirpoli, 1987）。研究者同意，行爲干預成效類化的一個先決條件是，干預對目標行爲的改變應先產生預期的效果。除非個案在干預的情境中能夠成功呈現改變後的新行爲，那麼將無法期待干預效果可以類化到其他的行爲上或新情境中。如果干預僅成功地改變了個案部分的目標行爲，干預者即應對未改變部分進行任務分析（task analysis），並找出影響該部分行爲的前導事件和後果，對該部分行爲進行干預，然後採取步驟促成反應類化或刺激類化（Haring & liberty, 1990）。另外的研究者曾回顧了這方面的文獻，將行爲干預成效類化的方法歸納爲下面幾種，其中有些方法和前面所說明的維持行爲干預

效果的方法具有相同的原理（Stokes & Baer, 1977; Stokes & Osnes, 1989）。

第一，在天然情境中實施干預。行為干預的特性之一是強調行為評估和干預在天然場所（natural settings）中進行，所謂天然場所，是指目標行為最可能發生或應當發生的眞實生活環境或情境（Gaylord-Ross & Holvoet, 1985）。例如：如果欲訓練一幼童學習分享玩具的行為，最理想的地方應當是眞實生活中該幼童與其他兒童一起玩玩具或玩遊戲的場合或情境。如果因爲特殊的情況，行為干預在初始階段有必要在人爲、非天然情境中（如診療室）進行，那麼便無法保證干預或訓練的效果可自動轉移到個案的眞實生活之中，這時需要採取適當的步驟將干預方案所產生的效果漸次擴大到天然的情境中。所以，應用行為分析者和干預者一般不主張將個案從眞實情境中移出、在隔離性的場所接受矯治或干預，而主張專業干預者（例如：學校心理師、應用行為分析師、教師等）在規劃行為干預時應盡量納入個案的眞實生活情境，以促進行為改變效果的類化。如果矯治或訓練需要在人爲情境中實施，那麼也應將之逐漸轉移到天然情境中，並最終在天然情境中完成。

第二，選擇天然的前因事項（antecedents）作爲刺激控制。所謂天然前因事項，乃指在自然情境中可以導引目標行為產生的提示或事件，經由前因事項或個體對它們的認知來影響個體的反應和行為（Ford & Miranda, 1984; Snell & Zirpoli, 1987）。舉例而言，個體在課堂上學習禮節及適當的社會行為，經由教導和訓練，這些行為也會在其他環境中因受到提示而發生。例如：人們在下雨時進入屋內前，看到踏腳墊便會受到提示而把鞋底在上面踏乾才進入屋內。又如，在課堂上，老師會使

用若干前因事項來提示學生安靜下來，這些前因事項可包括宣布上課、開始點名、分發講義等，學生在收到這些訊號提示後便會逐漸從嘈雜的氛圍中安靜下來，進行學習的準備。是以，將此類適當的前因事項納入干預成效類化方案中是促進刺激類化的一種方法，可以擴大行為改變的效果。至於哪些前因事項適於用來作為刺激控制，則因目標行為的不同而異。干預者應可從行為觀察或行為面談中針對目標行為具有提示作用的前因事項進行了解，並在干預方案中加以採用。另外，如前所述，在某些干預方案中，尤其在初始階段，可能必須使用人為前因事項作為刺激控制才能引導目標行為的發生，那麼在不影響個案需求的情形下，也應將人為前因事項與天然前因事項配合使用，並逐漸加以轉化，由天然刺激控制取代人為刺激控制（Wolery & Gast, 1984）。

　　第三，選擇天然的行為後果作為增強物。理想的行為干預是能利用天然情境中的事物去強化行為的改變，例如：在學校得到好成績會強化學生用功讀書的行為，同儕的認可會強化個案對同學的合群行為。基本上，引進個案天然生活中的強化物，有助於促進行為改變的類化。很明顯的，在許多干預情境中，人為強化物對特定個案目標行為的增強有其獨特的重要性，這些人為強化物可能是實體增強物、活動增強物或是用來兌換個案所喜愛增強物的代幣或點數制度。如果沒有這些強化物的使用，可能無法產生所期望的行為改變。因此，在這種情形下，使用人為強化物作為行為後果有其必要性。但應注意的是，行為干預方案的最終目的仍是弱化人為強化物（包括代幣）的使用，而代之以天然強化物（例如：師友的稱讚、優良的成績、榮譽感等）。另外，若干預方案中所使用的人為增強物在個案真實生活中很稀少或很難得到，也應當適時

予以淡化。教導個案對真實生活情境中的強化物做出適當反應，作為強化目標行為的重要部分，是擴大干預成效重要的方法。應指出的是，在類化過程中，對已存在的天然增強物亦宜有所控制，如果個案在類化場所或情境中不需呈現目標行為即可得到這些增強物，則成效類化便不易達成（Haring & Liberty, 1990）。

第四，干預情境與類化情境應有相同或類似性。行為干預方案的成效類化到其他情境或場所時，應確定這些情境與原干預實施的情境或場所具有共同性或相似性，兩者間的相似性愈高，愈容易促進行為改變的類化。例如：將行為干預的成效（譬如增加專注力）從一門課的課室類化到另外一門課的課室，要比將它類化到另一種大不相同的情境中（譬如公共場所）較容易成功。因此在設計干預成效類化方案時，應先找出原干預情境與類化情境兩者間的共同處，以及在新情境中進行類化可得到的合作及協同，以促進類化的效果。同理，在進行反應類化時，干預中的目標行為和所欲類化的新行為應具有共同性。一般干預方案中所欲改變的目標行為，無論是學習、語言、適應、社會行為等，皆屬於特定的類別，利用這些類別中各個行為的共同性，訓練個案學習並呈現同類別中的其他行為，即可達到反應類化的目的。

第五，在干預程序中使用充分的刺激實例。干預者應在干預程序中納入目標行為的多種實際舉例，並訓練個案如何對它們做出適當反應，以促進類化效果的產生。例如：在教導個案如何正面回應他人的批評時，可以使用多種不同來源（如父母、老師、兄弟姐妹、同儕等）的批評為例，使個案學習去回應多種不同批評的方式。經過這樣的訓練之後，個案便很可能在面對新刺激情境時將其所習得的反應方式加以類

化，對新刺激情境做出適當反應。

　　第六，以序列改變（serial modification）促進類化的產生。有研究者提出序列改變的概念，建議先在一特定情境中訓練目標行為，在產生成效後再將不同的非訓練情境以系統的次序依次納入訓練中，直到干預效果成功擴大到所有的情境中，也就是說目標行為在所有的情境之中呈現（Stokes & Baer, 1977）。此方法也可以適用到行為類化上，先在干預方案中對目標行為進行干預或矯治，產生效果後再加入其他的行為，依次進行，直到所有的行為都呈現預期的改變，其程序與跨行為多基線設計相似（見第六章）。重要的是，整個序列改變的過程應以系列的次序逐一進行，而且對每一類化的成果皆應加以適當的獎勵和強化。

　　第七，干預類化的程序宜具有彈性。大多數的行為干預具有高度的結構性，此一結構性有利於建立干預的效果，但卻無助於干預效果的類化。如能在干預的過程中加入適度的彈性，納入目標行為或刺激上的一些變化，便容易促進反應類化或刺激類化的效果。此一原理與實驗結果內在效度（internal validity）和外在效度（external validity）的概念是相似的。應用性研究（applied research）通常對許多變項難以做嚴格的控制，因此內部效度偏低，但卻具有較高的外在效度，有助於研究結果的類化。

　　第八，運用自我調節技術促進成效類化。除了以上幾種方法外，本章前面所介紹的自我調節技術也是促進為干預成效擴大的有效方法。有研究者指出，教導學生習得自我監控、自我評價、自我強化及自我懲罰等方法後，學生便可以使用這些技術將行為干預的成效類化到其他行為或情境之中，並且對類化的效果自行加以評估、修正和強化。在

此過程中，行為干預者宜在旁給予適當的指導，確保執行上的適切性（Gregory, Kehle, & McLoughlin, 1997）。另外，個案學習自我對話，使用內在語言（見第九章），也同樣有益於行為改變的類化。

第九，最後，對干預成效類化的成果加以增強。從以上的說明可知，如果將成效類化納入行為干預方案之中，可增加目標行為在其他非訓練情境中的類化，也可將成效擴大到目標行為之外的其他行為。行為干預者和相關人員（如老師、家長等）在發現個案的行為改變擴及其他行為時，或在非訓練的其他情境中呈現時，即應給予獎勵，或以其他適當方式加以強化，增強類化的效果。

參考文獻

一、中文參考文獻

中華醫學會精神科分會（2001），**CCMD-3中國精神障礙分類與診斷標準—第3版**，濟南：山東科學技術出版社。

白秀玲（1999），兒童認知行為輔導團體之分析研究，**臺北市立師範學院學報**，*30*，167-174。

吳裕益、侯雅齡（2000），**國小兒童自我概念量表**，臺北：心理出版社。

李崇坤、歐慧敏（2008），**行為困擾量表**（第4版），臺北：心理出版社。

李梅齡、葉玉（2004），**幼兒情緒與行為問題檢核表**，臺北：臺北市立教育大學特殊教育中心。

周台傑、林玉華（1996），自我教導策略對注意力不足過動兒童之教學效果研究，**特殊教育學報**，*11*，239-284。

周豐宜、羅萬達（2011），自我教導策略對ADHD兒童的行為問題處理，**特教叢書10001**，43-58。

施顯烇（1990），**認知與行為治療**，臺北：幼獅。

柯永河（1980），**臨床心理學——心理治療**，基隆：大河出版社。

洪儷瑜（2000），**青少年社會行為評量表**，臺北：心理出版社。

翁毓秀（2003），**親職壓力量表**，臺北：心理出版社。

袁巧玲（2011），打破對「行為改變技術」與「應用行為分析」的迷思，2016-01-25，取自http://blog.sina.com.cn/s/blog_7189fc320100ybyh.html

馬信行（1990），**行為改變的理論與技術**，臺北：桂冠。

張妙清、范為橋、張樹輝、梁覺（2008），跨文化（中國人）個性測量表青少年版（CPAI-A）的香港標準化研究——兼顧文化共通性與特殊性的人格測量，**Acta Psychologica Sinica**〔心理學報〕，*40*（7），839-852。

梅錦榮（2011），**神經心理學**，北京：中國人民大學出版社。

莊慧美（2001），認知行為治療在過動兒治療之應用，**國教天地**，*146*，19-24，58。

陳可家（2007），**生理回饋簡介**，嘉義：中正大學心理學系。

陳李綢、蔡順良（2008），**中學生人際關係量表**，臺北：心理出版社。

陳李綢、蔡順良（2009），**中學生自我效能量表**，臺北：心理出版社。

陳怡群、黃惠玲、趙家琛（2009），**阿肯巴克實證衡鑑系統**，臺北：心理出版社。

陳政見（2004），**國小學生活動量評量表**，臺北：心理出版社。

陳政見（2008），**行為改變技術**，臺北：華都文化。

陳淑惠（2008），**台灣版兒童青少年憂鬱量表指導手冊**，臺北：心理出版社。

陳榮華（2009），**行為改變技術**，臺北：五南。

曾嬿嬿、吳佑佑、邱彥南、劉瓊瑛、宋維村（1997），認知行為治療團體在注意力不足過動兒童的臨床應用，中華心理衛生季刊，*10*，83-101。

黃允香（2009），Meichenbaum的自我指導訓練法在腦卒中偏癱患者中的應用，**國際護理學雜志**，*28*（8），1125-1126。

黃正仁（1983），**慢性精神分裂症的行為治療：團體代幣制之應用**，高雄：俊文。

楊宗仁（2001），**行為與情緒評量表**，臺北：心理出版社。

葛樹人（2006），**心理測驗學**，臺北：桂冠。

廖鳳池、鈕文英（1990），**問題解決諮商模式**，臺北：張老師文化。

廖鳳池、陳美芳、胡致芬、王淑敏、黃宜敏（編譯）（1991），**教育心理學**，臺

北：心理。

鄭麗月（2001），情緒障礙量表，臺北：心理出版社。

簡瑞良、張美華（2004），認知行爲策略在情緒障礙學生憤怒控制的運用。台東特教，*12*（20），52-58。

顏正芳（2010），台灣版多向度兒童青少年焦慮量表，臺北：心理出版社。

二、英文參考文獻

Abraham, C., Norman, P., & Conner, M. T. (2000). Towards a psychology of health-related behaviour change. In P. Norman, C. Abraham, & M. Conner (Eds.). *Understanding and changing health behaviour: From health beliefs to self-regulation.*, Chur, Switzerland: Harwood Academic.

Achenbach, T. M. (2015). *Achenbach system of empirically based assessment.* Burlington, VT: University of Vermont, Research Center for Children, Youth, & Families.

Achenbach, T. M., & McConaughy, S. H. (1997). *Empirically based assessment of child and adolescent psychopathology: Practical applications*(2nd ed.)*.* Thousand Oaks, CA: Sage Publications.

Achenbach, T. M., McConaughy, S. H., & Howell, C. T. (1987). Child/adolescent behavioral and emotional problems: Implications of cross-informant correlations for situational specificity. *Psychological Bulletin, 101*(2), 213-232.

Adams, C. D., & Kelly, M. L. (1992). Managing sibling aggression: Overcorrection as an alternative to time-out. *Behavior Therapy, 23*(4)*,* 707-717.

AERA, APA, & NCME. (1999). *Standards for educational and psychological testing.*

Washington, D.C.: American Educational Research Association.

AERA, APA, & NCME. (2014). *Standards for educational and psychological testing.* Washington, D.C.: American Educational Research Association.

Agras, W. S., Kazdin, A. E., & Wilson, G. T. (1979). *Behavior therapy: Toward an applied clinical science.* San Francisco, CA: Freeman.

Alberto, P. A., & Troutman, A. C. (2013). *Applied behavior analysis for teachers* (9th ed.). Upper Saddle River, NJ: Merrill/ Pearson Education.

Allen, K. D., & Shriver, M. D. (1998). Role of parent-mediated pain behavior management strategies in biofeedback treatment of childhood migraines. *Behavior Therapy, 29*(3), 477-490.

Allen, L. J., Howard, V. F., Sweeney, W. J., & McLaghlin, T. F. (1993). Use of contingency contracting to increase on-task behavior with primary students. *Psychological Reports, 72*(3), 905-906.

Allen, S. J., & Kramer, J. J. (1990). Modification of personal hygiene and grooming behaviors with contingency contracting: A brief review and case study. *Psychology in the Schools, 27*(3), 244-251.

American Psychiatric Association. (2013). *Diagnostic and statistical manual of mental disorders*(5th ed.). Arlington, VA: Author.

Anastasi, A., & Urbana, S. (1997). *Psychological testing* (7th Ed.). New York: Prentice Hall. Asher, S. R. (1990). Recent advances in the study of peer rejection. In S. R. Asher & J. D. Coie (eds.) *Peer rejection in childhood.*(pp. 3-14) New York: Cambridge University Press.

Asher, S. R., & Renshaw, P. D. (1981). Children without friends: Social knowledge and skill training. In S. R. Asher & J. M. Gottman, (Eds.), *The development of children's friendships* (pp. 273-296). New York: Cambridge University Press.

Averill, J. R. (1983).Studies on anger and aggression: Implications for theories of emotion. *American Psychologist, 38*(11), 1145-1160.

Ayllon, T., & Michael, J. (1959). The psychiatric nurse as a behavioral engineer. *Journal of the Experimental Analysis of Behavior, 2,* 323-334.

Ayllon, T., & Azrin, N. H. (1965). The measurement and reinforcement of behavior of psychotics. *Journal of Experimental Analysis of Behavior, 8*(6), 357-383.

Azrin, N. H., & Besalel, V. A. (1980). *How to use overcorrection*. Austin, TX: Pro-ED.

Azrin, N. H., Gottlieb, L., Hughart, L., Wesolowski M. D., & Rahn T. (1975). Eliminating self-injurious behavior by educative procedures. *Behavior Research and Therapy, 13*(2-3), 101-111.

Baer, D. M., Wolf, M. M., & Risley, T. R. (1968). Some current dimensions of applied behavior analysis. *Journal of Applied Behavior Analysis, 1*(1), 91-97.

Bakeman, R., & Gottman, J. M. (1997). *Observing interaction: An introduction to sequential analysis* (2nd ed.). Cambridge, UK: Cambridge University Press.

Bandura, A. (1965). Influence of models' reinforcement contingencies on the acquisition of imitative responses. *Journal of Personality and Social Psychology, 1*(6), 589-595.

Bandura, A. (1968). A social learning interpretation of psychological dysfunctions. In P. London, & D. L. Rosenhan (Eds.), *Foundations of abnormal psychology*. New York: Holt, Rinehart & Winston.

Bandura, A. (1969). *Principle of behavior modification*. New York: Holt, Rinehart &

Winston.

Bandura, A. (1977a). *Social learning theory.* Upper Saddle River, NJ: Prentice-Hall.

Bandura, A. (1977b). Self-reinforcement: The power of positive personal control. In P. G. Zimbardo, & F. L. Ruch (Eds.), *Psychology and life* (9th ed.). Glenview, IL: Scott Foresman.

Bandura, A. (1977c). Self-efficacy: Toward a unifying theory of behavioral change. *Psychological Review, 84*(2), 191-215.

Bandura, A. (1986). *Social foundations of thought and action: A social cognitive theory.* Englewood Cliffs, NJ: Prentice-Hall.

Bandura, A. (1997). *Self-efficacy: The exercise of control.* Duffield, UK: Worth Publishing. Barkley, R. A. (1990). *Attention deficit hyperactivity disorder: A handbook for diagnosis and treatment.* New York: Guilford Press.

Barkley, R. A. (2006). Barkley home and school situations questionnaires. In R. A. Barkley, & K. R. Murphy. *Attention deficit hyperactivity disorder: A clinical workbook* (2nd ed.). New York: Guilford Press.

Barlow, D. H., & Hersen, M. (1984). *Single case experimental designs: Strategies for studying behavior change.* New York: Pergamon.

Barlow, D. H., Nock, M. K., & Hersen, M. (2009). *Single case experimental designs: Strategies for studying behavior changes* (3rd ed.). Boston, MA: Allyn & Bacon.

Barnett, D. W., & Forcade, M. C. (1983). *Nondiscriminatory multifactored assessment: A sourcebook.* New York: Human Sciences Press.

Barnhill, G. P. (2005). Functional behavior assessment in schools. *Intervention in School and Clinic: 40*(3), 131-143.

Barry, L. M., & Messer, J. J. (2003). A pratical application of self-management for students diagnosed with attention deficit/hyperactivity disorder. *Journal of Positive Behavior Interventions, 5*(4), 238-248.

Bernstein, D. A., & Nietzel, M. T. (1980). *Introduction to clinical psychology.* New York: McGraw-Hill.

Bernstein, S. (1999). A time-saving technique for the treatment of simple phobia. *American Journal of Psychotherapy, 53*(4), 501-513.

Bierman, K. L., Miller, C. L., & Stabb, S. D. (1987). Improving the social behavior and peer acceptance of rejected boys: Effects of social skill training with instructions and prohibitions. *Journal of Consulting and Clinical Psychology, 55*(2), 194-200.

Bijou, S. W., & Orlando, R. (1961). Rapid development of multiple-schedule performances with retarded children. *Journal of Experimental Analysis of Behavior, 4*(1), 7-16.

Bijou, S. W., Peterson, R. F., & Ault, M. H. (1968). A method to integrate descriptive and experimental field studies at the level of data and empirical concepts. *Journal of Applied Behavior Analysis, 1*(2), 175-191.

Bohanon, H., Fenning, P., Carney, K. L., Minnis-Kim, M., Anderson-Harriss, S., Moroz, K. B., Pigott, T. D. (2006). Schoolwide application of positive behavior support in an urban high school. *Journal of Positive Behavior Interventions, 8*(3), 131-145.

Bordens, K. S., & Abbott, B. B. (2010). *Research design and methods: A process approach* (8th ed.). New York: McGraw-Hill.

Boyd, B. A., Alter, P. J., & Conroy, M. A. (2005). Using their restricted interests: A novel strategy for increasing the social behaviors of children with autism. *Beyond Behavior, 15*(2), 3-9.

Braswell, L., & Bloomquist, M. L. (1991). *Cognitive-behavioral therapy with ADHD children: Child, family and school interventions.* New York: Guilford Press.

Brophy, J., & Good, T. (1986). Teacher behavior and student achievement. In M. C. Wittrock (Ed.), *Handbook of research on teaching* (3rd ed.). New York: McMillan.

Buisson, G. J., Murdock, J. Y., Reynolds, K. E., & Cronin, M. E. (1995). Effects of tokens on response latency of students with hearing impairments in a resource room. *Education and Treatment of Children, 18*(4), 408-421.

Burkell, J., Schneider, B., & Pressley, M. (1990). Mathematics. In M. Pressley and Associates (Eds.), *Cognitive strategy instruction that really improves children's academic performance* (pp. 147-178). Cambridge, Mass.: Brookline.

Buggey, T. (2005). Applications of video self-modeling with children with autism in a small private school. *Focus on Autism and Other Developmental Disabilities, 20*, 180-204.

Busse, R. (2009). Sociometric Assessment. Retrieved Dec 23, 2009, from http://www.education.com/reference/article/sociometric-assessment/

Camp, B. W., Blom, G. E., Hebert, F., & van Doorninck, W. J. (1977). "Think aloud": A program for developing self-control in young aggressive boys. *Journal of Abnormal Child Psycology, 5*(2), 157-169.

Cancio, E. J., West, R. P., & Young, K. R. (2004). Improving mathematics homework completion and accuracy of students with EBD through self-management and parent participation. *Journal of Emotional and Behavioral Disorders, 12*(1), 9-22.

Carr, E. G., & Lovaas, O. I. (1983). Contingent electric shock as a treatment for severe behavior problems. In S. Axelrod, & J. Apsche (Eds.), *The effects of punishment on human behavior* (pp. 221-246). New York: Academic Press.

Carr, E. G., & Newsom, C. (1985). Demand-related tantrums: Conceptualization and treatment. *Behavior Modification, 9*(4), 403-426.

Carr, E. G., Robinson, S., Taylor, J. C., & Carlson, J. I.(1990). *Positive approaches to the treatment of severe behavior problems in persons with developmental disabilities: A review and analysis of reinforcement and stimulus-based procedures* (Monograph No. 4). Chicago: Association for Persons with Severe Handicaps.

Carr, J. E., & Burkholder, E. O. (1998). Creating single-subject design graphs with Microsoft Excel™. *Journal of Applied Behavior Analysis, 31, 245-251.*

Cartwright, Dee. C., & Boyle, J. (2006). Positive behavioral supports (PBS): Tips for parents and educators. NASP *Communiqué*, 35, #2.

Cheung, S. F., Cheung, F. M., & Fan, W. (2013). From Chinese to cross-cultural personality inventory: A combined emic-etic approach to the study of personality in culture. In M. J. Gelfand, C. Chiu, & Y. Hong (Eds.). *Advances in culture and psychology*(Vol. 3). US: Oxford University Press.

Cheung, F. M., Cheung, S. F., & Zhang, J. X. (2004). What is "Chinese" personality: Subgroup differences in the Chinese Personality Assessment Inventory (CPAI-2). *Acta Psychologica Sinica, 36*(4), 491-499.

Cheung. F. M., Fan, W. Cheung. S. F., & Leung. K. (2008). Standardization of the cross-cultural [Chinese] Personality Assessment Inventory for Adolescents in Hong Kong: A combined emic-etic approach to personality assessment. *Acta Psychologica*

Sinica, 40 (7), 839-852.

Cheung, F. M., Leung, K., Fan, R. M., Song, W., Zhang, J., & Zhang, J. (1996). Development of the Chinese Personality Assessment Inventory (CPAl). *Journal of Cross-Cultural Psychology, 27*(2), 181-199.

Clemons, L. L., Mason, B. A. Garrison-Kans, L., & Wills, H. P. (2015). Self-monitoring for high school students with disabilities: A cross-categorical investigation of I-Connect. *Journal of Positive Behavior Interventions, July,* 1-15.

Cohen, J. (1988). Statistical power analysis for the behavioral sciences (2nd ed.). Hillsdale, NJ: Lawrence Earlbaum Associates.

Cohen, J. (1960). A coefficient of agreement for nominal scales. *Educational and Psychological Measurement, 20* (1): 37-46.

Cone, J. D. (1977). The relevance of reliability and validity for behavioral assessment. *Behavior Therapy, 8*(3), 411-426.

Cone, J. D., & Fester, S. L. (1982). Direct observation in clinical psychology. In P. C. Kandell, & J. N. Butcher (Eds.). *Handbook of research methods in clinical psychology* (pp.311-354). New York: Wiley.

Conners, K. (2008). *Conners comprehensive behavior rating scales-3rd Edition.* Hazel Wheldon, MA: Multi-Health Systems Inc.

Connolly J., & Doyle A. B. (1981). Assessment of social competence in preschoolers: Teacher versus peers. *Developmental Psychology, 17*(4), 454-462.

Conyers, C., Miltonberger, R., Maki, A., Barenz, R., Jurgens, M., Sailer, A., Haugen, M., & Kopp, B. (2004). A comparison of response cost and differential reinforcement of other behavior to reduce disruptive behavior in a preschool classroom. *Journal of*

Applied Behavior Analysis, 37(3), 411-415.

Conyers, C., Miltenberger, R., Romaniuk, C., Kopp, B., & Himle, M. (2003). Evaluation of DRO schedules to reduce disruptive behavior in a preschool classroom. *Child and Family Behavior Therapy, 25*(3), 1-6.

Cooper, J. O., Heron, T. E., & Heward, W. L. (2007). *Applied behavior analysis* (2nd ed.). Upper Saddle River, NJ: Pearson.

Cooper, J. O., Heron, T. E., & Heward, W. L. (1987). *Applied behavior analysis.* Upper Saddle River, NJ: Merrill/Prentice Hall.

Corrigan, J. D. (1995). Substance abuse as a mediating factor in outcome from traumatic brain injury. *Archives of Physical Medicine & Rehabilitation, 76*(4), 302-309.

Costenbader, V., & Markson, S. (1998). School suspension: A study with secondary students. *Journal of School Psychology, 36*(1), 59-82.

Costenbader, V., & Reading-Brown, M. (1995). Isolation timeout used with students with emotional disturbance. *Exceptional Children, 61*(4), 353-363.

Cote, C. A., Thompson, R. H., & McKerchar, P. M. (2005). The effects of antecedent interventions and extinction on toddler's compliance during transitions. *Journal of Applied Behavior Analysis, 38*(2), 235-238.

Coyle, C., & Cole, P. (2004). A videotaped self-modelling and self-monitoring treatment program to decrease off-task behaviour in children with autism. *Journal of Intellectual and Developmental Disability, 29*(1), 3-16.

Cushing, L. S. (2000). Descriptive analysis in the school social culture of elementary and middle school students. Unpublished doctoral dissertation, University of

Oregon, Eugene.

Dalton, T., Martella, R., & Marchand-Martella, N. E. (1999). The effects of a self management program in reducing off-task behavior. *Journal of Behavioral Education, 9*(3/4), 157-176.

Dee, C. C. & Boyle, J. (2006). Positive behavior supports (PBS). Tips for parents and educators. NCSP/NASP. *Communiq, 35*, #2.

Denny, M. (1980). Reducing self-stimulatory behavior of mentally retarded persons by alternative positive practice. *American Journal of Mental Deficiency, 84*(5), 610-615.

Dieser, R. B., &Ruddell, E. (2002). Effects of attribution retraining during therapeutic recreation on attributions and explanatory styles of adolescents with depression. *Therapeutic Recreation Journal, 36* (1), 35-47.

Din, F. S., Isack, L. R., & Rietveld, J. (2003, February 26-March). Effects of contingency contracting on decreasing student tardiness. Paper presented at the Annual Conference of the Eastern Educational Research Association, Hilton Head Island, SC.

Downing, J. A. (2002). Individualized behavior contracts. *Intervention in School and Clinic, 37,* 168-172.

Downing, J. A. (2007). *Students with Emotional and Behavioral Problems: Assessment, Management, and Intervention Strategies*: Upper Saddle River, NJ: Pearson Education.

Duda, M. A., Dunlap, G., Fox, L., Lentini, R., & Clarke, S. (2004). An experimental evaluation of positive behavior support in a community preschool program. *Topics in Early Childhood Special Education, 24*(3), 143-155.

DuPaul, G. J., Powrr, T. J., Anastopoulos, A. D., & Reid, R. (2016). *ADHD rating scale-5 for children and adolescents: Checklists, norms, and clinical interpretation.* New York: Guilford Press.

Durand, V. M., & Crimmins, D. B. (1992). *The Motivation Assessment Scale (MAS) administration guide.* Topeka, KS: Monaco and Associates.

Dweck, C. S. (1975). The role of expectations and attributions in the alleviation of learned helplessness. *Journal of Personality and Social Psychology, 31*(4), 674-685.

D'Zurilla, T. J., & Goldfried, M. R. (1971). Problem solving and behavior modification. *Journal of Abnormal Psycology, 78*(1), 107-126.

Elksnin, L. K., & Elksnin, N. (1998). Teaching social skills to students with learning and behavior problems. *Intervention in School and Clinic, 33*(3), 131-140.

Embregts, P. J. C. M. (2000). Effectiveness of video feedback and self-management on inappropriate social behavior of youth with mild mental retardation. *Research in Developmental Disabilities, 21*(5), 409-423.

Embregts, P. J. C. M. (2003). Using self-management, video feedback, and graphic feedback to improve social behavior of youth with mild mental retardation. *Education and Training in Developmental Disabilities, 38*(3), 283-295.

Epstein, M. H., & Cullinan, D. (1998). *Scale for assessing emotional disturbance.* Austin, TX: PRO-ED.

Epstein, M. H. (2004). *Behavioral and emotional rating scale-2.* Austin, TX: PRO-ED.

Etscheidt, S. (1991). Reducing aggressive behavior and improving self control: A cognitive-behavioral training program for behaviorally disordered adolescents.

Behavioral Disorders, 16(2), 107-115.

Feindler, E. L., & Fremouw, W. J. (1983). Stress inoculation training for adolescent anger problems. In D. Meichenbaum & M. E. Jaremko (Eds.), *Stress reduction and prevention.* New York: Plenum.

Feindler, E. L., Marriott, S. A., & Iwata, M. (1984). Group anger control training for junior high school delinquents. *Cognitive Therapy and Research, 8*(3), 299-311.

Ferguson, C. J. (2013). Spanking, corporal punishment and negative long-term outcomes: A meta-analytic review of longitudinal studies. *Clinical Psychology Review, 33*(1), 196-208.

Fine, G. A. (1981). Friends, impression management, and preadolescent behavior. In S. R. Asher & J. M Gottman (Eds.), *The development of children's friendships* (pp. 29-52). New York: Cambridge University Press.

Fleiss, J. L. (1971). Measuring nominal scale agreement among many raters. *Psychological Bulletin, 76*(5), 378-382.

Flood, W. A., & Wilder, D. A. (2002). Antecedent assessment and assessment-based treatment of off-task behavior in a child diagnosed with attention deficit-hyperactivity disorder (ADHD). *Education and Treatment of Children, 25*(3), 331-338.

Ford, A., & Mirenda, P. (1984). Community instruction: A natural cues and corrections decision model. *Research and Practice for Persons with Severe Handicaps, 9*(2), 79-87.

Foster, L. H., Watson, T. S., Meeks, C., & Young, J. S. (2002). Single-subject research design for school counselors: Becoming an applied research. *Professional School*

Counseling, 6(2), 146-155.

Foxx, R. M., & Azrin, N. H. (1972). Restitution: A method of eliminating aggressive-disruptive behavior of retarded and brain damaged patients. *Behavior Research and Therapy, 10*(1), 15-27.

Foxx, R. M., & Azrin, N. H. (1973). The elimination of autistic self-stimulatory behavior by overcorrection. *Journal of Applied Behavior Analysis, 6*(1): 1-14.

Foxx, R. M., & Bechtel, D. R. (1983). Overcorrection: A review and analysis. In S. Axelrod, & J. Apsche (Eds.), *The effects of punishment on human behavior* (pp. 133-220). New York: Academic Press.

Frank, A. R., & Gerken, K. C. (1990). Case studies in curriculum-based measurement. *Education and Training in Mental Retardation, 25*(2), 113-119.

Frederiksen, L. W., & Frederiksen, C. B. (1975). Teacher-determined and self-determined token reinforcement in a special education classroom. *Behavior Therapy, 6*(3), 310-314.

Freeman, K. A., & Dexter-Mazza, E. T. (2004). Using self-monitoring with an adolescent with disruptive classroom behavior: Preliminary analysis of the role of adult feedback. *Behavior Modification, 28*(3), 402-419.

Friend, M. (2008). *Special education: Contemporary perspectives for school professionals* (2nd ed.). Boston: Pearson Education.

Friman, P. C., Hayes, S. C., & Wilson, K. G.(1998). Why behavior analysts should study emotion: The example of anxiety. *Journal of Applied Behavior Analysis, 31*(1), 137-156.

Gardner, W. I. (1977). *Learning and behavior characteristics of exceptional children and youth: A humanistic behavioral approach.* Boston: Allyn and Bacon.

Gast, D. L., & Nelson, C. M. (1977). Legal and ethical considerations for the use of timeout in special education settings. *Journal of Special Education, 11*(4), 457-467.

Gay, L. R. (1996). *Educational research: Competencies for analysis and application*(5th ed.). Upper Saddle River, NJ: Merrill/Pearson Education.

Gaylord-Ross, R. J. & Holvoet, J. F. (1985). *Strategies for educating students with severe handicaps.* Boston: Little Brown.

Gelfand, D. M., & Hartmann, D. P.(1984). *Child behavior analysis and therapy*(2nd ed.). Boston: Allyn and Bacon.

Gershoff, E. T. (2002). Corporal punishment by parents and associated child behaviors and experiences: A meta-analytic and theoretical review. *Psychological Bulletin, 128*(4), 539-579.

Gershoff, E. T. (2010). More harm than good: A summary of scientific research on the intended and unintended effects of corporal punishment on children. *Law and Contemporary Problems, 73*(2), 31-56.

Gershoff, E. T. (2013). Spanking and child Development: We know enough now to stop hitting our children. *Child Development Perspective, 7*(3): 133-137.

Gilbert, C., & Moss, D. (2003). Basic tools: Biofeedback and biological monitoring. In D. P. Moss, A. V. McGrady, T. C. Davies, & I. Wickramasekera (Eds.), *Handbook of mind-body medicine in primary care: Behavioral and physiological tools* (pp. 109-122). Thousand Oaks, CA: Sage.

Gillian, J. E. (2014). *Gillian autism rating scale-Third Edition.* Torrance, CA: Western Psychological Services.

Global initiative to end all corporal punishment of children. (2012). States with full abolition. Retrieved May 20, 2015, from http://www.endcorporalpunishment.org.

Goh, D. S. (2004). *Assessment accommodations for diverse learners.* New York: Pearson.

Goldiamond, I. (1968). Stuttering and fluency as manipulable operant response classes. In H. N. Sloane, & B. D. Macaulay (Eds.), *Operant procedures in remedial speech and language training.* Boston: Houghton & Mifflin.

Goldried, M. R., & Davison, G. C. (1976). *Clinical behavior therapy.* New York: Holt, Rinehart, & Winston.

Goldstein, A. P.(1999). *The prepare curriculum: Teaching prosocial competencies* (Rev. ed.). Champaign, IL: Research Press.

Goldstein, A. P., & Click, B. (1987). *Aggression replacement training: A comprehensive intervention for aggressive youth.* Champaign, IL: Research Press.

Gottfredson, G. D., & Gottfredson, D. C. (2001). What schools do to prevent problem behavior and promote safe environments. *Journal of Educational and Psychological Consultation, 12*(4), 313-344.

Graham, S., & Harris, K. R. (1988). Instructional recommendations for teaching writing to exceptional students. *Exceptional Children, 54*(6), 506-512.

Gregory, K. M., Kehle, T. J., & McLoughlin, C. S. (1997). Generalization and maintenance of treatment gains using self-management procedures with behaviorally disordered adolescents. *Psychological Reports, 80*(2), 683-690.

Gresham, F. M. (1986). Conceptual issues in the assessment of social competence in children. In P. Strain, M. Guralnick, & N. Walker (Eds.), *Children's social* behaviour: Development, assessment and modification (pp. 143-180). New York: American.

Gresham, F. M., & Davis, C. J. (1988). Behavioral interviews with parents and teachers. In E. S. Shapiro, & T. R. Kratochwill (Eds.), *Behavioral assessment in schools: Conceptual foundations and practical applications* (pp. 455-493). New York: Guilford.

Gresham, F. M., & Elliott, S. N. (2008). *Social skills improvement system rating scales.* San Antonio, TX: Pearson.

Gresham, F. M., Van, M. B., & Cook, C. R. (2006). Social skills training for teaching replacement behaviors: Remediating acquisition deficits in at-risk students. *Behavioral Disorders, 31*(4), 363-377.

Gresham, F. M., Watson, T. S., & Skinner, C. H. (2001). Functional behavioral assessment: Principles, procedures, and future directions. *School Psychology Review, 30*(2), 156-172.

Griffin, M. M., Robinson, D. H., & Carpenter, H. M. (2000). Changing teacher education students' attitudes toward using corporal punishment in the classroom. *Research in the Schools, 7*(1), 27-30.

Grissom, R. J., & Kim, J. J. (2005). *Effect sizes for research: A broad practical approach.* Mahwah, NJ: Lawrence Erlbaum.

Gross, A. M. (1984). Behavioral interviewing. In T. H. Ollendick, & M. Hersen (Eds.), *Child behavioral assessment: Principles and procedures.* New York: Pergamon.

Gurrad, A. M., Weber, K. P., & McLauglin, T. F. (2002). The effects of contingency contracting for a middle school student with attention deficit hyperactivity disorder during corrective reading lessons: A case report. *International Journal of Special Education, 17*(1), 26-32.

Hall, R. V. (1971). Behavior modification: Basic principles. Austin, TX: Pro-Ed.

Hall, R. V., & Hall, M. L. (1998). *How to negotiate a behavioral contract* (2nd ed.). Austin, TX: Pro-Ed.

Haring, N. G. (1989). *Generalization for students with severe handicaps: Strategies and solutions.* Seattle, WA: University of Washington Press.

Haring, N. G. (1988). *Investigating the problem of skill generalization: Literature review III.* Seattle, WA: Washington Research Organization.

Haring, N. G., & Liberty, K. A. (1990). Matching strategies with performance in facilitating generalization. *Focus on Exceptional Children, 22*(8), 1-16.

Harrington, R. G., & Follett, G. M. (1984). The readability of child personality assessment instruments. *Journal of Psychoeducational Assessment, 2*(1), 37-48.

Harris, K. R., Graham, S., Reid, R., McElroy, K., & Hamby, R. S. (1994). Self-monitoring of attention versus self-monitoring of performance: Replication and cross-task comparison studies. *Learning Disability Quarterly, 17*(2), 121-139.

Harris, F. C., & Lahey, B. B. (1982). Subject reactivity in direct observational assessment: A review and critical analysis. *Clinical Psychology Review*, 2(4), 523-538.

Hartmann, D. P., & Hall, R. V. (1976). The changing criterion design. *Journal of Applied Behavior Analysis, 9*(4), 527-532.

Hayes, S. C., & Nelson, R. O. (1983). Similar reactivity produced by external cues and self-monitoring. *Behavior Modification, 7*(2), 183-196.

Hayes, S. C., Rosenfarb, I., Wulfert, E., Munt, E. D., Korn, Z., & Zettle, R. D. (1985). Self-reinforcement effects: An artifact of social standard setting? *Journal of Applied Behavior Analysis, 18*(3), 201-214.

Haynes, S. N., & Wilson, C. C. (1979). *Behavioral assessment: Recent advances in methods, concepts, and applications.* San Francisco: Jossey-Bass.

Hegel, M. T., & Ferguson, R. J. (2000). Differential reinforcement of other behavior (DRO) to reduce aggressive behavior following traumatic brain injury. *Behavior Modification, 24*(1), 94-101.

Heider, F. (1958). *The psychology of interpersonal relations.* New York: Wiley.

Hersen, M., & Barlow, D. H. (1976). *Single case experimental designs: Strategies for studying behavior change.* New York: Pergamon.

Higgins, J. W., Williams, R. L., & McLaughlin, T. F. (2001). The effects of a token economy employing instructional consequences for a third grade student with learning disabilities: A data-based case study. *Education and Treatment of Children, 24*(1), 99-106.

Hillman, H. L. & Miller, L. K., (2004). Designing multiple baseline graphs using Microsoft Excel[TM]. *The Behavior Analyst Today.*

Hintze, J. M. (2005). Psychometrics of direct observation. *School Psychology Review, 34*(4), 507-519.

Hodges, K. (1990). *Child assessment schedule.* Yipsilanti, MI: Eastern Michigan University.

Hodges, K., Kline, J., Barbero, G., & Flanery, R. (1985). Depressive symptoms in children with recurrent abdominal pain and in their families. *Journal of Pediatrics,*

107(4), 622-626.

Hodges, K., Kline, J., Stern, L., Cytryn, L., & McKnew, D. (1982). The development of a child assessment interview for research and clinical use. *Journal of Abnormal Child Psychology, 10*(2), 173-189.

Hodges, K., McKnew, D., Cytryn, L., Stern, L., & Kline, J. (1982). The Child Assessment Schedule (CAS) diagnostic interview: A report on reliability and validity. *Journal of the American Academy of Child Psychiatry, 21*(5), 468-473.

Holland, J. G., & Skinner, B. F. (1961). *The analysis of behavior: A program for self-instruction.* New York: McGraw-Hill.

Holman, J., & Baer, D. M. (1979). Facilitating generalization of on-task behavior through self-monitoring of academic tasks, *Journal of Autism and Developmental Disorders, 9,* 429-445.

Horner, R. H., Carr, E. G., Halle, J., McGee, G., Odom, S., & Wolery, M. (2005). The use of single-subject research to identify evidence-based practice in special education. *Exceptional Children, 71*(2), 165-179.

Hudley, C., Britsch, B., Wakefield, W. D., Smith, T., Demorat, M., & Cho, S. (1998). An attribution retraining program to reduce aggression in elementary school students. *Psychology in the Schools, 35*(3), 271-282.

Hughes, J. N. (1988). Cognitive behavior therapy. In L. Mann, & C. Reynolds (Eds.), *The encyclopedia of special education* (pp. 354-355). New York: Wiley.

Hughes, C. A., &Boyle. J. R. (1991). Effects of self-monitoring for on-task behavior and task productivity on clementary students with moderate mental retardation. *Education and Treatment of Children, 14*(2), 96-111.

Hughes, C., & Lloyd, J. W. (1993). An analysis of self-management. *Journal of Behavioral Education, 3,* 405-425.

Hughes, C. A., Ruhl, K. L., & Misra, A. (1989). Self-management with behaviorally disordered students in school settings: A promise unfulfilled? *Behavioral Disorders, 14*(4), 250-262.

Humphrey, L. L., Karoly, P., & Kirschenbaum, D. S. (1978). Self-management in the classroom: Self-imposed response cost versus self-reward. *Behavior Thearapy, 9*(4), 592-601.

Hunsley, J. &, Mash, E. J. (2007). Evidence-based assessment. *Annual Review of Clinical Psychology. 3*: 29-51.

Inter-American Commission on Human Rights, Rapporteurship on the Rights of the Child, & Organization of American States. (2009). *Report on corporal punishment and human-rights of children and adolescents.* Retrieved March 12, 2015, fromhttp://www.cidh.oas.org/Ninez/CastigoCorporal2009/CastigoCorporal.TOC.htm

Iwata, B. A., & Bailey, J. S. (1974). Reward versus cost token systems: An analysis of the effects on students and teacher. *Journal of Applied Behavior Analysis, 7*(4), 567-576.

Iwata, B. A., & DeLeon, I. G. (2005). *Functional analysis screening tool (FAST).* Gainesville, FL: Florida Center on Self-Injury, University of Florida.

Iwata, B. A., & DeLeon, I. G. (1996). *Functional analysis screening tool (FAST).* Gainesville, FL: Florida Center on Self-Injury, University of Florida.

Johnson, L. A., & Graham, S. (1990). Goal setting and its application with exceptional learners. *Preventing School Failure, 34*(4), 4-8.

Kamphaus, R. W., & Frick, P. (2005). Clinical assessment of children's personality and behavior. New York: Allyn & Bacon.

Kanfer, F. H. (1975). Self-management methods. In. F. H. Kanfer, & A. P. Goldstein (Eds.), *Helping people change: A textbook of methods* (pp. 334-389). New York: Pergamon.

Kaplan, J. S., & Carter, J. (1991). *Beyond behavior modification: A cognitive-behavioral approach to behavior management in the schools* (2nd ed.). Austin, TX: Pro-ED. Kazdin, A. E. (1977). *The token economy*. New York: Plenum Press.

Kazdin, A. E. (1982). *Single-case research designs: Methods for clinical and applied settings*. New York: Oxford University Press.

Kazdin, A. E. (1989). *Behavior modification in applied settings*. Pacific Grove, CA: Brooks/Cole.

Kazdin, A. E. (1994). *Behavior modification in applied settings*(5th Rev. ed.). Manhasset, NY: Brooks/Cole.

Kazdin, A. E. (1998). *Research design in clinical psychology* (3rd ed.). Boston: Allyn & Bacon.

Kazdin, A. E. (2011). *Single case research designs: Methods for clinical and applied settings.* Alan E. Kazdin: Books.

Kazdin, A. E., & Wilson, G. T. (1978). *Evaluation of behavior therapy: Issues, evidence, and research strategies*. Pensacola, FL: Ballinger Pub. Co.

Kelly, H. H. (1967). Attribution theory in social psychology. In D. Levine (Ed.). *Nebraska symposium on motivation* (Vol.15, pp.192-238). Lincoln, NE: University of Nebraska Press.

Kelley, M. L., & McCain, A. P. (1995). Promoting academic performance in inattentive children: The relative efficacy of school-home notes with and without response cost. *Behavior Modification, 19*(3), 357-375.

Kelley, M. L., Heffer, R. W., Gresham, F. M., & Elliott, S. N., (1989). Development of a modified treatment evaluation inventory. *Journal of Psychopathology and Behavioral Assessment, 11*(3), 235-247.

Kendall, P. C., & Hollon, S. D. (Eds.). (1981). *Cognitive behavioral interventions: Theory, research, and procedures* (pp. 11-35). New York: Academic Press.

Kern, L., Dunlap, G., Clarke, S., & Childs, K. E. (1994). Student-assisted functional assessment interview. *Assessment for Effective Intervention, 19*(2-3), 29-39.

Kern, L., Wacker, D. P., Mace, F. C., Falk, G. D., Dunlap G., & Kromrey, J. D. (1995). Improving the peer interactions of students with emotional and behavioral disorders through self-evaluation procedures: A component analysis and group application. *Journal of Applied Behavior Analysis, 28*(1), 47-59.

Kerr, M. M., & Nelson, C. M. (1989). *Stratgies for managing behavior problems in the classroom*. Upper Saddle River, NJ: Merrill Pearson.

Keyes, G. K. (1994). Motivating reluctantstudents. *Teaching Exceptional Children, 27*(1), 20-23.

King, N. J., Heyne, D, Gullone, E., & Molloy, G. N.(2001). Usefulness of emotive imagery in the treatment of childhood phobias: Clinical guidelines, case examples and issues. *Counselling Psychology Quarterly, 14*(2), 95-101.

King-Sears M. E. (1999). Teacher and researcher co-design self-management content for an inclusive setting: Research training, intervention, and generalization effects on student performance. *Education and Training in Mental Retardation and Developmental Disabilities, 34*(2), 134-156.

Kottler, J. A., & Shepard, D. S. (2008). Introduction to counseling: Voices from the field (6th ed.). Belmont, CA: Thomson Brooks/Cole.

Kovacs, M. (2003). *Children's depression inventory 2nd Edition*. North Tonawanda, NY: Multi-Health Systems.

Kratochwill, T. (1982). Advances in behavioral assessment. In C. R. Reynolds, & T. B. Gutkin (Eds.), *The handbook of school psychology* (pp. 314-350). New York: Wiley.

Kratochwill, T., Sheriden, S., Carlson, J. & Lasecki, K. L. (1999). Advances in behavior assessment. In C. R. Reynolds, & T. B. Gutkin (Eds.). *The handbook of school psychology*(3rd ed). (pp. 350-382). New York: Wiley.

Landau, S., & Milich, R. (1990). Assessment of children's social status and peer relations. In A.M. LaGreca (Ed.), *Through the eyes of the child: Obtaining self-reports from children and adolescents* (pp. 259-291). Boston: Allyn & Bacon.

Lane, K. L., Bocian, B. M., MacMillan, D. L, & Gresham, F. M. (2004). Treatment integrity: An essential-but often forgotten-component of school-based interventions. *Preventing School Failure, 48*(3), 36-43.

Lane, K. L., & Menzies, H. M. (2005). Teacher-identified students with and without academic and behavioral concerns: Characteristics and responsiveness. *Behavioral Disorders, 31*(1), 65-83.

Langland, S., Lewis-Palmer, T., & Sugai, G. (1998). Teaching respect in the classroom: An instructional approach. *Journal of Behavioral Education*, 8, 245-262.

Lapointe, J. M., & Legault, F. (2004). Solving group discipline problems without coercion: An approach based on attribution retraining. *Journal of Classroom Interaction, 39*(1), 1-10.

Lee, C., & Tindal G. A. (1994). Self-recording and goal setting: Effects on on-task and math productivity of low-achieving Korean elementary school students. *Journal of Behavioral Education, 4*(4), 459-479.

Lehr, C. A., & Christienson, S. L. (2002). Best practices in promoting a positive school climate. In A. Thomas, & J. Grimes (Eds.), *Best practices in school psychology IV* (4th ed., pp. 929-947). Bethesda, MD: National Association of School Psychologists.

Lennox, D. B., Miltenberger, R. G., & Donnelly, D. R. (1987). Response interruption and DRL for the reduction of rapid eating. *Journal of Applied Behavior Analysis, 20*(3), 279-284.

Lenz, M., Singh, N. N., & Hewett, A. E. (1991). Overcorrection as an academic remediation procedure: A review and reappraisal. *Behavior Modification, 15*(1), 64-73.

Levendoski, L. S., & Cartledge, G. (2000). Self-monitoring for elementary school children with serious emotional disturbances: Classroom applications for increased academic responding. *Behavioal Disorders, 25*(3), 211-224.

Lewis, T., Scott, T. M., & Sugai, G. (1994). The problem behavior questionnaire: A teacher based instrument to develop functional hypothesis in general education classrooms. *Assessment for Effective Intervention, 19*(2-3), 103-115.

Lindsley, O. R. (1968). Technical note: A reliable wrist counter for recording behavior rates. *Journal of Applied Behavior Analysis, 1,* 77-78.

Lipsey, M. W., & Derzon, J. H. (1998). Predictors of violent or serious delinquency in adolescence and early adulthood: A synthesis of longitudinal research. In R. Loeber, & D. P. Farrington (Eds.), *Serious and violent juvenile offenders: Risk factors and successful interventions* (pp. 6-105). Thousand Oaks, CA: Sage.

Little, S. G., & Akin-Little, A. (2008). Psychology's contributions to classroom management. *Psychology in the Schools, 45*(3), 227-234.

Lloyd, J. (1980a). Special education. In *Academic American encyclopedia*(pp.166-167). Princeton, NJ: Aretê.

Lloyd, J. (1980b). Academic instruction and cognitive behavior modification: The need for attack strategy training. *Exceptional Education Quarterly, 1*(1), 53-63.

Lloyd, J. W., Eberhardt, M. J., & Drake, G. P. Jr. (1996). Group versus individual reinforcement contingencies within the context of group study conditions. *Journal of Applied Behavior Analysis, 29*(2), 189-200.

Lo, Y. Y., Starling, A., & Leyf, P. (2009). Improving graduate students' graphing skills of multiple baseline designs with Microsoft® Excel 2007. *The Behavior Analyst Today,* 10, 1, 83-121.

Lohrmann, S., & Talerico, J. (2004).Anchor the boat: A classwide intervention to reduce problem behavior. *Journal of Positive Behavior Interventions*, 6 (2), 113-120.

Lovaas, O. I., Berberich, J. P., Perloff, B. F., & Schaeffer, B.(1966). Acquisition of imitative speech by schizophrenic children. *Science, 151*(3711), 705-707.

Lovaas, O. I., Freitag, G., Gold, V. J., & Kassorla, I. C. (1965). Experimental studies in childhood schizophrenia: Analysis of self-destructive behavior. *Journal of*

Experimental Child Psychology, 2(1), 67-84.

Lovaas, O. I., & Schreibman, L. (1971). Stimulus overselectivity of autistic children in a two-stimulus situation. *Behaviour Research and Therapy, 9*(4), 305-310.

Lovaas, O. I., Litrownik, A., & Mann, R. (1971). Response latencies to auditory stimuli in autistic children engaged in self-stimulatory behavior. *Behavior Research and Therapy, 9*(1), 39-49.

Lovitt, T. C., and Curtiss, K. A. (1969). Academic response rate as a function of teacher-and self-imposed contingencies. *Journal of Applied Behavior Analysis, 2*(1), 49-53.

Lucker, J. R., & Molloy, A. T. (1995). Resources for working with children with attention deficit/hyperactivity disorder (ADHD). *Elementary School Guidance and Counseling, 29*(4), 260-277.

Luiselli, J. K, Putnam, R. F., Handler, & M. W., Feinberg, A. B. (2005). Whole-school positive behavior support: Effects on student discipline problems and academic performance. *Educational Psycholog, 25*(2-3), 183-198.

Luiselli, J. K. (1996). Multicomponent intervention for challenging behaviors of a child with pervasive developmental disorder in a public school setting. *Journal of Developmental and Physical Disabilities, 8*(3), 211-219.

Luria, A. (1961). *The role of speech in the regulation of normal and abnormal behaviors*. New York: Basic Books.

Maag, J. W. (1989). Use of cognitive mediation strategies for social skills training: Theoretical and conceptual issues. In R. B. Rutherford, Jr., & S. A. Di Gangi(Eds.), *Severe behavior disorders of children and youth* (Vol. 12, pp. 87-100). Reston, VA:

Council for Children with Behavioral Disorders.

Maag, J. W. (2001). Rewarded by punishment: Reflections on the disuse of positive reinforcement in schools. *Exceptional Chilren, 67*(2), 173-186.

Maag, J. W., Reid, R., & DiGangi, S. A. (1993). Differential effects of self-monitoring attention, accuracy, and productivity. *Journal of Applied Behavior Analysis, 26*(3), 329-344.

Mahoney, M. J. (1974). *Cognition and behavior modification.* Cambridge, MA: Ballinger.

March, R. E., Horner, R. H., Lewis-Palmer, T., Brown, D., Crone, D., & Todd, A. W., et al. (2000). *Functional assessment checklist-teachers and staff (FACTS).* Eugene, OR: Author.

Marholin, D. H., Luiselli, J. K., & Townsend, N. M. (1980). Overcorrection: An examination of its rationale and treatment effectiveness. In M. Hersen, R. M. Esler, & P. M. Miller (Eds.), *Progress in behavior modification*(Vol. 9, pp. 49-80), New York: Academic Press.

Marshall, H. (1965). The effect of punishment on children: A review of the literature and a suggested hypothesis. *Journal of Genetic Psychology, 106*(1), 23-33.

Marshall, K. J., Lloyd, J. W., & Hallahan, D. P. (1993). Effects of training to increase self-monitoring accuracy. *Journal of Behavioral Education, 3*(4), 445-459.

Martin, R. P. (1988). *Assessment of personality and behavior problems: Infancy through adolescence.* New York: Guilford.

Martin, G. L., & Pear, J. (2010). *Behavior modification: What it is and how to do it* (9th ed.). Upper Sadle River, NJ: Pearson Education.

Mash, E. J., & Hunsley, J. (2007). Assessment of child and family disturbance: A developmental-systems approach. In E. J. Mash, & R. A. Barkley (Eds.), *Assessment of childhood disorders*(4th ed., pp. 3-50). New York: Guilford.

Mash, E. J., & Terdal, L. G. (1997). *Behavioral assessment of childhood disorders* (3rd ed.). New York: Guilford.

Mayer, G. R., Sulzer-Azaroff, B., & Wallace, M. (2014). *Behavior analysis for lasting change*(3rd ed.). New York: Sloan Publishing.

McConaughy, S. H., & Achenbach, T. M. (1994; 2nd ed., 2001). *Manual for the semistructured clinical interview for children and adolescents*. Burlington, VT: University of Vermont, Research Center for Children, Youth, and Families.

McConnell, S. R., & Odom, S. L. (1987). Sociometric measures. In M. Hersen, & A. S. Bellack (Eds.), *Dictionary of behavioral assessment techniques* (pp. 432-434). Elmsburg, NY: Pergamon.

McDougal, D., & Brady, M. P. (1998). Initiating and fading self-management interventions to increase math fluency in general education classes. *Exceptional Children, 64*(2), 151-166.

McLaughlin, T. F. (1976). Self-control in the classroom. *Review of Educational Research, 46*(4), 631-663.

McLoughlin, J. A., & Lewis, R. B. (2008). Assessing students with special needs (7th ed.). Upper Saddle River, NJ: Pearson Education.

Meichenbaum, D. (1977). *Cognitive-behavior modification: An Integrative approach*. New York: Plenum Press.

Meichenbaum, D. & Asarnow, J. (1979). Cognitive-behavioral modification and metacognitive development: Implications for the classroom. In P. C. Kendall & S. D. Hollon (Eds.), *Cognitive-behavioral interventions. Theory, research, and practices.* (pp. 11-35). New York: Academic Press.

Meichenbaum, D. H., & Goodman, J. (1971). Training impulsive children to talk to themselves: A means of developing self-control. *Journal of Abnormal Psychology, 77*(2), 115-126.

Melloy, K. J., Davis, C. A., Wehby, J. H., Murry, F. R., & Leiber, J. (1998). *Developing social competence in children and youth with challenging behavior.* Reston, VA: Council for Children with Behavior Disorders.

Merrell, K. W. (1994). *Assessment of behavioral, social and emotional problems: Direct and objective methods for use with children and adolescents.* New York: Longman.

Merrell, K. W. (2007). *Behavioral, social, and emotional assessment of children and adolescents.* White Plains, NY: Longman.

Messick, S. (1989). Validity. In R. Linn (Ed.), *Educational measurement* (3rd ed., pp. 13-103). New York, ACE/Macmillan.

Messick, S. (1995). Validity of psychological assessment: Validation of inferences from persons' responses and performances as scientific inquiry into score meaning [Electronic version]. *American Psychologist, 50*(9), 741-749.

Meuret, A. E., Wilhelm, F. H., & Roth, W. T. (2001). Respiratory biofeedback-assisted therapy in panic disorder. *Behavior Modification, 25*(4), 584-605.

Miller, D. L., & Kelly, M. L. (1994). The use of goal setting and contingency contracting for improving children's homework performance. *Journal of Applied behavior Analysis, 27*(1), 73-84.

Miltenberger, R. G., & Fuqua, R. W. (1981). Overcorrection: A review and critical analysis. *Behavior Analyst, 4*(2), 123-141.

Mischel, W., Cantor, N., Feldman, S. (1996). Principles of self-regulation: The nature of will power and self-control. In E. T. Higgins, & A. W. Kruglanski (Eds.), *Social psychology: handbook of basic principles* (pp. 329-360). New York: Guilford Press.

Mitchem, K. J., & Young, K. R. (2001). Adapting self-management programs for classwide use: Acceptability, feasibility, and effectiveness. *Remedial and Special Education, 22*(2), 75-88.

Mitchem, K. J., Young, K. R., West, R. P., & Benyo, J. (2001). CWPASM: A classwide peer-assisted self-management program for general education students. *Education and Treatment of Children, 24*(2), 111-140.

Molteni, A. L., & Garske, J. P. (1983). Effects of contracts on childhood memory recollection: A controlled clinical analogue. *Journal of Clinical Psychology, 39*(6), 914-919.

Mooney, P., Epstein, M. H., Reid, R., & Nelson, J. R. (2003). Status of and trends in academic intervention research for students with emotional disturbance. *Remedial and Special Education, 24*(5), 273-287.

Moreno, J. L.(1934). *Who Shall Survive?* Washington, DC: Nervous and Mental Disease Publishing.

Moreno, J. L. (1934). *Who Shall Survive? A new Approach to the Problem of Human Interrelations*. Beacon House.

Morris, T. L. (2004). Treatment of social phobia in children and adolescents. In P. M.

Barrett, & T. H. Ollendick (Eds.), *Handbook of interventions that work with children and adolescents: Prevention and treatment* (pp. 171-186). London: Wiley.

Morris, R. J. (1985). *Behavior modification with exceptional children: Principles and practices*(Scott, Foresman series in special education). Glenview, IL: Scott, Foresman.

Mudford, O. C., Beale, I. L., & Singh, N. N. (1990). The representativeness of observational samples of different durations. *Journal of Applied Behavior Analysis, 23*(3), 323-331.

Murdick, N., Gartin, B. C., & Stockall, N. (2003). Step by step: How to meet the functional assessment of behavior requirements of IDEA. *Beyond Behavior, 12*(2), 26-30.

Musser, E. H., Bray, M. A., Kehle, T. J., & Jenson, W. R. (2001). Reducing disruptive behaviors in students with serious emotional disturbance. *School Psychology Review, 30*(2), 294-305.

Myles, B. S., Bock, S. J., & Simpson, R. L. (2001). Asperger Syndrome Diagnostic Scale. Los Angeles: Western Psychological Services.

Naglieri, A. J., LeBuffe, P. A., Pfeifer, S. I. (1993). *Devereux behavior rating scales-School form*. San Antonio, TX: Pearson.

Naglieri, J., LeBuffe, P. A., & Pfeiffer, S. I. (1994). *Devereux scales of mental disorders*. San Antonio, TX: Pearson.

Nelson, J. R., Smith, D. J., &Colvin, G. (1995). The effects of a peer-mediated self-evaluation procedure on the recess behavior of students with behavior problems. *Remedial and Special Education. 16*(2), 117-126.

NHS Choices, NHS Annual Report (2010). London, UK: NHS Choices Marketing. (www.nhs.uk).

Nobody's Children Foundation. (2013). *The problem of child abuse: Comparative report from six eastern European countries 2010-2013*. Warsaw, Poland: Author.

Novaco, R. W. (1975). *Anger control: The development and evaluation of an experimental treatment*. Lexington, MA: Lexington.

Novaco, R. W. (2003). *Novaco anger scale and provocation inventory, NAS-PI*. Los Angeles, CA: Western Psychological Services.

O'Callaghan, M. E., & Couvadelli, B. (1998). Use of self-instruction with three neurologically impaired adults. *Cognitive Therapy and Research, 22*(2), 91-107.

Oden, S., & Asher, S. R. (1977). Coaching children in social skills for friendship making. *Child Development, 48*(2), 495-506.

Office of Special Education Programs Center for Positive Support Interventions. (2004). *School-wide positive behavior support: Implementers' blueprint and self-assessment*. Eugene, OR: University of Oregon.

Ollendick, T. H., & Green, R. W. (1998). Princeples and practices of behavioral assessment with children. In C. R. Reynolds (Vol. Ed.), Assessment, *vol. 4* of A. Bellack, & H. Hersen (Series Eds), *Comprehensive clinical psychology* (pp. 131-155). Oxford, England: Elsevier Science.

Olympia, D. E., Sheridan, S. M., Jenson, W. R., & Andrews, D. (1994). Using student-managed interventions to increase homework completion and accuracy. *Journal of Applied Behavior Analysis, 27*(1), 85-99.

O'Neill, R. E., Horner, R. H., Albin, R. W., Storey, K., Sprague, J. R., & Newton, J.

S. (1997). Functional assessment interview and program development for problem behavior: A *practical handbook* (2nd ed.). Pacific Grove, CA: Brooks/Cole.

Ottenbacher, K. J., Cusick, A. (1991). An empirical investigation of inter-rater agreement for single-subject data using graphs with and without trend lines. *Research and Practice for Persons with Severe Disabilities, 16*(1), 48-55.

Owen, S. S. (2005). The relationship between social capital and corporal punishment in schools: A theoretical inquiry. *Youth and Society, 37*(1), 85-112.

Paclawskyi, T. R., Matson, J. L., Rush, K. S., Smalls, Y., & Vollmer, T. R. (2000). Questions about Behavioral Function (QABF): A behavioral checklist for functional assessment of aberrant behavior. *Research in Developmental Disabilities, 21*(3), 223-229.

Palmer, D. J., & Stowe, M. L. (1989). Attributions. In C. R. Reynolds, & L. Mann (Eds.), *Encyclopedia of special education* (pp. 151-152). New York: Wiley.

Paolucci, E. O., & Violato, C. (2004). A meta-analysis of the published research on the affective, cognitive, and behavioral effects of corporal punishment. *Journal of Psychology, 138*(3), 197-221.

Parker R. I, Hagan-Burke S. (2007). Useful effect size interpretations for single case research. *Behavior Therapy, 38(1)*, 95-105.

Pelios, L., Morren, J., Tesch, D., & Axelxod, S. (1999). The impact of functional analysis methodology on treatment choice for self-injurious and aggressive behavior. *Journal of Applied Behavior Analysis, 32*(2), 185-195.

Perry, R. P. (2003). Perceived (academic) control and causal thinking in achievement settings. *Canadian Psychology/Psychologie Canadienne, 44*(4), 312-331.

Perry, R. P., Hechter, F. J., Menec, V. H., & Weinberg, L. E. (1993). Enhancing achievement motivation and performance in college students: An attributional retraining perspective. *Research in Higher Education, 34*(6), 687-723.

Poling, A., Methot, L. L., & LeSage, M. G. (1995). *Fundamentals of behavior analytic research*. New York: Plenum Press.

Polsgrove, L., & Smith, S. W. (2004). Informed practice in teaching self-control to children with emotional and behavioral disorders. In R. B. Rutherford, M. M. Quinn, & S. R. Mathur (Eds.), *Handbook of research in emotional and behavioral disorders* (pp. 399-425). New York: Guilford.

Premack, D. (1959). Toward empirical behavioral laws: I. Positive reinforcement. *Psychological Review, 66*(4), 219-233.

Ramsay, M. C., Reynolds, C. R., & Kamphaus, R. W. (2002). *Essentials of behavioral assessment*. New York: Wiley & Sons.

Reed, H., Thomas, E., Spraque, J. R., & Homer, R. H. (1997). *Student guided functional assessment interview*. Eugene, OR: University of Oregon.

Reed, D. H. (2004). Extinction risk in fragmented habits. *Animal Conservation, 7*(2), 181-191.

Reinecke, D. R., Newman, B., & Meinberg, D.(1999). Self-management of sharing in three preschoolers with autism. *Education and Training in Mental Retardation and Developmental Disabilities, 34*(3), 312-317.

Reitman, D., & Drabman, R. S. (1999). Multi-faceted uses of a simple time-out record in the treatment of a noncompliant 8-year-old boy. *Educational and Treatment of Children, 22*(2), 194-203.

Repp, A. C. (1983). Teaching the mentally retarded. Englewood Cliff, NJ: Prentice Hall.

Repp, A. C., Barton, L. E., & Brulle, A. R. (1983). A comparison of two procedures for programming the differential reinforcement of other behavior. *Journal of Applied Behavior Analysis, 16*(4), 435-445.

Repp, A. C., Felce, D., & Barton, L. E. (1988). Basing the treatment of stereotypic and self-injurious behaviors on hypotheses of their causes. *Journal of Applied Behavior Analysis, 21*(3), 281-289.

Repp, A. C., Nieminen, G. S., Olinger, E., & Brusca, R. (1988). Direct observation: Factors affecting the accuracy of observers. *Exceptional Children, 55* (1), 29-36.

Rescorla, R. A. (1988). Pavlovian conditioning: It's not what you think it is. *American Psychologist, 43*(3), 151-160.

Reynolds, W. M. (1987). *Suicide ideation questionnaire*. Luta, FL: Psychological Assessment Resources.

Reynolds, C. R., & Kamphaus, R. W. (2005). *Behavior assessment system for children* (2nd ed.). Circle Pines, MN: Ameirican Guidance Services.

Reynolds, C. R., & Kamphaus, R. W. (2015). *Behavior assessment system for children-III*. Circle Pines, MN: American Guidance Services.

Reynolds, C., & Richmond, B. (2008). *The revised children's manifest anxiety scale-2nd Edition*. Los Angeles, CA: Western Psychological services.

Rhode, G., Jenson, W. R., & Reavis, H. K. (1993). *The tough kid book: Practical classroom management strategies*. Dallas, TX: Sopris West.

Richman, D. M., Wacker, D. P., Asmus, J. M., Casey, S. D., & Andelman, M. (1999).

Further analysis of problem behavior in response class hierarchies. *Journal of Applied Behavior Analysis, 32*(3), 269-283.

Rimm, D. C., & Masters, J. C. (1979). *Behavior Therapy: Techniques and Empirical Findings.* New York: Academic Press.

Roberts, M. W. (1988). Enforcing chair timeouts with room timeouts. *Behavior Modification, 12*(3), 353-370.

Roberts, M., White, R., & McLaughlin, T. (1997). Useful classroom accommodations for teaching children with ADD and ADHD. *Journal of Special Education, 21*(2), 71-84.

Rogers, L. A. & graham, S (2008). A meta-analysis of single subject design writing intervention research. *Journal of Educational Psychology, 100*, 879-906.

Rosenbaum, M. S., & Drabman, R. S. (1979). Self-control training in the classroom: A review and critique. *Journal of Applied Behavior Analysis, 12*(3), 467-485.

Salend, S. J., & Meddaugh, D. (1985). Using a peer-mediated extinction procedure to decrease obscene language. *The Pointer, 30*(1), 8-11.

Salvia J., & Ysseldyke, J. E, & Bolt, S. (2010). *Assessment: In special and inclusive education* (11th ed.). Boston, MA: Wadsworth.

Sattler, J. M. (2002). *Assessment of children: Behavioral and clinical applications* (4th ed.). La Mesa, CA: Jerome M. Sattler Publisher, Inc.

Schloss, P. & Smith, M (1994). *Applied behavior analysis in the classroom.* Needham, MA: Allyn & Bacon.

Schopler, E., Reichler, R. J., & Renner, R. R. (1988). *Childhood autism rating scale, CARS.* Torrance, CA: Western Psychological Services.

Schunk, D. H. (1983). Ability versus effort attributional feedback: Differential effects on self-efficacy and achievement. *Journal of Educational Psychology, 75*(6), 848-856.

Schwartz, I. S., & Baer, D. M. (1991). Social validity assessments: Is current practice state of the art? *Journal of Applied Behavior Analysis, 24*(2), 189-204.

Scott, T. M., & Barrett, S. B. (2004). Using staff and student time engaged in disciplinary procedures to evaluate the impact of school-wide PBS. *Journal of Positive Behavior Interventions, 61*(1), 21-27.

Serbin L. A., Lyons, J. A., Marchessault, K, Schwartzman, A. E., & Ledingham, J. E. (1987). Observational validation of a peer nomination technique for identifying aggressive, withdrawn, and aggressive/withdrawn children. *Journal of Consulting and Clinical Psychology, 55*(1): 109-110.

Shaffer, D., Fisher, P., Lucas, C. P., Dulcan, M. K., & Schwab-Stone, M. E. (2000). NIMH Diagnostic Interview Schedule for Children Version IV (NIMH DISC-IV): Description, differences from previous versions, and reliability of some common diagnoses. *Journal of the American Academy of Child & Adolescent Psychiatry, 39*(1), 28-38.

Shapiro, E. S., & Skinner, C. H. (1990). Principles of behavioral assessment. In C. R. Reynolds, & R. W. Kamphaus (Eds.), *Handbook of psychological &educational assessment of children: Personality, behavior, & context* (pp. 343-363). New York: Guilford.

Shimabukuro, S. M., Prater, M. A., Jenkins, A., & Edelen-Smith, P. (1999). The effects of self-monitoring of academic performance on students with learning disabilities and AAA/ADHD. *Education and Treatment of Children, 22*(4), 397-414.

Skiba, R. J., & Peterson, R. L. (2000). School discipline at a cross-roads: From zero tolerance to early response. *Exceptional Child, 66*(3), 335-346.

Skinner, B. F. (1953). *Science and human behavior.* New York: Macmillan.

Smith, S. W., Siegel, E. M., O'Connor, A. M., & Thomas, S. B. (1994). Effects of cognitive-behavioral training on anger behavior and aggression of three elementary-aged students. *Behavioral Disorders, 19*(2), 126-135.

Smith, D. J., Young, K. R., West, R. P., Morgan, D. P., & Rhode, G. (1988). Reducing the disruptive behavior of junior high school students; A classroom self-management procedure. *Behavioral Disorders, 13*(4), 231-239.

Snell, M. E., & Zirpoli, T. (1987). Intervention strategies. In M. E. Snell (Ed.), *Systematic instruction of persons with severe handicaps* (3rd ed., pp. 110-149). Columbus, OH: Merrill.

Sobsey, D. (1990). Modifying the behavior of behavior modifiers. In A. C. Repp, &N. N. Singh (Eds.), *Perspective on the use of nonaversive and aversive interventions for persons with developmental disabilities* (pp. 421-433). Sycamore, IL. Sycamore Publishing.

Society for Adolescent Medicine, Ad Hoc Corporal Punishment Committee. (2003). Corporal punishment in schools: Position Paper of the Society for Adolescent Medicine. *Journal of Adolescent Health, 32*(5), 385-393.

Spielberger, C., Edwards, C. D., Lushene, R., Montuori, J., & Platzek, D. (2004). *State-trait anxiety inventory for children(STAIC)*. Lutz, FL: PAR, Inc.

Spivak, G., & Shure, M. B. (1974). *Social adjustment of young children*. San Francisco,

CA: Jossey-Bass.

Spring, B.; Neville, K. (2014). "Evidence-based practice in clinical psychology". In Barlow, D. H. *The Oxford Handbook of Clinical Psychology.* Oxford Library of Psychology Series. Oxford University Press. pp. 128-49.

Stolz, S. B. (1976). Evaluation of therapeutic efficacy of behavior modification in a community setting. *Behavior Research and Therapy, 14*(6), 479-481.

Stokes, T. F., & Baer, D. M. (1977). An implicit technology of generation. *Journal of Applied Behavior Analysis, 10*(2), 349-367.

Stokes, T. F., & Osnes, P. G. (1989). An operant pursuit of generalization. *Behavior Therapy, 20*(3), 337-355.

Straus, M. A. (2001). *Beating the devil out of them: Corporal punishment in American families and its effects on children* (2nd ed.). New Brunswick, NJ: Transaction Publishers.

Sugai, G., & Horner, R. R. (2006). A promising approach for expanding and sustaining school-wide positive behavior support. *School Psychology Review, 35*(2), 245-259.

Sugai, G., & Horner, R. H., (2010). School wide positive behavior supports: Establishing a continuum of evidence-based practices. *Journal of Evidence-Based Practices for Schools, 11*, 62-83.

Sugai, G. M., & Lewis, T. J. (1996). Preferred and promising practices for social skill instruction. *Focus on Exceptional Children, 29,* 1-16.

Sulzer-Azaroff, B., & Mayer, G. R.(1991). *Behavior analysis for lasting change.* Fort Worth, TX: Holt, Rinehart and Winston.

Sweeney, W. J., Salva, E., Cooper, J. O., & Talbert-Johnson, C. (1993). Using self-evaluation to improve difficult-to-read handwriting of secondary students. *Journal of Behavioral Education, 3*(4), 427-443.

Szabo, Z. (2006). The influence of attributional retraining on career choices. *Journal of Cognitive and Behavioral Psychotherapies, 6*(2), 89-103.

Tavris, C. (1989). *Anger: The misunderstood emotion*. New York: Simon and Schuster, Touchstone Books.

Tawney, J., & Gast, D. L. (1984). *Single subject research in special education*. Columbus, OH: Charles E. Merrill.

Thorndike, E. L. (1905). *The Elements of psychology*. New York: A. G. Seiler.

Todd, A., Haugen, L., Anderson, K., & Spriggs, M. (2002). Teaching recess: Low cost efforts producing effective results. *Journal of Positive Behavior Interventions, 4*(1), 46-52.

Trudel, P., Côté, J., & Bernard, D. (1996). Systematic observation of youth ice hockey coaches during games. *Journal of Sport Behavior, 19*(1), 50-65.

Turnbull, H. R., Wilcox, B. L., Stowe, M., & Turnbull, A. P. (2001). IDEA requirements for use of PBS: Guidelines for responsible agencies. *Journal of Positive Behavior Interventions, 3*(1), 11-18.

Turner, H. A., & Muller, P. A. (2004). Long-term effects of child corporal punishment on depressive symptoms in young adults: Potential moderators and mediators. *Journal of Family Issues, 25*(6), 761-782.

Twyman, J. S., Johnson, H., Buie, J. D., & Nelson, C. M. (1994). The use of a warning procedure to signal a more intrusive timeout contingency. *Behavioral Disorders, 19*(4), 243-253.

Vegas, K. C., Jenson, W. R., & Kircher, J. C. (2007). A single-subject meta-analysis of the effectiveness of time-out in reducing disruptive classroom behavior. *Behavioral Disorders, 32*(2), 109-121.

Vygotsky, L. S. (1962). *Thought and language*. New York: Wiley.

Walker, H. W., & McConnell, S. R. (1995). *Walker-McConnell scale of social competence and school adjustment*. Austin, TX: Pro-Ed.

Walker, H. M., Ramsey, E., & Gresham, F. M. (2004). *Antisocial behavior in school: Strategies and best practices* (2nd ed.). Pacific Grove, CA: Brooks/Cole.

Walker, H. M., & Severson, H. H. (1999). *Sysmatic screening for behavior disorders (SSBD): A multiple gating procedure* (2nd ed.). Longmont, CO: Sopris West.

Walker, H. M., Severson, H. H. & Feil, E. G. (1995). *Early screening project (ESP)*. Longmont, CO: Sopris West.

Wasmer-Andrews, L. (2009). Cognitive behavioral intervention helps prevent depression among at-risk teens. *The JAMA Network Journals,* 301(21), 2215-2224.

Waters, M. B., Lerman, D. C., & Hovanetz, A. N. (2009). Separate and combined effects of visual schedules and extinction plus differential reinforcement on problem behavior occasioned by transitions. *Journal of Applied Behavior Analysis, 42*(2), 309-313.

Watson, J. B. (1924). *Behaviorism*. New York: People's Institute Publishing Company.

Watson, J. B., & Rayner, R. (1920). Conditioned emotional reactions. *Journal of Experimental Psychology, 3*(1), 1-14.

Webber, J., Scheuermann, B., McCall, C., & Coleman, M. (1993). Research on self-monitoring as a behavior management technique in special education classrooms: A descriptive review. *Remedial and Special Education. 14*(2)*,* 38-56.

Weiner, B. (1974). *Achievement motivation and attribution theory*. Morristown, NJ: General Learning Press.

Weiner, B. (1985). An attribution theory of achievement motivation and emotion. *Psychological Review, 92*(4), 548-573.

Wenck, L. S., Leu, P. W., & D'Amato, R. C. (1996). Evaluating the efficacy of a biofeedback intervention to reduce children's anxiety. *Journal of Clinical Psychology, 52*(4), 469-473.

Westerlund, D., Granucci, E., Gamache, P., & Clark, H. B. (2006). Effects of peer mentors on work-related performance of adolescents with behavioral and/or learning disabilities. *Journal of Positive Behavior Interventions, 8*(4), 244-251.

Wilder, D. A., Harris, C., Reagan, R., & Rasey, A. (2007). Functional analysis and treatment of noncompliance by preschool children. *Journal of Applied Behavior Analysis, 40*(1)*,* 173-177.

Wilkinson, L. A. (2003). Using behavioral consultation to reduce challenging behavior in the classroom. *Preventing School Failure, 47(3)*, 100-105.

Wolery, M., & Gast, D. L. (1984). Effective and efficient procedures for the transfer of stimulus control. *Topics in Early Childhood Special Education, 4*(3)*,* 52-77.

Wolf, M. M. (1978). Social validity: The case for subjective measurement or how applied behavior analysis is finding its heart. *Journal of Applied Behavior Analysis, 11*(2), 203-214.

Wolpe, J. (1958). *Psychotherapy by reciprocal inhibition*. Stanford, CA: Stanford University Press.

Womack, W. M., Smith, M. S., & Chen, A. C. N.(1988). Behavioral management of childhood headache: A pilot study and case history report. *Pain, 32*(3), 279-283.

Wood, S. J., Murdock, J. Y., & Cronin, M. E. (2002). Self-monitoring and at-risk middle school students: Academic performance improves, maintains, and generalizes. *Behavior Modification, 26*(5), 605-626.

Workman, E. A. (1998).*Teaching behavioral self-control to students*(2nd ed.). Austin, TX: Pro-Ed.

Yucha, C., & Gilbert, C. (2004). *Evidence-based practice in biofeedback and neurofeedback.* Wheat Ridge, CO: Association for Applied Psychophysiology & Biofeedback.

Zeidner, M., Boekaerts, M., & Pintrich, P, R, (2000). Self-regulation: Directions and Challenges for future research. In M. Boekaerts, P. R. Pintrich, & M. Zeidner (Eds.), *Handbook of self-regulation.* Atlanta, GA: Elsevier Inc.

Ziegler, A., & Stoeger, H. (2004). Evaluation of an attributional retraining (modeling technique) to reduce gender differences in chemistry instruction. *High Ability Studies, 15*(1), 63-83.

Zirpoli, T. J. (2012). *Behavior management: Positive applications for teachers* (6th ed.). Boston, MA: Pearson.

Zirpoli, T. J., & Bell, R. Q. (1987). Unresponsiveness in children with severe disabilities: Potential effects on parent-child interactions. *The Exceptional Child, 34*(1), 31-40.

Zyl, T. V., & Lohr, J. W. (1994). An audiotaped program for reduction of high school students' math anxiety. *School Science & Mathematics, 94*(6), 310-313.

國家圖書館出版品預行編目資料

行為評估和干預／葛樹人著. ——初版. ——
臺北市：五南，2018.08
　　面；　公分
ISBN 978-957-11-9824-8（平裝）

1.行為心理學　2.認知心理學

176.8　　　　　　　　　　107011887

1BOK

行爲評估和干預

作　　　者 — 葛樹人（David S. Goh）（502.1）

發 行 人 — 楊榮川

總 經 理 — 楊士清

副總編輯 — 王俐文

責任編輯 — 金明芬

封面設計 — 斐類設計工作室

出 版 者 — 五南圖書出版股份有限公司

地　　　址：106台北市大安區和平東路二段339號4樓

電　　　話：(02)2705-5066　　傳　　　真：(02)2706-6100

網　　　址：http://www.wunan.com.tw

電子郵件：wunan@wunan.com.tw

劃撥帳號：01068953

戶　　　名：五南圖書出版股份有限公司

法律顧問　林勝安律師事務所　林勝安律師

出版日期　2018年8月初版一刷

定　　　價　新臺幣500元